གྲུང་ཏུ་མི་དམངས་སྤྱི་མཐུན་རྒྱལ་ཁབ་དབུ་བརྙེས་ནས་ལོ་ངོ་༧༠འཁོར་བ་དང་། བོད་ལ་དམངས་གཙོའི་བཅོས་བསྒྱུར་བྱས་ནས་ལོ་ངོ་༦༠འཁོར་བར་རྟེན་འབྲེལ་མཆོད་བྱེད་དུ།

谨以此书庆祝

中华人民共和国成立70周年

西藏民主改革60周年！

This book is dedicated to celebrate

the 70th anniversary of the founding of the People's Republic of China

and the 60th anniversary of the Democratic Reform in Tibet.

# 西藏文物考古研究

(第3辑)

西藏自治区文物保护研究所 编著

科学出版社
北京

## 内 容 简 介

本书以西藏文物考古与古建筑为主要讨论对象，文章类型包括考古调查简报、专题研究、建筑勘查报告等。本书收录文章内容涉及西藏自治区岩画、古遗址、石刻造像、古建筑等研究成果。本书的出版目的在于为广大读者提供较为集中的有关西藏文物考古等方面的信息与研究成果。

本书适用于文物、考古、古建筑等相关领域的研究人员参考。

---

图书在版编目（CIP）数据

西藏文物考古研究. 第3辑/西藏自治区文物保护研究所编著. —北京：科学出版社，2019.9
ISBN 978-7-03-062232-7

Ⅰ.①西… Ⅱ.①西… Ⅲ.①文物–考古–西藏 Ⅳ.① K872.75

中国版本图书馆 CIP 数据核字（2019）第 195547 号

---

责任编辑：赵 越 吕 治/责任校对：邹慧卿
责任印制：肖 兴/封面设计：美光制版

科 学 出 版 社 出版
北京东黄城根北街16号
邮政编码：100717
http://www.sciencep.com

中国科学院印刷厂 印刷
科学出版社发行 各地新华书店经销

*

2019年9月第 一 版  开本：787×1092 1/16
2019年9月第一次印刷  印张：11 1/2 插页：8
字数：300 000

定价：180.00 元
（如有印装质量问题，我社负责调换）

## 《西藏文物考古研究》编辑委员会

总　　　编：旦增朗杰　刘世忠
副 总 编：哈比布　夏格旺堆
编　　　委：夏格旺堆　德央　罗布扎西　何伟

主　　　编：哈比布
副 主 编：夏格旺堆

执行主编：何伟

# 目 录

西藏墨竹工卡县孜孜荣岩画调查简报 ················································ 何　伟（1）
甘肃景泰县中泉乡岩画调查简报 ···················································· 庞　颖（16）
赤德松赞墓碑的考古复查与研究 ···················································· 夏吾卡先（27）
西藏芒康县朗巴朗增拉康石雕佛教造像与古藏文石刻调查报告 ····················
　　　　　　　　　　　　　陕西省考古研究院　西藏自治区文物保护研究所（39）
日喀则市定日县朗果荡芭寺调查简报 ··················································
　　　　　　　　　　　　　四川省文物考古研究院　西藏自治区文物保护研究所
　　　　　西藏自治区定日县文物局　　（58）
西喜马拉雅地区出土双圆饼首铜剑的新认识 ········································ 胡嘉麟（86）
西藏察雅县仁达摩崖石刻文 ·························································· 夏格旺堆（95）
西藏阿里普兰观音碑考略 ····························································· 夏格旺堆（110）
古格擦擦的发现与研究——《梵天佛地》第一卷 ·································· 张建林（119）
古格故城和托林寺壁画中的上师图像布局探讨 ·································· 郭　萌（130）
略谈布达拉宫德瓦坚寝宫壁画及其相关意义 ······································ 扎西才旦（141）
清朝第一次驱逐准噶尔兵败那曲营地遗址考 ·································· 赵书彬　达　娃（153）
拉萨《札什城关帝庙碑》考释 ······················································ 陈祖军（160）

# 西藏墨竹工卡县孜孜荣岩画调查简报[*]

何 伟

（西藏自治区文物保护研究所）

孜孜荣岩画位于西藏拉萨市墨竹工卡县甲玛乡孜孜荣村，2008年西藏全国第三次文物普查时，由拉萨市文物普查队首次发现。2010年，奥地利科学院学者贡特拉·哈佐德（Cuntram Hazod）[1]对该岩画点的材料作了简要介绍，2008～2012年，孜孜荣岩画有三幅画面图像被简略公布[2]。2013年岩画点周围进行基本建设时，在觉布山山脚的冲积坡堆积下再次发现一幅新画面。当即，拉萨市文物局通知施工单位停止继续作业，并协同西藏自治区文物保护研究所，对岩画点采取了相应的保护措施，并委托陕西十月文物保护有限公司对孜孜荣岩画点做了三维数据提取。现简报如下，并对之前公布资料的细微差错加以更正。

## 一、地理位置及自然环境

孜孜荣岩画处于甲玛乡孜孜荣村东的觉布山。GPS坐标点为北纬29°43′06.2″，东经91°40′01.9″，海拔3984米（图一）。

墨竹工卡县位于西藏中部，拉萨河上游，地处雅鲁藏布江中游河谷地带，属拉萨河谷平原的一部分，为高原温带半干旱季风气候区。孜孜荣岩画所在的觉布山，位于拉萨河谷甲玛沟。甲玛沟内的小环境非常适宜人类居住，降水量相对大，气候较为湿润，且沟内平坦的河谷地带孕育了发达的农业经济。孜孜荣岩画位于觉布山西侧山崖下部，山崖紧靠一条土路，山脚东北侧约50米处为一处已废弃的办公用房。

孜孜荣岩画所处山崖岩体为砂岩，岩面颜色略微泛红、有少许裂痕，岩画略微泛白（图版一，1）。

---

[*] 本文得到2015年国家社科基金重大项目"文物遗存、图像、文本与西藏艺术史建构"的支持，项目号为：15ZDB12。

图一　孜孜荣岩画位置示意图

## 二、岩画内容简述

孜孜荣岩画现共存4幅画面，画面有不同程度自然裂缝。该岩画点凿刻技法可分为两类：一是密点敲琢，二是刻划。根据图像表现形式，孜孜荣岩画可分为剪影式图像和线条式图像，不同画面之间存在叠压打破关系。

根据岩画画面所在岩体的分布位置，按照由下至上的顺序分别将其编为1号、2号、3号、4号画面（图二），其中2号与4号画面所在岩面异常陡峭、巨大。

## （一）1号画面

1号画面于2013年在基建工程施工时发现，所在岩面宽96、高83.8厘米，画面位于岩面中心，画面宽58、高68厘米。共有7个单体图像组成，均为密点敲琢的剪影式图像。从画面左侧向右分别编号为1-1、1-2、1-3、1-4、1-5、1-6、1-7（图三；图版一，2；图版二，1、2）。

1-1，图像宽10、高10.25厘米，为密点敲琢剪影式人物图像。人物双臂平举，左手持长棒，双腿呈前弓步。

1-2，位于1-1右下方，图像宽14、高14厘米，为密点敲琢剪影式人骑马图像。人物左臂前伸，右臂弯曲，作拉弓射箭状；马四腿分立呈站姿，马尾下垂。

1-3，紧靠1-2右侧，图像宽24、高25.5厘米，为密点敲琢剪影式雄鹿。雄鹿体型肥硕，两只分有枝杈的鹿角向上伸展，短尾，呈行走状，下腹后部有一凸状物作为雄性

图二　孜孜荣岩画画面分布示意图

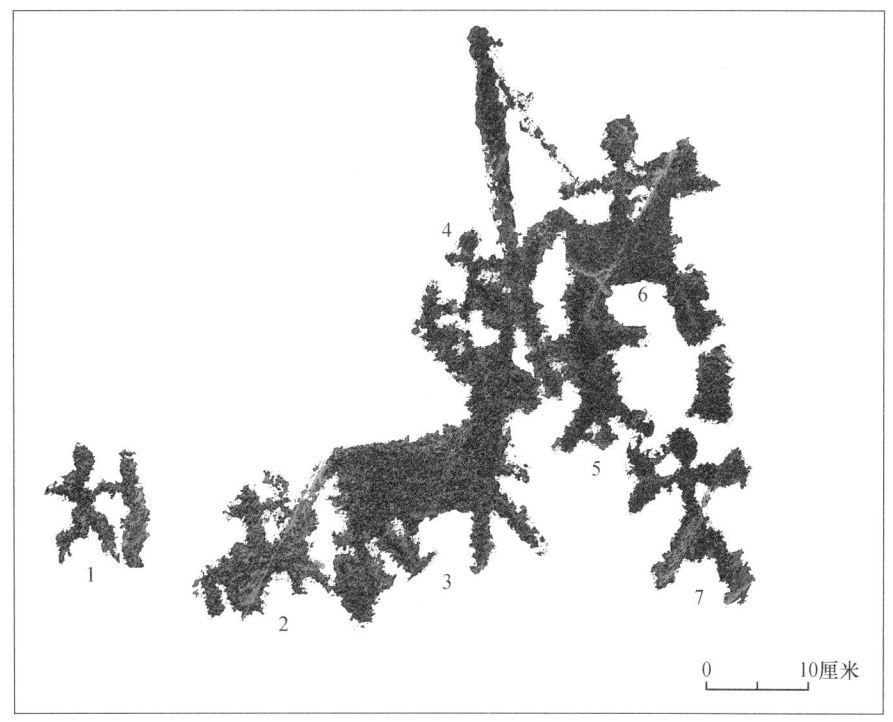

图三　孜孜荣岩画1号画面线图

标识，前胸用一细长线条表示长箭。头部叠压于1-4人物右腿之下。

1-4，紧靠1-3右上方，图像宽6.5、高8.4厘米，为密点敲琢剪影式人物图像。人物右臂平举，手持长矛，左臂弯曲，双腿分立呈站姿。人物右腿叠压于1-3雄鹿鹿角上方。

1-5，位于1-3右上方，图像宽18.5、高17厘米，为密点敲琢剪影式人物图像，双手平举，右手持武器，双腿分立，裆部有一凸状物，推测为表现性别的标识。1-6动物后肢被1-5人物头部叠压。

1-6，紧靠1-4右下方，图像宽16.7、高38.9厘米，为密点敲琢剪影式人骑马图像。人物右臂平举、左臂弯曲，呈回头射箭状；马呈站姿，马尾下垂。1-5人物头部叠压于1-6动物后肢之上。

1-7，位于1-6右下方，图像宽11.4、高16厘米，为密点敲琢剪影式人物图像，双手平举，右手持短刀，双腿分立，裆部有一不甚明显的凸状物，推测为表现性别的标识。

画面描述了一幅围猎场景：围猎者将一只雄鹿围困在中间，人们或骑马追逐，或拉弓射箭，或持武器围捕，雄鹿前胸已被射中一箭。1-5、1-7围猎者双腿之间的凸状物，表现的可能是男性的生殖器。

## （二）2号画面

2号画面所在岩面高226.6、宽172.9厘米，画面内容丰富，均匀分布于岩面，可辨识出34个单体图像，按从左至右、从上至下的顺序依次编号，由2-1至2-34（图四；图版一，4；图版二，3~6）。

2-1，图像宽17.7、高23厘米，为密点敲琢剪影式动物图像。动物头顶两长角向上伸展，四腿分立呈站姿，长尾下垂。

2-2，位于2-1右上方，图像宽16、高21.5厘米，为密点敲琢剪影式图像。图像模糊不清，推测为人骑动物。

2-3，位于2-2右侧，图像宽15.5、高16.2厘米，为密点敲琢剪影式人骑动物图像。人物双手平举；动物四腿分立，双耳短小，长尾下垂。

2-4，位于2-3下方，图像宽9.2、高12厘米，为密点敲琢剪影式人物图像。人物右臂平举，左臂弯曲，双腿分立，呈拉弓姿态。

2-5，位于2-4左下方，图像宽10.6、高15厘米，为密点敲琢剪影式人骑动物图像。人物双臂平举，动物四腿分立，长尾下垂。

2-6，位于2-5右侧，图像宽13.8、高10厘米，为密点敲琢剪影式动物图像。双角前伸，四腿分立，短尾。图像已模糊不清。

2-7，位于2-5右下，图像宽15.4、高12厘米，为密点敲琢剪影式图像。图像模糊不清。

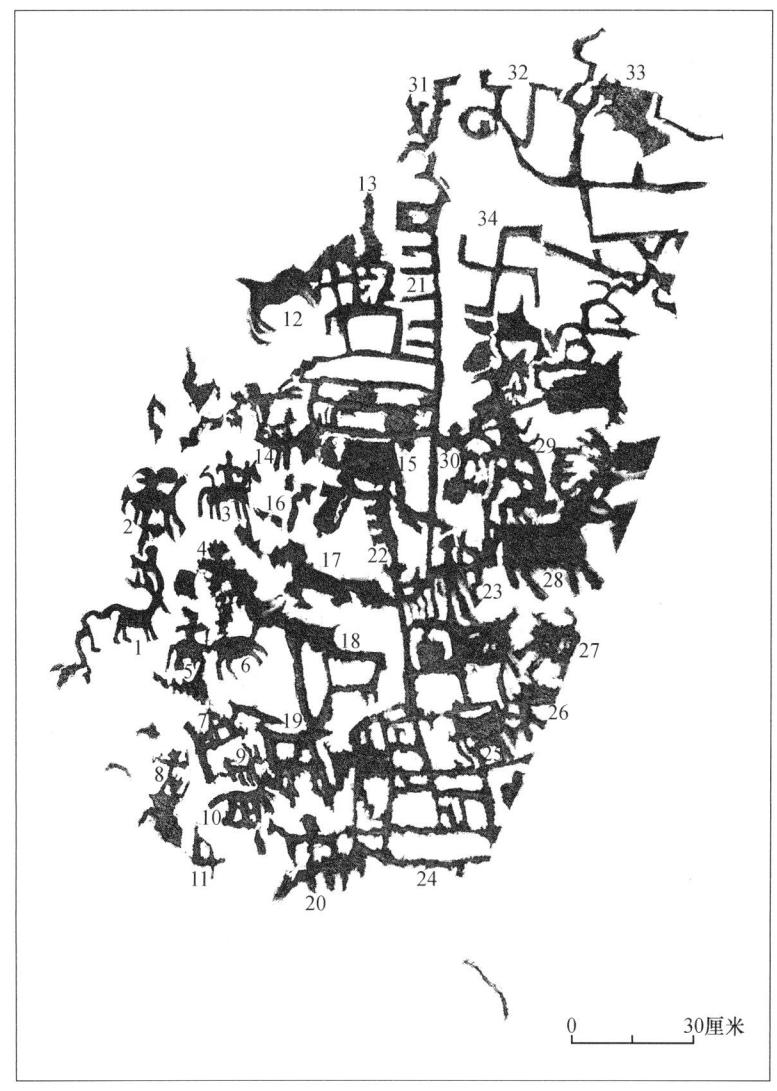

图四　孜孜荣岩画2号画面线图

2-8，位于2-7左下方，图像宽12、高23.2厘米，为密点敲琢剪影式人物图像。人物右臂平举，左臂弯曲上举，双腿分立。

2-9，位于2-7右下，图像宽10、高10厘米，为密点敲琢剪影式动物图像。双角向上伸展，体型较小，四腿分立，短尾卷翘，推测为小羊。

2-10，位于2-9之下，图像宽17、高14厘米，为密点敲琢剪影式动物图像。动物四腿分立，长尾自然下垂。头部被叠压于2-19动物的后肢之下。

2-11，位于2-10左下方，图像宽8、高13.5厘米，为密点敲琢剪影式图像。图像仅雕凿完成一半，推测为一弓箭图像。

2-12，位于2-3右上方，图像宽20.7、高16.1厘米，为密点敲琢剪影式动物图像。前背凸起，四腿分立，短尾上翘。头部被叠压于2-13佛塔塔瓶之下。

2-13，位于2-12右侧，图像宽35.2、高58厘米，为密点敲琢线条式佛塔。叠压于2-12动物头部、2-14动物头部、2-15动物头部、2-21经幡之上。

2-14，位于2-13左下方，图像宽16、高14.6厘米，为密点敲琢剪影式图像。但图像模糊不清。

2-15，位于2-13正下方，图像宽16、高14厘米，为密点敲琢剪影式动物图像。图像模糊不清。动物头部被2-13佛塔塔基叠压。

2-16，位于2-3右下方，图像宽15、高11.6厘米，为密点敲琢剪影式图像，图像模糊不清。

2-17，位于2-16下方，图像宽31、高16.7厘米，为密点敲琢剪影式图像。图像模糊不清，推测为动物。

2-18，位于2-17下方，图像宽18.6、高19.3厘米，为密点敲琢线条动物图像。躯体方直，四腿分立，无尾，头部未琢刻完整。动物身躯被2-19动物兽角叠压。

2-19，位于2-18左下方，图像宽18.7、高38.6厘米，为密点敲琢线条式动物图像。动物头部较小，长角上伸，躯体方直，短尾上翘，四肢分立。后肢叠压于2-10动物头部之上。

2-20，位于2-10右下方，图像宽20、高22厘米，为密点敲琢剪影式人骑动物图像。人物双臂平举，右手持武器；动物体型细长，四腿分立，长尾下垂。动物头部被叠压于2-24塔基之下。

2-21，紧靠2-13右侧，图像宽10.7、高125厘米，为密点敲琢剪影式经幡图像。经幡细长，共有五面幡旗。被2-13佛塔塔基叠压，同时也被2-24佛塔塔刹叠压。

2-22，位于2-21左下方，图像宽17.2、高79厘米，为密点敲琢剪影式经幡图像。经幡细长，共有五面幡旗。叠压于2-24佛塔塔身之下。

2-23，位于2-21右下方，图像宽14、高22厘米，为密点敲琢剪影式人物射箭图像。人物面朝右侧，左手持弓，右手拉弓，双腿分立。

2-24，位于2-23左下方，图像宽46.2、高64.7厘米，为密点敲琢线条式佛塔。叠压于2-22经幡之上。

2-25，位于2-24右侧，图像宽7.4、高14.5厘米，为密点敲琢剪影式动物图像。图像模糊不清，动物四腿分立。动物身体被2-24佛塔塔身叠压。

2-26，紧靠2-25右侧，图像宽12.3、高15厘米，为密点敲琢剪影式人物图像。人物双腿分立，裆部有凸状物，可能为性别特征，手持武器。

2-27，位于2-26右上方，图像宽16.3、高16.5厘米，为密点敲琢剪影式动物图像。图像模糊不清，仅可辨析动物为四腿分立，尾巴上翘。

2-28，位于2-27上方，图像宽28.8、高40.8厘米，为密点敲琢剪影式鹿。两只分有枝杈的鹿角向上伸展，四腿前后分立呈行走状，肥臀短尾。

2-29，位于2-28上方，图像宽15.1、高25.4厘米，为密点敲琢剪影式人物图像。图像模糊，人物双腿分立，双臂平举。

2-30，位于2-29左侧，图像宽9.7、高20厘米，为密点敲琢剪影式人物图像。人物双腿分立，双臂平举，左手似持有武器。

2-31，位于2-13右上方，图像宽15.3、高21.2厘米，为密点敲琢的藏文字母"ཚ"，根据图像2-32的藏文字母"ཛ"，初步推测为藏文六字真言"ཚ"的误写。叠压于2-21经幡之上。

2-32，位于2-31右上方，图像宽24.5、高18.7厘米，为密点敲琢的藏文六字真言"ཛ"。

2-33，位于2-32右侧，图像宽30、高8厘米，为密点敲琢图像，模糊不清。

2-34，位于2-32下方，图像宽20.5、高21.5厘米，为密点敲琢的万字符。

## （三）3号画面

3号画面所在岩面宽220、高186厘米，画面宽147.5、高167.2厘米，由8个单体图像组成。大致按从左至右，从上至下的顺序编号，由3-1至3-8（图五；图版一，3）。

图五　孜孜荣3号画面线图

3-1，位于岩面最左侧，图像宽31、高26厘米，为密点敲琢的线条式鹿。鹿角分有枝杈并向上伸展，头部略小，眼小而圆，身体肥硕圆润，四腿分立呈行走状，短尾稍翘。叠压于3-2动物腹背之上。

3-2，位于3-1下方，图像宽22、高22厘米，为密点敲琢的线条式动物图像。动物头部琢刻不完整，面朝左侧，躯体方直，四腿分立，无尾。被3-1鹿叠压，在此处的叠压关系中，发现3-1与3-2虽然均为线条式图像，但是在具体凿刻方法上有明显不同，可以看出3-1是通过密点凿刻形成的，3-2是由刻划形成的。

3-3，位于3-2右侧，图像宽10.4、高10.7厘米，为密点敲琢的线条式动物图像。动物体型较小，呈站姿，短尾上翘，推测为狗。

3-4，位于3-3下方，图像宽40、高38.8厘米，为密点敲琢的线条式鹿。鹿角分有枝杈并向上伸展，眼睛小而圆，身体肥硕圆润，呈奔跑姿势，短尾下垂，下腹后部与后腿之间有一短线条，推测为生殖器。

3-5，位于3-4右上方，图像宽57.3、高63.5厘米，为密点敲琢的线条式鹿。鹿角分有枝杈并向上伸展，身体圆润，呈行走状，短尾，下腹后部与后腿之间有一短线条，推测为生殖器。

3-6，位于3-5下方，图像宽38.5、高32.7厘米，为密点敲琢的线条式动物图像。眼睛小而圆，身体圆润，下腹部正中有一短线条，推测为雄性动物标识。

3-7，位于3-1右上方，图像宽8.8、高18.8厘米，为密点敲琢的藏文字母"ད"。

3-8，位于3-6下方，图像宽34、高20厘米，为密点敲琢的线条式图像，图像模糊不清。

3号画面中没有人物图像，且多数动物面朝右侧，仅3-2与3-3动物面朝左侧，这使得整个画面看起来更像是一幅放牧场景图——一只动物（3-2）欲脱群行走，牧犬（3-3）随即上前阻止。3号画面中的动物也有明显的雌雄之分，3-4、3-5、3-6动物下腹部的雄性动物生殖器特征。

## （四）4号画面

4号画面所在岩壁高陡，岩体宽328.5、高约471厘米，画面宽231、高437.5厘米。共包括20个图像，大致按照从上到下、从左至右的顺序，分别对4号画面图像进行编号，即4-1至4-20。4号画面图像均为线条式图像，部分图像或模糊不清或琢刻不完整（图六；图版一，5）。

4-1，位于岩面左上角，图像宽34.6、高35.5厘米，为密点敲琢的线条式动物图像。动物头顶有两短角，似分有枝杈，躯体方直，四腿分立呈站姿，推测可能为鹿。

4-2，位于4-1左下方，图像宽45、高51厘米，为密点敲琢的线条式鹿。分有枝杈的鹿角向上伸展，四腿分立，短尾。

4-3，紧靠4-2左下方，图像宽约20.2、高21.7厘米，为密点敲琢的线条式动物图像。动物头部未琢刻完整，躯体方直，四腿分立，短尾。

4-4，位于4-3右下方，图像宽13、高18.7厘米，为密点敲琢的线条式人物图像。人

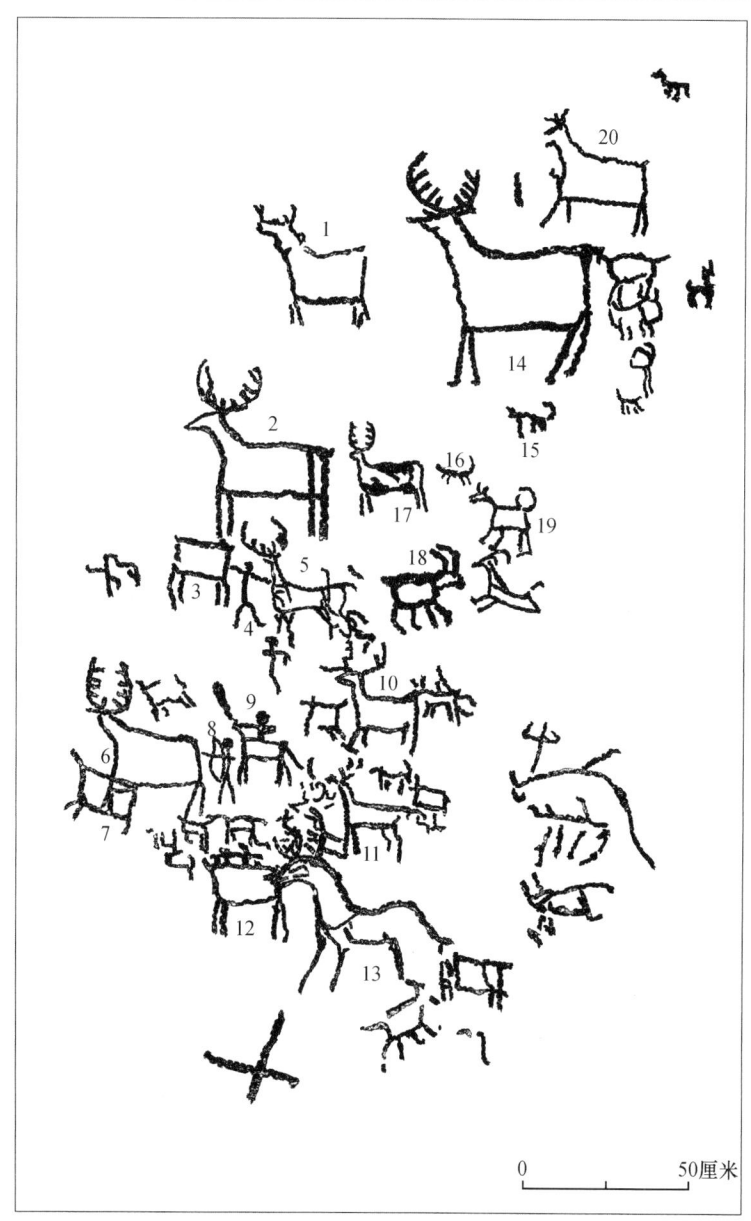

图六　孜孜荣岩画4号画面线图

物呈站姿，右臂弯曲，左臂前伸。

4-5，位于4-4右侧，图像宽34.2、高37.1厘米，为密点敲琢的线条式鹿。分有枝杈的鹿角向上伸展，短尾。

4-6，位于4-7上方，图像宽22.3、高13厘米，为密点敲琢的线条式鹿。分有枝杈的鹿角呈弯曲状向上延展，躯体方直，四腿分立，无尾。前肢叠压于4-7动物腹背之上。

4-7，位于4-6左下方，图像宽15.4、高25厘米，为密点敲琢的线条式动物图像。动物头部琢刻不完整，躯体方直，四腿分立，无尾。动物腹部和背部被4-6鹿前肢叠压。

4-8，位于4-6右侧，图像宽1.6、高19厘米，为密点敲琢的线条式人物射箭图像。人物呈射箭站姿，右臂前伸，左臂弯曲，双手持弓。

4-9，位于4-8右侧，图像宽27.6、高29.8厘米，为密点敲琢的线条式人骑动物图像。动物呈行走状，长脖前伸，长尾下垂；人物右臂前伸，左臂弯曲，似持某物。

4-10，位于4-9右上方，图像宽29、高33厘米，为密点敲琢的线条式鹿。分有枝杈的鹿角倾斜向上伸展，躯体方直，四腿分立，短尾略翘。

4-11，位于4-10左下方，图像宽35.2、高31厘米，为密点敲琢的线条式动物图像。躯体方直，四腿分立，推测为羊。

4-12，位于4-11左下方，图像宽26、高28.4厘米，为密点敲琢的线条式人骑动物图像。动物躯体方直，四腿分立；人物双臂平举。动物臀部被4-13鹿头部叠压。

4-13，位于4-12右下方，图像宽53、高52.4厘米，为密点敲琢的线条式动物图像。动物头部长有双角，长颈，躯体圆润，四腿分立，长尾。动物头叠压于4-12动物臀部之上。

4-14，位于4-1右侧，图像宽58.8、高67.4厘米，为密点敲琢的鹿。分有枝杈的鹿角弯曲向上伸展，躯体方直，四腿分立，短尾。

4-15，位于4-14下方，图像宽14.1、高11厘米，为密点敲琢的线条式动物图像。动物呈站立状，体型较小，短耳直立，长尾卷翘，推测为狗。

4-16，位于4-15左卜方，图像宽11.6、高8.8厘米，为密点敲琢的线条式动物图像。动物四腿分立，体型较小，长尾卷翘，推测为狗。

4-17，位于4-16左侧，图像宽23.7、高28.3厘米，为密点敲琢的线条式鹿。分有枝杈的鹿角向上伸展，四腿分立，圆臀无尾。

4-18，位于4-17下方，图像宽25.3、高26.2厘米，为密点敲琢的线条式羊。双角略弯上伸，四肢分立呈行走状，短尾。

4-19，位于4-18右上方，图像宽20.6、高20.1厘米，为密点敲琢的线条式动物图像。动物躯体方直，四腿分立，短耳直立，长尾卷翘，推测为狗。

4-20，位于4-14右上方，图像宽33.2、高36.8厘米，为密点敲琢的线条式动物图像。动物头部线条模糊，躯体方直，四腿分立，短尾，前胸有一细线条。

# 三、分组与分期

总合四幅画面，共发现15处叠压关系。

1号画面存在2处叠压关系（图七，1）：第1处是1-4人物右腿叠压于1-3鹿角右上方，第2处是1-5人物头部和肩部叠压于1-6动物腿部。

图七　孜孜荣岩画画面打破关系图
1. 1号画面打破关系图　2. 3号画面打破关系图
3. 2号画面打破关系图　4. 4号画面打破关系图

2号画面的叠压打破关系略为复杂（图七，3），共有10处：第1处是2-13佛塔塔瓶叠压于2-12动物头部。第2处是2-13佛塔塔基叠压于2-21经幡中上部。第3处是2-13佛塔塔基叠压与2-14疑似动物头部。第4处是2-13佛塔塔基叠压在2-15动物头部。第5处是2-24佛塔塔身叠压于2-22经幡撑杆底部。第6处是2-24佛塔塔基左侧叠压在2-20动物的头部。第7处是2-24塔身叠压在2-25动物腹背之上。第8处是2-19动物兽角叠压在2-18动物身躯之上。第9处是2-19动物后肢叠压于2-10动物头部。第10处是2-31藏文字母叠压在2-21经幡上部。

3号画面存在1处打破关系（图七，2）：3-1鹿下腹部叠压于3-2动物背部。

4号画面存在2处打破关系（图七，4）：第1处是4-6鹿前腿叠压于4-7动物躯体之上。第2处是4-13鹿头部叠压于4-12动物臀部。

虽然四幅画面均有叠压打破关系，但从画面表述场景的完整性和风格一致性看，1号、3号、4号画面中各自的叠压关系均不能直接体现出明显的时代差别，不能作为分组、分期依据。因此，仅2号画面的图像可分成不同组，详见下文。

## （一）分　　组

根据4幅画面上的15处打破关系，可将所有岩画图像分为两组：

第一组图像包括1号画面，2号画面的2-1、2-2、2-3、2-4、2-5、2-6、2-7、2-8、2-9、2-10、2-11、2-12、2-14、2-15、2-16、2-17、2-20、2-21、2-22、2-23、2-25、2-26、2-27、2-28、2-29、2-30。第一组图像为剪影式图像，包括马、鹿、羊、单人、骑射、骑行、持械、射箭、经幡、弓箭等。

第二组为2号画面的2-13、2-18、2-19、2-24、2-31、2-32、2-33、2-34，3号画面，以及4号画面图像。第二组为线条式图像，包括马、鹿、羊、狗、单人、骑射、骑行、射箭、藏文六字真言、佛塔、万字符。

## （二）分　　期

至今西藏岩画的时代判断仍然是一难题，图像之间的叠压打破关系相对较少，可借助其他考古发现进行判断的资料也不多，在本文中对孜孜荣岩画的年代初步推断，还请方家指正。

从上述对孜孜荣岩画以及叠压打破关系、琢刻制作手法、风格特点综合分析，可将该岩画点的图像分为两期。

第一期，以第一组图像为代表，图像为剪影式。画面主题是围猎场景，叙事效果强烈，有动物、人物和经幡图像。动物图像包括鹿、羊、马等，人物图像包括单个人物、骑射者、骑行者、射箭者、手持武器者等，个别人物图像被琢刻出男性的生殖器。从图像中的弓箭、短刀、长矛等武器看,表现的应是一种进步的狩猎生产方式。与西藏其他地区的岩画做以比较并进行综合分析,这一期岩画大致应在早期金属时代[3],距今3000年左右。值得注意的是这一期图像中的人物,表现出了对男性的生殖崇拜。

第二期,以第二组图像为代表,图像为线条式,剪影式图像已不再出现。画面内容除狩猎场景外,新增放牧场景。出现藏文六字真言和佛塔。这期动物包括鹿、羊、马等,新出现狗的图像,表现动物的线条简洁锐利。部分动物的眼睛用圆点被表现出来,如3-1、3-4和3-6鹿的眼睛,与日土岩画晚期动物图像出现眼睛表现形式相似[4]。人物图像包括单个人物、骑射者、骑行者、射箭者,而不再有表现生殖器特征的人物。从这一时期新出现的佛塔、藏文六字真言都是佛教传入后的产物,综合分析后推测第二期岩画应是吐蕃及吐蕃时期以后。

# 四、结　　语

## （一）孜孜荣岩画中的动物

**1. 鹿**

鹿是孜孜荣岩画中出现率较高的动物,图像中可清晰辨认出的鹿共有14只,然而在孜孜荣岩画中没有出现高原游牧经济的主要动物——牦牛,这与林芝工布江达县色沃岩画[5]、日喀则定日门吉岩画[6]中相同,此种情况与当地长期生存和驯养动物种类有关。当地居民至今仍以农业耕作作为长期和主要经济生产方式,亦有大量野生鹿群在此活动,常在秋季收割时到山脚下的农田寻觅食物。

**2. 狗**

孜孜荣岩画中狗的图像,具有体型小、双耳短小直立、长尾卷翘的共同特征。从狗所处位置看,3-3狗左侧的3-2动物,面朝左侧,与其他动物朝向相反；4-15、4-16、4-19三只狗,集中分布在4号画面右上侧,在紧邻4-19狗左下方的4-18羊,面朝右侧,亦与其他动物朝向不同。这种画面布局在色沃岩画[7]中亦有出现。因此,从狗出现的位置分析,狗被作为狩猎和放牧的动物驯养。

作为参考,曲贡遗址中发现的马、牛、羊、鹿等动物均系野生种,这说明当时居民对这些动物虽然还没有完全驯化,但对它们已有一定掌控力。孜孜荣岩画中的鹿就属于长期被狩猎,但一直未被驯化的动物。而狗则是后期被驯化作为辅助畜牧的动物,且狗仅出现在第二期的图像中,恰好互证当地居民生业方式的改变,即从单纯狩猎到驯养畜牧和狩猎共存的生产生活结构。

## （二）生殖崇拜

孜孜荣岩画部分图像表现了当时人们的生殖崇拜思想，这种崇拜体现在对男性和雄性动物的生殖器刻划表现上。

**1. 男性生殖崇拜**

对男性生殖器的刻划仅出现在第一期画面中，1-5、1-7、2-26三幅图像表现了狩猎者的男性特征。男性生殖器刻划在日土鲁日朗卡岩画[8]、日土左拥湖岩画[9]、塔康巴岩画[10]、加林山岩画[11]、扎西岛岩画[12]、八宿拉鲁卡岩画[13]中也有发现，这些图像被认为是对非凡的生殖力的形象崇拜[14]。以往发现的这些男性角色，多表现为放牧者或巫师等形象。

孜孜荣岩画中表现有男性生殖器的三个人物有以下共同特征：体型强壮，与被狩猎动物之间距离甚近，处于一种正面交锋状态。通过这些画面不难推断，狩猎中的勇猛者更易被重视和崇拜，这也就促使男性成为力量的代表。在孜孜荣岩画中表现出的生殖崇拜，应是对强大力量的崇拜而非对生殖力的崇拜。

**2. 雄性动物生殖崇拜**

1-3、3-4、3-5、3-6这四个图像表现了动物雄性生殖器特征，在色沃岩画[15]、多吉扎岩画[16]中亦发现有对雄性动物生殖器特征的刻划。推测这种表现形式，是对动物繁殖能力的一种期望和重视，雄性动物作为"种"的繁殖来源，被人类给予更多的重视。同时，在现已公布的图像资料中，仅这三处有对雄性动物生殖器的刻画表现形式。恰好这三处岩画点，均位于西藏中部，这种对雄性动物生殖器的刻画，从侧面反映了西藏中部地区岩画共同具有的风格特征。

附记：感谢为本文提出宝贵意见的夏格旺堆老师。

调　查：夏格旺堆　边巴顿珠　何伟
摄　像：陕西十月文物保护有限公司
绘　图：陕西十月文物保护有限公司　何伟
执　笔：何伟

## 注　释

[1] Cuntram Hazod. The stele in the centre of the Lhasa mandala about the position of the 9th-century Sino-Tibetan treaty pillar of Lhasa in its historical and narrative context. *Epigraphic Evidence in*

*the Pre-modern Buddhist World* (Proceedings of the Vienna Conference), 2011, forthcoming.

［2］ 夏格旺堆：《孜孜荣岩画》，《西藏大学学报》（社会科学版）2016年第2期。

［3］ 西藏自治区文物管理委员会：《西藏岩画艺术》，四川人民出版社，1994年，第8页。

［4］ 张建林：《日土岩画的初步研究》，《文物》1987年第2期，第52页。

［5］ 西藏自治区文物保护研究所：《西藏工布江达县色沃岩画调查简报》，《考古与文物》2014年第6期。

［6］ 西藏文管会文物普查队：《西藏定日门吉岩画调查简报》，《南方民族考古》（第4辑），四川科学技术出版社，1991年。

［7］ 同注［5］，第6页。

［8］ 同注［3］，第51页。

［9］ 同注［3］，第74页。

［10］ 四川大学考古系、西藏自治区文物局：《西藏日土县塔康巴岩画的调查》，《考古》2001年第6期。

［11］ 同注［3］，第126页。

［12］ 同注［3］，第155页。

［13］ 同注［3］，第164、166、167、169页。

［14］ 同注［3］，第7页。

［15］ 同注［5］，第5、6页。

［16］ 同注［3］，第159页。

（原载《藏学学刊》2018年第19辑）

# 甘肃景泰县中泉乡岩画调查简报*

庞 颖

（兰州财经大学）

  本次考察的三处岩画都位于甘肃省景泰县中泉乡，其中陈家坝沟岩画位于三合村南陈家坝沟深处，2018年4月初当地牧民王正德发现并报告县文物局及博物馆。2018年4月11日景泰县文物局派专人去现场考察。笔者于2018年4月21日与兰州财经大学高启安教授、兰州文理学院陈其斌教授、景泰县博物馆馆长寇宗东再度赴现场考察。尾泉沟岩画位于尾泉村尾泉沟口的石崖上，2017年7月由当地牧民发现并报告县文物局及博物馆。2017年8月25日、2017年12月3日笔者与兰州财经大学高启安教授、胡桂芬副教授和景泰县博物馆馆长寇宗东、四川大学李永宪教授再度赴现场考察。板荨沟岩画位于野狐水村南5千米处的板荨沟内，2006年由当地牧民发现并报告县文物局及博物馆。笔者于2018年6月13日与兰州财经大学高启安教授、景泰县博物馆原馆长沈渭显再度赴现场考察。本文是这几次调查结果的简要报告。

## 一、岩画的分布及环境

  景泰县中泉乡位于县境东南部，东临黄河，其南与白银市（白银区）相接，西抵正路乡，其北为米家山。中泉乡境内地势西高东低，属低山丘陵地带，多高山深谷，地形复杂多样，全乡平均海拔1600米左右，气候干旱少雨。始于正路乡的中泉沟由西向东纵穿全乡，经尾泉村后向东北方向汇入黄河。全乡现居民点（村庄）基本分布在中泉沟南北两侧的谷地、缓坡上，中泉沟北坡因有多处泉水露头，沿沟分别有脑泉、中泉、尾泉三大自然村落。由于泉水不多，水地面积也不大，主要以旱地、砂地为主，生产条件较差，早期农耕主要以广种薄收的旱田为主。全乡境内主导产业为农业，农作物主要有春小麦、玉米、洋芋、豆类。中泉乡西部、北部都是山区，山大沟深，牧草丰富，村民兼营小群畜牧业以作为经济的补充收入。

  历史上中泉乡一带就曾是丝绸之路北线过鹯阴口后西去的重要路段。"一道从迭

---

  \* 基金项目：2014年度国家社科基金艺术学西部项目"甘肃岩画整理研究"（14EF154），本文系该项目阶段性研究成果。

列逊西渡,经景泰脑泉、营盘沟进入寺滩西行,翻越嵩沟岘,进入古浪西行。"[1]三处岩画地点中的尾泉沟岩画发现于中泉沟近黄河汇口的沟谷西岸泥岩断面上,陈家坝沟岩画、板荨沟岩画分别发现于中泉沟南侧支流陈家坝沟沟内东侧的大石上和板荨沟沟内北侧的大石上。陈家坝沟岩画与板荨沟岩画直线距离31.21千米,与尾泉沟岩画直线距离10.90千米,板荨沟岩画与尾泉沟岩画直线距离31.25千米(图一、图二)。

图一 中泉乡岩画地点分布地形图

## 二、陈家坝沟岩画

陈家坝沟岩画位于中泉乡三合村以南的陈家坝沟,距三合村直线距离5千米。GPS坐标点为东经104°21′55.35″,北纬36°46′21.50″,海拔1679米。从陈家坝沟沟口牧民王正德家羊圈向南行约3千米到达岩画点,沟内有一条从南向北干枯的沙河,岩画坐落在距沙河河床一二米的石崖上。这是迄今为止景泰县境内发现的第九处岩画,该处岩画共发现三个画面,计有35个图像。根据从北向南的顺序,将三个画面编号为1、2、3号画面。图像均用敲琢法制成,琢点均匀密集。琢有岩画图像的岩体为砂岩,1、2号画面的岩石表面因氧化而略微偏红,3号画面的岩面略微偏黑。1岩画距2号岩画约70米,2号岩画与3号岩画相距约20米。

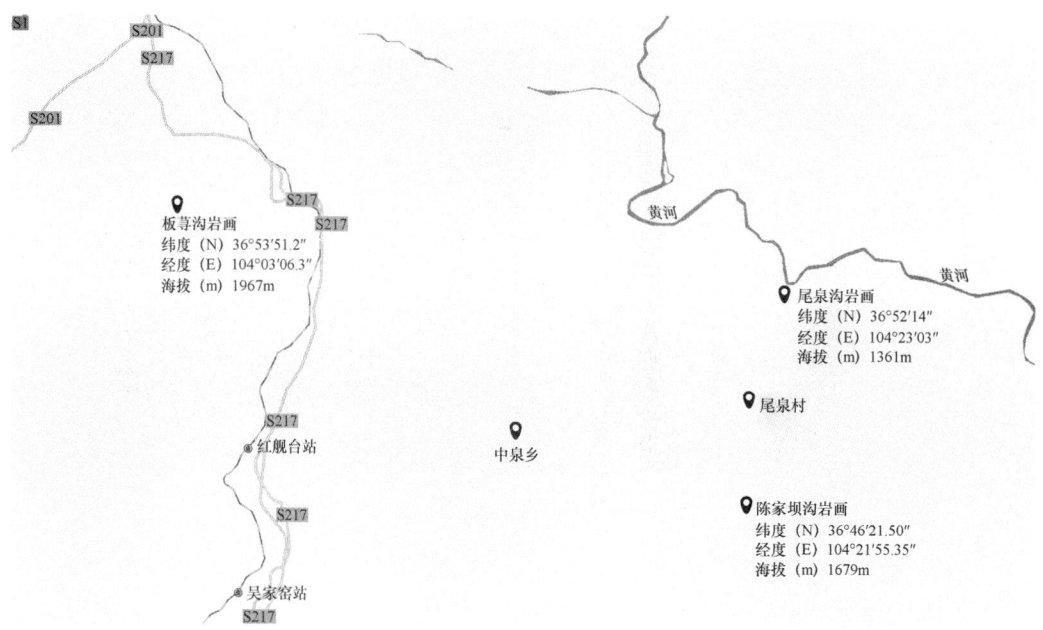

图二　中泉乡岩画地点分布位置示意图

1号岩画：岩面尺寸宽1.9、高1.8、距地面高约1米，岩面朝东南。仅一个图像，为北山羊（西伯利亚北山羊，*Capra sibirica*），亦称悬羊、野山羊、亚洲野山羊。图像尺寸为12厘米×9厘米，敲琢法形成剪影式图像。北山羊头朝画面右侧，两角较大，胡须清晰可见，图像完整（图三；图版三，1）。

图三　陈家坝沟岩画1号画面及线图

2号画面：北距1号岩画约70米，位于沙河上游方向。岩面尺寸宽1.9、高1.6、距地面约1米，岩面朝东。岩画内容以动物为题材共有图像7个（北山羊4、豹或虎3）。岩画用密集敲琢而成的剪影式图像表现动物，琢痕颜色与岩面颜色基本一致。画面从上到下、由左至右可分为三部分（图四；图版三，2），上部为两只北山羊，身后有一

图四　陈家坝沟岩画2号画面

豹或虎尾随（图五；图版三，3）。下部左侧为一只北山羊，其身后有一豹或虎尾随（图六；图版四，1）。下部右侧同样是一只北山羊及其后的一豹或虎尾（图七；图版四，2）。2号画面的7个动物皆朝向一致（向画面左侧），虽无追杀撕咬，但表现了野生动物之间的追逐关系。岩面上部图像部分被石碱覆盖，下部图像则保存完好。

图五　陈家坝沟岩画2号画面上部分

3号岩画：北距2号岩画约20米，位于沙河上游方向。岩面尺寸宽1.9、高1.7、距地面约0.5米，岩面朝东。画面内容比较丰富，主要表现狩猎场景，计有单体图像27个，包括人物3、狼7、狗1、羊5、鹿5、牦牛1、不明物体5。按从上到下、由右至左顺序可以将画面分为四部分（图八；图版四，3）。

第一部分位于岩面最右侧，是面积最大的画面。其中最大的雄鹿图像尺寸为73厘米×31厘米，鹿角较小；其下方为一只昂首直立的小鹿和一未封闭的圆圈符号，小鹿前方

图六　陈家坝沟岩画2号画面左下部分及线图

图七　陈家坝沟岩画2号画面右下部分及线图

图八　陈家坝沟岩画3号画面

为一只犬与一羊相对而立。圆圈下方一只鹿装饰涡旋纹（亦称横S形纹），其身后为一只奔跑的小鹿，其身前有一犬，但后者从刻痕颜色看，其制作时间与前者似有相对早晚的区别。另外，还有"剪影式"造型表现的4只岩羊（*Pseudois nayaur*），其余动物则以敲琢的线条法表现，除两只羊以外的所有动物皆朝向画面左侧（图九；图版五，1）。

图九　陈家坝沟岩画3号右上部分及线图

岩面左边上部为狩猎场景，猎人身着束腰袍衣，手持弓箭。其前方为一只猎犬正奔向受伤蜷缩在地的羊。3个图像均用敲凿法的轮廓线条表现（图一〇；图版五，2）。

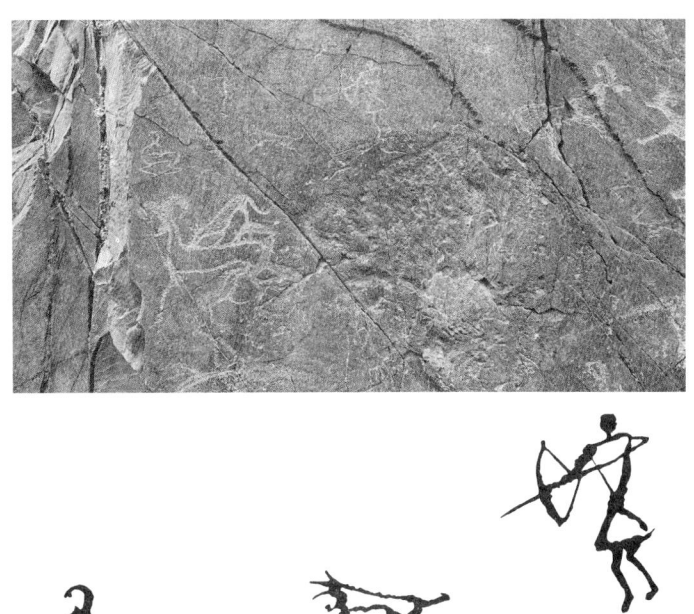

图一〇　陈家坝沟岩画3号左上部分及线图

岩面左侧中部表现的是"四犬猎羊"的场景，两只猎犬正扑咬一只羊，另两只猎犬正撕扯羊的腿部，不远处还有一只飞奔而来的猎犬。该图像组合尺寸为23厘米×23厘米，采用密集敲凿法的"剪影式"和"线条式"两种表现方法。大角羊右边有一不明物，琢痕颜色与岩面颜色基本一致，刻划时间可能早于其他图像（图一一；图版五，3）。

岩面左侧下部是"交媾图"（图一二；图版六，1），画面尺寸14厘米×10厘米。在一只硕大牦牛的下方，一对男女呈男上女下的交欢体式。二人的左右手伸展在头部以上相对而握。其上方牦牛图像尺寸为22厘米×13厘米。该画面图像皆用密集敲琢的"剪影式"造型。牦牛上方还有一动物，其技法和琢痕颜色与其下部的牦牛和交欢男女有所区别，可能有制作时间上的相对早晚关系。岩面上方还有本地现代牧民王正德所刻"人人爱保"四字。

图一一　陈家坝沟岩画3号左中部分及线图

图一二　陈家坝沟岩画3号左下部分及线图

## 三、尾泉沟岩画

尾泉沟岩画位于中泉乡尾泉村尾泉沟沟口的石崖上，在尾泉村西北面，距尾泉村直线距离5千米处。岩画位于距沙河河床八九米的石崖上，GPS坐标点为东经104°23′03″，北纬36°52′14″，海拔1361米。尾泉沟岩画共有2个画面，从西向东编为1号、2号画面。岩面朝向东南，图像均采用琢刻、磨刻的方法制成，岩体为泥岩。两个画面相距2.2米（图一三；图版六，2）。

图一三　尾泉沟岩画及画面分布

1号岩画：岩面尺寸7.8米×2米，距地面高约2米。图像制作方法有琢刻和磨刻两种，图像之间多有叠压打破现象，显示图像是不同时间（或不同作者）多次刻划而成。岩画种类比较丰富，包括"人面像"、人物、大角羊、有翼蛇状物、狼和同心圆等符号。岩画岩体为泥岩，琢痕或刻痕颜色与岩面颜色基本一致。多数图像采用"以线造型"的方法，少数动物采用"剪影式"造型。由于风化等原因，岩面边缘部分有落块现象，对图像有一定损坏（图一四；图版六，3）。

图一四　尾泉沟岩画1号岩画

2号岩画：位于1号岩画东侧2.2米处，岩面尺寸1.5米×1.5米，距现地表约2米。画面图像以抽象符号为主，多以同心圆和几何图形组成，符号图像的下方有鹿等已漫漶不清的动物图像。该画面图像造型用敲琢或磨刻结合的"线条法"完成，刻痕颜色与岩面颜色基本一致故较难辨识。岩面周缘部分有风化落块现象（图一五；图版七，1）。

图一五　尾泉沟岩画2号岩画

# 四、板荨沟岩画

板荨沟岩画位于中泉乡野狐水村以南约5千米的板荨沟内，距沟口3千米，在沟中北侧，GPS坐标为东经104°03′06.3″，北纬36°53′51.2″，海拔1967米（图一六；图版七，2）。

图一六　板荨沟岩画岩面

板芽沟岩画为大石岩画，岩面高1.9米，宽3.3米，岩面朝南且平整呈灰黑色，岩性为砂岩。画面图像较多且叠压打破现象复杂，应为多次（或多人）刻划而成。图像种类以动物为主，可辨识的有大角羊、马、人物、弓箭、抽象符号等，此外还有当地当代苟姓、朱姓村民刻写的文字。根据现场分析，推断早期图像主要采用密点敲琢法完成，晚期图像用磨刻法制成，但都是"以线造型"表现物象。受自然因素影响，岩面边缘有落块现象。

## 五、结　　语

从地理环境及遗存分布上看，景泰县中泉乡三处岩画都距黄河较近（陈家坝沟岩画距黄河直线距离11.26千米、板芽沟岩画22.16千米、尾泉沟岩画仅0.33千米），三处岩画之间的直线距离也都在30千米之内，因此它们应是同一地域文化的代表。景泰县与其北、东方向岩画遗存较为丰富的内蒙古阿拉善左旗和宁夏中卫市毗邻，与靖远县、平川区或隔河相望，或为紧邻，在地理环境上和岩画内容、图像制作等方面有着诸多相同之处，所以在岩画分区上，我们认为景泰中泉的三处岩画皆应归于"北方系统岩画"。

中泉乡三处岩画的内容虽有诸多相似点，但也各有一些特点。例如，陈家坝沟岩画以动物图像为主，表现了利用猎犬围猎、男女交媾等比较特殊的内容，岩画图像没有叠压打破现象，动物造型具有比较典型的中亚或北方草原岩画风格（如饰横S形纹），其中牦牛图像下男女交媾的场面也很特别，与其他地区岩画中表现生殖器崇拜的画意不同。画面中的牦牛现在一般活动在海拔3000～5000米的高原地区，在景泰地区及黄河中游很少出现（景泰与天祝交界处现有部分牧民畜养牦牛），所以我们推测在男女交欢场面表现牦牛可能有其特殊的含义，或许有强调两性交媾能促使牲畜增产的意义。

尾泉沟岩画虽只有2个画面，但其内容和图像种类比较丰富，图像之间叠压打破关系也较复杂，其中"人面像"和鹿等动物图像比较接近宁夏、内蒙古、新疆等地的"北方系统岩画"，但其中的几何形符号和同心圆等图像难以辨识其含义，该处岩画的图像意义仍有待于细致的观察与分析。

板芽沟岩画的图像重叠打破现象也比较复杂，加之后期人为加刻或损坏，多数图像难以辨识，亦有待于进一步的分析。

从总体上看，中泉乡三处岩画的制作时代应与宁夏、内蒙古等邻近地区的"北方系统岩画"比较接近，其时代上限晚于新石器时代，下限似不晚于汉魏时期；从岩画图像的造型风格和表现的内容题材看，中泉乡三处岩画中的陈家坝沟岩画可能稍早于尾泉沟和板芽沟两处遗存，更准确的时代判定无疑还有待于下一步深入分析和研究。

附记：本文所涉岩画材料的调查记录，系在兰州财经大学高启安教授及胡桂芬副教授、兰州文理学院陈其斌教授、景泰县博物馆馆长寇宗东先生和前任馆长沈渭显先生、四川大学李永宪教授等人的参与下完成，在此一并致谢！

## 注　释

[1]　刘再聪：《试论景泰境内黄河渡口的两个繁荣期》，《景泰与丝绸之路历史文化》，甘肃人民出版社，2008年，第98~111页。

# 赤德松赞墓碑的考古复查与研究[*]

## 夏吾卡先

（西藏大学中国藏学研究所）

赤德松赞（755～797年）墓碑是除琼结桥碑[1]外的又一通吐蕃王陵碑刻，它以保存完整，年代明确，且仍矗立于陵前而为学界所关注、熟知。石碑内容及其与墓主陵墓的位置分别对吐蕃历史和吐蕃赞普陵寝制度研究等问题有着重要的学术价值。目前，学界虽对石碑碑文开展过多次释读转录工作，但均是依据现场记录或所摄石碑照片对译而进行，尤其是那些已有漫漶的文字著录，各版录文存有较大差异，这些都影响了碑文原貌的还原和石碑价值的深入挖掘及相关研究工作的深入开展。为解决上述问题，2012～2013年四川大学霍巍教授领衔的藏王陵考古队重新调查了此石碑，并绘（拓）制了完整线图和高清拓片。本文以这次调查所获的墓碑拓片为基础并结合传世文本资料（前人抄录的碑文前半部分），重新对勘、补录了碑文，更译、论证了前人译文，同时考证了传世文本的形成年代和抄写之人。

## 一、石碑现状调查及前人研究

赤德松赞墓碑位于西藏山南市琼结县吐蕃王陵区赤德松赞陵东南侧的碑亭里。墓碑通高7.18米，由碑帽、碑身、碑座三部分组成（图一、图二）。碑帽带顶高0.9米，顶部微残，帽底内收，帽檐一周浅雕16个莲瓣图案。帽顶置莲座宝珠，宝珠直径0.43、高0.5米。碑帽平面呈长方形，顶为四面坡状庑殿式，边缘微微上翘，沿宝珠边缘的碑帽阴刻减地浮雕升云图案。碑帽长1.25、宽0.89、厚0.4、边缘厚0.15米，碑帽和碑身以榫卯结构连接。碑帽底部四角对称浮雕四尊飞天，间以升云图案。飞天高发髻，大耳；上身赤裸，双手上举；一条彩带飘在头上，彩带两端由肩前绕两侧腋下向后飘扬；腰系绶带，绶带两端向后飘扬；下身着裙，一腿弯曲，另一腿向外伸出，赤足。碑帽底部东侧中央刻浮雕双圈中有十六角光芒的太阳形象；西侧中央刻浮雕圆圈内加弧线的月亮形象

---

[*] 基金项目：本文系2014年度教育部人文社科基地重大项目"藏王墓考古调查资料的综合研究"（项目批准号：14JJD780001）和2017教育部人文社会科学研究规划基金项目"西喜马拉雅地区8至11世纪藏文题刻的整理与翻译研究"（项目批准号：17YJA870022）阶段性成果之一。

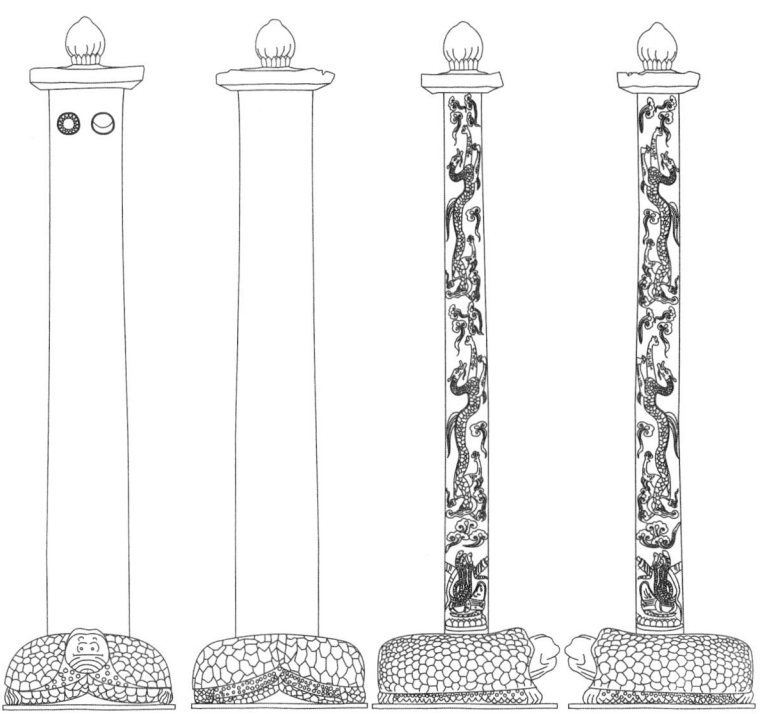

图一　赤德松赞墓碑线图

图二　赤德松赞墓碑

（图三）。碑身上小下大，高5.6米，上端宽0.78、厚0.42米，下端宽0.94、厚0.52米。碑身正面（有文字部分）朝北，上端东西两侧刻分刻太阳、月亮图案；下端横排古藏文59行，行距约0.1米，主记赤德松赞的功德和政绩。第30~41行碑文，因风化剥蚀和朝拜者的触摸敲打，已漫漶。石碑背面，素面无纹。碑身东西两侧上部即现浮雕云中升龙图案，二龙呈追逐升腾状；上半部的龙身体修长，头颈前伸，有须、角、脊毛，遍体鳞甲，作疾走状；下半部的龙造型与上半部基本一致，惟颈后再前伸成"S"形。双龙旁刻升云十数朵，象征龙腾云中。碑身东西两侧面下部刻浮雕四蛇图案。蛇均作直立吐信、尾部盘绕状。碑座为仰覆莲座。墓碑下部为石

图三　碑帽线图

龟碑座。龟高0.84、长2.02、宽1.86米。石龟头部微露，四足收拢，背有脊。龟甲上满刻六角形，局部由于密度过大似鱼鳞。龟腹部与尾部刻圆形麻点纹。石龟碑座下为基座，长2、宽1.9米。碑座与基座为一块整石雕刻而成。

　　国内外学界对石碑的调查研究工作始于20世纪中叶。1948、1949年，意大利人图齐和英国人黎吉生分别先后对赤德松赞墓碑进行了实地考察，并拍摄了石碑的珍贵照片。考察结束后，图齐在1950年出版的《藏王陵》一书中，首次将自己所录的前22行碑文和黎吉生清理出的25行碑文（共47行碑文）进行了整合、翻译与研究[2]。1969年，黎吉生将噶托·仁增次旺诺布收藏的石碑前29行碑文（也称传世文本）和自己亲身调查所录的碑文进行了整合研究，研究成果刊于《皇家亚洲学会学报》[3]，后又收录于黎氏所著的《吐蕃铭文集》一书[4]。1977年，高崎正芳又对传世文本中收录的前29行碑文进行了日语翻译与研究[5]。1982年，王尧先生对自己的现场录文（共47行）和石碑的传世文本进行了分开译介，并将转译成果介绍到了国内[6]。1984年9月，西藏文管会文物普查队的索朗旺堆和张建林两位先生首次对墓碑进行了全面的考古清理，新发现碑文12行[7]。1987年，美籍华人李方桂和柯蔚南联合出版《古代西藏碑文研究》（英文版）一书，书中首次整合校勘了墓碑的所有碑文，并进行了英文转译[8]。2011年，巴桑旺堆研究员在《吐蕃碑文与摩崖石刻考证》（藏文版）一书中，以王尧和李方桂的录文为基础，结合传世文本再次对碑文进行了校勘，共校勘出73处不同[9]。另外，在已出版的多部以藏文碑刻为主要研究对象的学术著作中，也收录了墓碑不同版本的录文[10]。

　　综上可知，由于国内外学术界曾先后有多位学者对赤德松赞墓碑进行过现场抄录，所录文本因排版或笔误，或是文字推敲之误，或多或少都有一些遗漏乃至过度修正的现象。目前，王尧先生的《吐蕃金石录》一书中所刊布的赤德松赞墓碑碑文在国内学界有着较大影响，虽如此，先生对部分碑文的转译仍有可商榷、待完善之处。

## 二、赤德松赞墓碑碑文的对勘补录与再译

审阅赤德松赞墓碑碑文的各种传抄本，笔者拟以调查所获的碑文拓片资料为基础（图四），参照巴桑旺堆先生的对勘文本，以王尧、黎吉生和噶托·仁增次旺诺布收藏的传世文本互校，再次对墓碑碑文进行对勘补录和转译。现将对勘补录后的文本转录如下[11]。

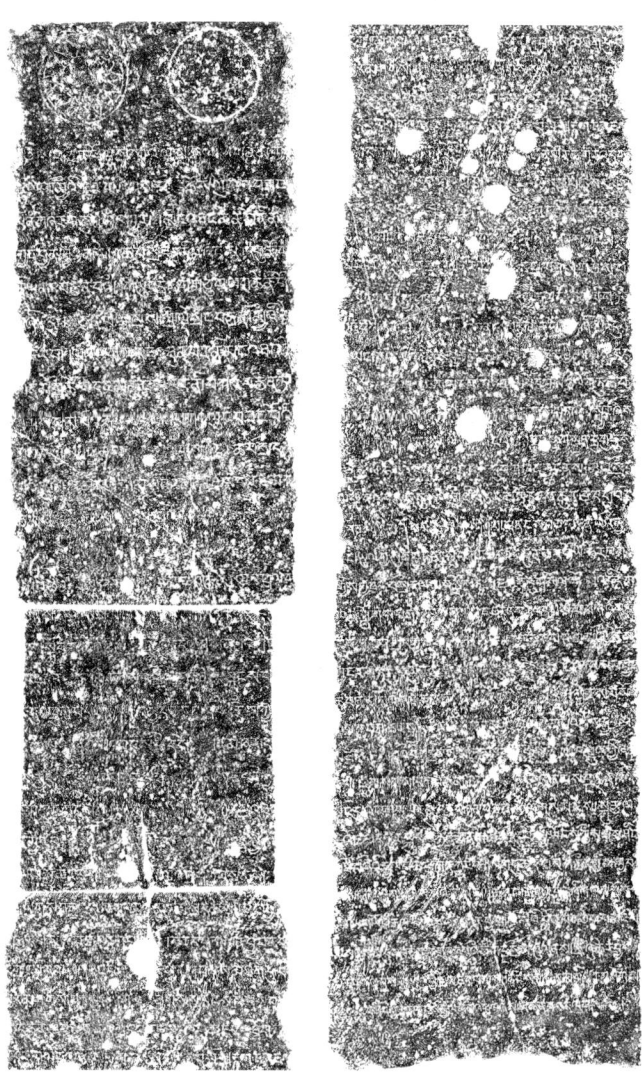

图四　刻文拓片

（1）$ / / btsan po lha sras / [12] 'o lde spu rgyal / / gnam gyI

（2）lha las myI'i rjer gshegs pa / / [13] chos lugs bzang

（3）po ni gzhar gtsug myI 'gyur / / mnga' thang chen po ni nam [14]

（4）kyang byIn myi *nyamste* / [15] chab srId ni phyir zhIng che / /dbu rmog

（5）ni yun tu [16] brtsan pa'I / / g.yung drung gi gtsug lag chen po

（6）bzhin du / / lha sras khrI lde srong brtsan / myI'i rje

（7）mdzad pa / / lha'I lugs dang 'thun par ni mnga' thang che /

（8）gnam gyI chos dang mtshungs pa ni / / bka' brtsan te /

（9）thugs sgam po'i rlabs dang / bka' lung bzang po'i [17]

（10）lugs kyis / phyI nang gnyis su legs shing / chab srId che

（11）ba'i [18] tshul / / nam du yang / myi yongs kyis shes par / mdo

（12）tsam zhIg rdo rings la brIs pa'o / / [19]

（13）$ / / btsan po lha sras / khrI lde srong brtsan / lha 'phrul gyI

（14）zha snga nas / / thugs sgam / / khong yang /bka' brtan / zung thub

（15）thugs stobs che'o / rang nyid de lta bas na / 'greng gI [20]

（16）rje mdzad na yang / / myI dgos pa'I las kyI mu bskrungs pas

（17）nang du 'khrugs pa dang / myI bde ba myed cIng / / bod yongs kyis

（18）khongs la yul phyug ste / [21] 'bangs skyid [22] do / / nam zhar / dbon

（19）sras rgyud kyI chab srId btsan zhing / 'bangs skyId par bya b'i [23]

（20）gdams ngag dang / / phyia'i dgra 'dul ba'i byin gyi dgr thabs [24]

（21）sngon myed pa'i bzang po bka' lung du bzhag ste / / yun gyi legs [25]

（22）pa yang rgya cher dgongs so / lha 'phrul gyI zha snga nas mtha'

（23）bzhi phyogs brgyad du / bka' btsan / chab srId che ste / / shar phyogs

（24）rgyal po chen por rgya 'dug pa dang / / bar du bka' khon byung nas

（25）dgrar sdo ba las / / dang po chab srid [26] phyag tu bzhes ma thag du / / bod

（26）kyi dmag gis / rgya'i yul thog phyogs su drangs pas spa ba'o [27] / /

（27）de tsun [28] chad kyis chab srId [29] kyI mnga' bdag mdzad ma thog la

（28）bar du lan 'ga' rgyas chab srid la ma bsdo ste / / rtag tu 'jal

（29）dum gsol lo / / lho phyogs kyi rgyal por rgya gar 'dug

（30）pa yang / / × × × kyIs × × × phyI tshus mdzad [30]

（31）× × × dan × × × chab srid × ×

（32）× × mang mdzad × × × s kyi [31]

（33）× × × su × × rdo × × × gces pa

（34）× × × skye phul × × × d gyi rgyal po chen po gnyis [32]

（35）× × × dang × chen po × × × zhig 'dug [33]

（36）×yang da×××kyIs××mdzad[34]

（37）myed pa×××bod kyi sa' 'og tu chab[35]

（38）×××ta zhi spyIr zhes

（39）××yo hi×××byang phogs na dru gu×sa

（40）×××dung ka khon byung nas chab srId[36]

（41）la bsdi ba las×dru gu×××si tu tshan tshun chad du /[37] bod

（42）dmag×××cher×××du nangs bcad rtan ba'I mya[38]

（43）dang / yul gyi su che×××dong×××tshun cad ho yo hor khag[39]

（44）gyis kyang chab srId las la[40] bsdos te / mjal dum gsol lo / 'di dag

（45）las stsogs pa rgyal po / ×××'og tu

（46）×××chab srid kyang×××pa dam pa'i chos

（47）kyang×ra tu rtsal×× byang

（48）chub chen po sa khyon×××sgon ma bsod[41]

（49）nams kyang rgya cher skyongs×××dam pa'i[42] chos rgyas par /

（50）mdzad×pa'I[43] bka' drIn gyIs kyang sa××pa'i×× lha 'phrul gyI zha snga

（51）nas thugs sgam /[44] bka' brtsan chab××bsod nams snga ldan ba'I

（52）sdong du 'phags par sku×gzhan las lhag pa'I mdzes / sku rtsal

（53）lo / re××sku×××chan×××par myI yongs kyIs shes shing

（54）mtha' bzhi'i rgyal po che phra kun kyang bka' 'og tu tshud pa dang / drIn[45] gyIs khyab

（55）×××bka'I che×pa rgya khyab kyIs×snga×bzhIs las stsogs

（56）g.yoa'I rgyal po che phra××kun byas / so so'I blon po gces pa mang po

（57）×××s nas×du×××stsogs pa'I chIg *dang* srIm phul nas /[46] sri zhu cher byas

（58）×××lta bus myI yul gyI rje mdzad pa las / nongs *dang*××ma gI[47]×gshegs

（59）×××ba shod kyI rje'I bang so rgyal chen 'phrul zhes mtshan pa 'di lags so

译文[48]：

赞普天子，鹘提悉勃野，天神下凡，治理人间，善法永不变更，辽阔疆域之福泽永不递减。权势煊赫，头盔如臃肿典籍，永久坚固。赞普天子，赤德松赞，治理人间，与神之仪礼契合，疆域辽阔；与天道相依，心胸深沉；圣谕之慈，令内外兼美，社稷倡隆。为使众人普遍知晓，故略书勒铭于石。

天子赞普赤德松赞，天神化身，圣德弘深，大度，坚守承诺，勇毅。如此之人为人主，无惹是生非的内乱和事端。蕃境富庶，百姓安宁。为后嗣社稷安定、百姓富庶、征服外敌，保留圣谕，来日大增收益。

天神化身（赞普），命令森严，四面八方受命。东方之主为唐（汉），与之结怨发生兵戈,当(赞普赤德松赞)接管政权,蕃军兵伐唐,使对方受惊胆怯。执政以来,唐数次不敌吐蕃,常请和结盟。南方之主为天竺,×××××对外管理×××政治×××石(碑?)×××等×××献礼×××两位国王×××执政×××大食×××姚何(yo hi)×××北方有突厥(drau gu)××××××与突厥结怨战伐××××××索杜灿(so tu tshan)为止,蕃军×××扣牲畜,××××××地,与回鹘(hor yo hor khag)发生兵戈进行结盟,这等赞普×××境内×××政治×××佛教×××××大菩萨地×××圣灯,广行福德××××大兴佛教之宏恩×××天神化身(赞普),深谋远虑,命令严峻。遍具福德他人无与伦比。××××××是尽人皆知,四方大小诸王,亦被臣服×××令至四方,普遍从命×××大小诸王×××各自之诸忠臣×××奉献×××等财物×××如此作人间之主。崩于××××××谓其陵号为杰钦赤。

笔者在对碑文进行对勘补录后,重译了部分内容。新勘本不仅在一定程度上还原了碑文的原貌,还为一些历史问题的研究提供了有益线索。今枚举几例,以兹说明。

(1)第2~4行的"chos lugs bzang po ni gzhar gtsug myI 'gyur // mnga' thang chen po ni nam kyang byIn myi *nyamste*",王尧先生分别译为"教法礼仪尽善尽美,永建基业"和"制定美妙之教法礼仪,地久天长,永无变易。其权威显赫,永不减逊"。这一翻译不仅与藏文原意相去甚远,而且还存在前后矛盾之处。因此,笔者改译为"善法永不变更,辽阔疆域之福泽永不递降"。这一时期的吐蕃历史也如碑文所言,佛教在吐蕃的地位得到了进一步的巩固,疆域版图达到了历史之最。

(2)第22~23行的"lha 'phrul gyI zha snga nas mtha' bzhi phyogs brgyad du / bka' btsan / chab srId che ste",王尧先生译为:"天神化现赞普政躬,号令森严,遍行四境,疆域日广,遍及八方。"这段内容实际上是想表达吐蕃当时在中亚政治格局中的强权地位及其能影响周邻政权的情况。王尧先生的翻译虽准确地表达了大部分意思,但并不全面。因此,笔者改译为:"天神化身(赞普),号令森严,四面八方听命统治。"

(3)第27~29行的"chad kyis chab srId kyI mnga' bdag mdzad ma thog la bar du lan 'ga' rgyas chab srid la ma bsdo ste // rtag tu 'jaldum gsol lo",王尧先生译为"王于国号令之秋,双方曾结一次永久之盟"。其翻译同藏文原意相差甚远。因此,笔者将其改译为"执政以来,唐数次不敌吐蕃,常请和结盟"。根据《旧唐书》的记载,知在赤德松赞执政时期(798~815年),唐蕃双方互遣使节多达数次,然系唐朝主动遣使修好的仅有一次——唐宪宗即位时(806年)[49];碑文中出现的"经常"一词显是夸大。

(4)第29~34行是吐蕃与印度发生战争的记载。以往的历史文献只记载了松赞干布时期为护送唐使而出兵天竺的情况[50]，赤德松赞时期为迎请佛祖舍利又向摩揭陀国发兵[51]。但据碑文第29~34行记载，吐蕃与天竺在赤德松赞时期也发生过战争，碑文所记情况尚待进一步验证。

（5）第35~44行，记载吐蕃与中亚大食、西域突厥、回鹘等国家（或民族）也有经贸往来、武力征讨和结盟的事实。意大利学者图齐和英国学者黎吉生曾基于《五部遗教》中的相似记述进行了比对研究[52]。后来美国人白桂思结合汉文与阿拉伯文文献资料重新对这段历史进行了系统梳理，并认为唐势力退出西域后（约9世纪初）吐蕃除积极抵御东侵的大食还与回鹘展开了西域霸主地位的角逐[53]。

## 三、碑文抄本的流传

20世纪60年代，英国人黎吉生从锡金内臣巴涅阿唐丹萨巴·扎西占堆（'ba' nyag Aa thang gdan sa pa bkra shis dgra 'dul）处获得了噶托·仁增次旺诺布（1698~1755年）收藏的五件传世抄本[54]，赤德松赞墓碑碑文抄件亦位列其中。与琼结桥碑抄本一样，此碑抄本也是用藏文乌梅体抄写在长条经文上，抄本共十一行四十一句，含三处起行符号。抄本与原碑文除在起行、断句上不一致外，还保留了若干古藏文的特征，如元音"Gu ge"的反写体、"ma"字增加下加字"ya btags"体等。此外，抄本还对原碑文中的断句符号（即单双区别）进行了统一整合。墓碑署名为"松赞墓碑"，至于为何如此署名尚不清楚，署名字号小于抄录正文，且两者的字迹也有差异，可能是后人追加所致。遗憾的是现存赤德松赞墓碑碑文抄本只收录了石碑的前29行文字，抄本除在语法上稍作修正（去除了古文特征）外，其他内容基本未动（图五）。

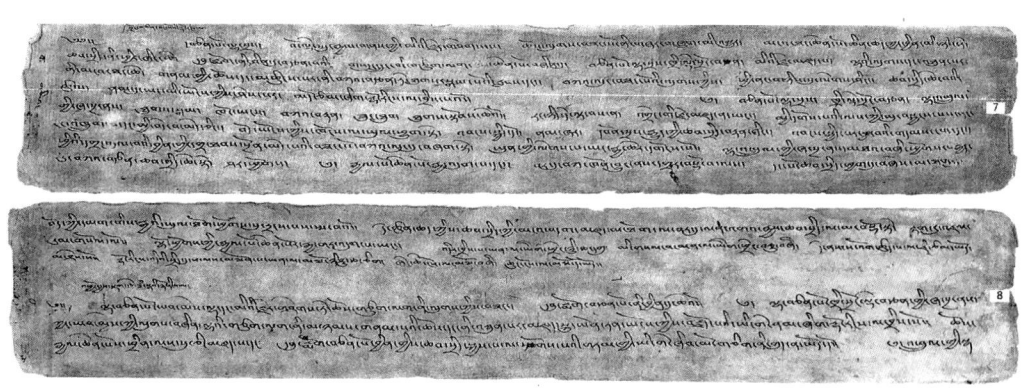

图五　传世抄本

故笔者对墓碑前半部分碑文的复原基本以此为准；后半部分则依靠所获的拓片资料。另外，在传世抄本的文末有一条说明文字：

录入碑文共29行文字，文字模糊不清者14行，其余部分由于被埋在地下而未能记录，已埋地里未能记录，石碑露出地表高约21拃，碑最宽处有4拃，最窄处小处有2拃[55]。

抄本末的注释文本向我们展现了碑文抄写时的石碑状况。据此，可类推其抄写时（即传世抄本抄录之时）石碑已被埋没至仅露43行碑文处；1948年黎吉生前往实地调查时，石碑没至仅露21行碑文处，其余25行碑文为他清理后所得。这种地表抬升情况的发生时间，基本可以锁定在吐蕃时期以后至西藏解放之前。

与赤德松赞墓碑同一时期的工布雍仲增石刻也存在类似情况，传世抄本只有前15行，第16～21行系噶托·仁增次旺诺布于现场补录所得[56]。同样，当黎吉生于20世纪50年代前往现场勘察抄录时，碑文也被沙土覆盖遮挡[57]。而有些石碑的传世抄本却有明确的纪年，如唐蕃会盟碑抄本，其记"立碑于吐蕃水土年（823年），而今水虎年一共过了599年"。这清楚地显示碑文抄录于1422年[58]。

近年来，在西藏哲蚌寺五世达赖喇嘛（1617～1682年）的藏书中又新发现了《诏书与碑文》（藏文版）一书，书中收录了桑耶寺碑和唐蕃会盟碑两通碑文，其中在唐蕃会盟碑碑文的末尾附了一条全套碑刻目录的说明：

噶琼碑、杰钦墓碑（赤德松赞墓碑）、桑耶寺碑、赤日墓碑（赤德松赞墓碑）、工布达巴尔碑（工布第穆萨/工布雍仲曾石刻）[59]，及以上两通碑刻，共有7通，噶琼寺抄写。

从上述新发现的碑刻目录看，这些传世抄本早在17世纪以前就已流传于世，更加有意思的是这两份墓碑的传世抄本分别采用陵号"杰钦"和"赤日"来命名。笔者对两份抄本收录的唐蕃会盟碑碑文进行比对后发现，抄本完全一致，具体为：只录碑文的正、反两面而不录两侧，且录文的先后顺序与中间起行等完全一致。由此看来，两套碑文应该系同源异流，其抄写时间应在15世纪左右。

既如此，谁最有可能是赤德松赞墓碑碑文的抄录者呢？我们首先将目光投向《汉藏史籍》的作者——15世纪西藏著名的史学家达仓·白觉桑布先生，其著作的最大特点即是注重对实物资料的介绍，喜好利用传统的金石碑刻材料。在他的《汉藏史籍》一书中着重介绍了西藏瓷器的生产传播与饮茶习俗的溯源等物质资料，而这方面内容的记载基本不见于其他史书。同时，在《汉藏史籍》中，他还首次收录并使用了赤德松赞墓碑的碑文资料，同时还强调了"赤德松赞陵前立有一通未载入史册的石碑"[60]。此外，吐蕃的另一通重要碑刻"恩兰·路恭纪碑"也被收录在其著作中[61]。

纵观吐蕃史籍，重视对藏文金石碑刻材料的收录与运用的史家主要有两位，分别是15世纪的达仓·白觉桑布和16世纪的巴卧·祖拉陈巴，对比二者会发现，前者更偏好利用金石材料。另据《诏书与碑文》一书的记载可知，当时共收录有7通碑刻，但目前仅发现有6通碑文，还有1通难觅踪迹。最近西藏自治区农牧科学院华科加先生向笔者展示了一通名为"恩兰·路恭纪碑"的碑文照片，若其真的为"恩兰·路恭纪碑"，极有可能为早年流散的。

综上所述，赤德松赞墓碑及现存传世抄本的抄录者极有可能是15世纪史学家达仓·白觉桑布先生[62]。

# 注　释

[1] 夏吾卡先:《吐蕃琼结桥碑的考古复查与研究》,《考古》2015年第6期。

[2] G. Tucci. *The Tombs of the Tibetan Kings*. Roma, 1950: 36-39. 当时露出地表的碑文行数上图齐和黎吉生有一行之差，前者称22行而后者言21行。

[3] H. E. Richardson. The inscriptions at the tomb of Khri Lde Srong Brtsan. *JRAS*, 1969.

[4] H. E. Richardson. *A Corpus of Early Tibetan Inscriptions*. Royal Asiatic Society, 1985: 84-87.

[5] Li Fang Kuei, South Coblin. *A Study of the Old Tibetan Inscriptions*. Nankang, 1987: 237.

[6] 实乃系黎吉生校勘本。

[7] 西藏文管会文物普查队:《赤德松赞墓碑清理简报》,《文物》1985年第9期。

[8] 同注[5],237-249.

[9] Pa sang dbang 'dus. *sphu rgyal bod kyi rdo brkos yi ge phyogs bsgrigs kyi ma yig dag bsher dang de'i tshig 'grel dangs sang gangs chu*. bod ljongs mi dmangs dpe skrun khang, 2011: 133-146.

[10] a. Bsod nams skyid. *bod kyi rdo ring yi ge dang dril bua' i kha byang.mi rigs dbe skrun khang*. 1984: 101-105.

b. Gny' gong dkon mchog tshe brtan. *bod kyi brda rnying yig cha bdams bsgrigs*. krung dbyang mi rigs slob grw chen moa' I dbe skrun khang. 1995: 153-158.

c. Kazushi IWAO, Nathan HILL, Tsuguhito TAKEUCHI. *Old Tibetan Inscriptions*. ILAA, Tokyo University of Foreign Studies, Tokyo, 2009: 25-28.

d. Chab 'gag rta mgrin. *bod yig rdo ring zhib 'jug*. bod ljongs mi dmangs dbe skrun khang, 2012: 42-46.

[11] 文本撰写体以国际惯用的Wylie体为基础，尚未统一的撰写方式如藏文起头符号以＄代替；缩写词以斜体表示。

[12] 王氏录文接近拓片，而巴氏录文中却多了句号符。

[13] 王氏录文接近拓片，而巴氏录文中却少了句号符。

[14] 李氏录文接近拓片。

[15] 李氏录文接近拓片，而王氏和巴氏的录文中缩写字*nyamste*进行了分割。

[16] 李氏录文接近拓片，而王氏和巴氏的录文中tu字录为du字。

[17] 王氏录文接近拓片，而李氏和巴氏录文中poa'i字录为poa'I字。
[18] 王氏和李氏录文接近拓片，而巴氏录文中boa'i拼写成poa'I字。
[19] 这一行从传世文本补录，实体碑文中已不清。
[20] 这一行基本从传世文本来补录，实体碑文中已不清。
[21] 这一段基本从传世文本来补录，实体碑文中已不清。
[22] 李氏录文接近拓片，而巴氏的录文中skyid字拼写成skyId字。
[23] 这一行基本从传世文本补录。
[24] 这一行基本从传世文本补录。
[25] 这一行基本从传世文本补录。
[26] chab srid一词从传世文本补录。
[27] Ba'o一字从传世文本补录。
[28] 巴氏等录文中tsun录为tshun字。
[29] 巴氏等录文中srId拼写为srid字。
[30] 后半段新补录。
[31] 整行新补录。
[32] 整行新补录。
[33] 整行新补录。
[34] 整行新补录。
[35] 整行新补录。
[36] 巴氏等录文中srId拼写为srid字。
[37] 基本新补录。
[38] rtan ba'i mya为新补录。
[39] yul kyi……ho yo为新补录。
[40] las la 为新补录。
[41] 后半段为新补录。
[42] 巴氏等录文中pa'i字拼写为pa'I字。
[43] 巴氏等录文中pa'I字拼写为pa'i字。
[44] 巴氏等录文中少了句号符。
[45] drIn字为新补录。
[46] 巴氏录文中pa'I chig *dang* srIm pul nas. 录成pa'i chIg sngasrIm pun nas.
[47] 巴氏录文中nongs *dang* × × ma gi录成nongs dang × × ma gI.
[48] 碑文第1~46行基于王尧先生译文而碑文第47~59行基于索朗旺堆先生译文进行更译。
[49] （宋）欧阳修、宋祁：《新唐书·吐蕃卷·上》，中华书局，1975年，第6100页。
[50] 同注[49]，第6074页。
[51] Rba bzhed pyoags bsgrigs. mi rigs dbe skrun khang. 2009: 38.

[52] 图齐提出文献记载有助于补录墓碑碑文损文的观点。黎吉生经过详细的对比中认为局部内容出现相似性可能系改编了一份与本碑文相同或非常相似的文献所致。上述观点传至国内多少存在夸大其相似性之嫌。详细请参见：

a. G. Tucci. *The Tombs of the Tibetan Kings*. Roma, 1950: 36-39.

b. H. E. Richardson. The inscriptions at the tomb of Khri Lde Srong Brtsan. *JRAS*, 1969.

c. 王尧：《吐蕃金石录》，文物出版社，1982年，第148页。

[53] Christopher I. Beckwith. *The Tibetan Empire in Central Asia: A History of the Struggle for Great Power among Tibetan, Turks, Arabs, and Chinese during the Early Middle Ages*. New Jersey: Princeton University Press, 1987: 157-165.

[54] 分别是赤松德赞墓碑、赤德松赞墓碑、工布雍仲曾石刻、噶琼碑和拉萨碑。

[55] Tashi tsering. bka' gtsigs dang rdo ring gi yi ge bzhung so. Amnye Machen Institute, Dharamsala, 2012: 8.

[56] Tashi tsering. bka' gtsigs dang rdo ring gi yi ge bzhung so. Amnye Machen Institute, Dharamsala, 2012: 19.

[57] H. E. Richardson. A Ninth Century Inscription from Rkoṅ-po. *The Journal of the Royal Asiatic Society of Great Britain and Ireland*, 1954, (3/4): 157-173.

[58] *A Collection of Texts of the Imperial Pillars' Inscriptions and Their "Deposited Version"*. Amnye Machen Institute, Dharamsala, 2012.

[59] 这一石刻自20世纪再度学术发现以"工布第穆萨石刻"为名刊发后，近年因小地名命名原则被更名为"工布雍仲曾石刻"。而五世达赖喇嘛藏书中发现的《诏书与碑文》一书目录中既不见"工布第穆萨"，又未见"工布雍仲曾"，另出现了一个"工布达巴尔（rta bar）石刻"。笔者之前从地图中雍仲曾上方找到了"达利"的地名而产生过联想，但又不足以说明两者之间的关系。而近日在阅读《九世噶玛巴的传记》过程中之前的联想基本可以证实。传记中载，噶玛巴前往达巴雍仲曾（lta ba gyung drung 'dzin）地方，上达巴、中达巴、下达巴（lta pa stod、lta pa bar、lta pa smad）村民分别请他做法事等……由此来看《诏书与碑文》中命名的"工布达巴尔石刻"就是现在的雍仲曾石刻。参见dpal rgyal dbang karma sku phreng dgu bar je btsun dbang phyug rdo rjea'i rnam thar. bka' brgyud gser phreng. mi rigs dbe skrun khang. 2013: 183-184.

[60] Stag tshang dbal 'byor bzang po. *Rgya bod yig tshang*. i khraon mi rigs dbe skrun khang, 1985: 201.

[61] Hazod, Guntram. Wandering Monuments: The Discovery of the Place of Origin of the Shöl Stele of Lhasa. *Orientations*, 2000, 41(3).

[62] 笔者于2014年首次提出这一观点后，夏格旺堆研究员给予了积极肯定。详细请参见：

a. 夏吾卡先：《吐蕃藏王陵考古发现与研究》，四川大学博士学位论文，2014年，第109页，注272。

b. 夏格旺堆：《吐蕃碑刻铭文研究简史》，《西藏档案》2016年第1期。

# 西藏芒康县朗巴朗增拉康石雕佛教造像与古藏文石刻调查报告

陕西省考古研究院　西藏自治区文物保护研究所

朗巴朗增拉康吐蕃佛教造像与古藏文石刻均位于西藏自治区昌都地区芒康县帮达乡然堆村，海拔3842米（图版八，1）。造像最早于1987年西藏自治区第一次文物普查时发现，但未予介绍[1]。2002年6月，四川大学霍巍教授由滇西北进西藏昌都进行短期学术考察，对造像进行了初步调查和介绍[2]。2009年6～7月，陕西省考古研究院与西藏自治区文物保护研究所联合开展藏东吐蕃石刻与盐井盐田考古调查[3]期间，首次对朗巴朗增拉康现存建筑、建筑遗迹、早期建筑材料、石雕佛教造像进行了全面考古调查。同时，在拉康附近新发现了一处与造像有关的古藏文石刻。现将本次调查的收获报告如下（图一）。

## 一、拉康建筑布局与早期建筑材料

拉康建筑由外围墙、转经廊、佛堂、茶房遗迹、十二因缘殿、茶房、却东康七部分组成（图二）。其中，佛堂位于最北部，为主体建筑，坐东面西，平面略呈方形，内部平面呈长方形，东西长13.9、南北宽11.3米，进深3柱4间、面阔4柱5间。调查中于拉康建筑与古藏文石刻周围发现少量早期建筑材料，包括瓦和础石两类。

残瓦发现于茶房遗迹及古藏文刻石周围，有筒瓦残块3、瓦当残块1、板瓦残块3件，均具有明显的唐代风格，择其典型者各1件介绍如下。

筒瓦残块2　头端残块，夹砂灰陶。外侧素面磨光（略同青棍瓦）；内布纹。系筒瓦和瓦唇相接部位，瓦端头及瓦唇残缺，接合部可见布纹及内切痕。残弦长（外侧）12、残长4.3、瓦厚1.6～1.9厘米。复原半径15厘米（图三）。

瓦当残块　1/4残块，夹砂灰陶，模制。外缘呈锯齿状，当心残。正面可见残存的两组双楔形呈放射状凸起，原应有8组。周圈现存6个乳钉构成的连珠纹，原应有24个。锯齿复原应有36个。背面有手按痕迹。复原直径12、当厚1.8、纹饰凸起0.5厘米（图四）。

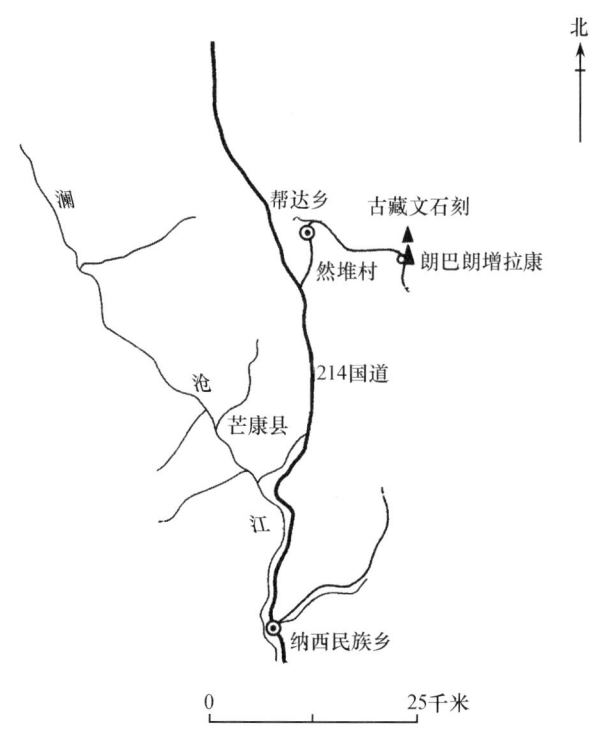

图一　朗巴朗增拉康与古藏文石刻位置示意图

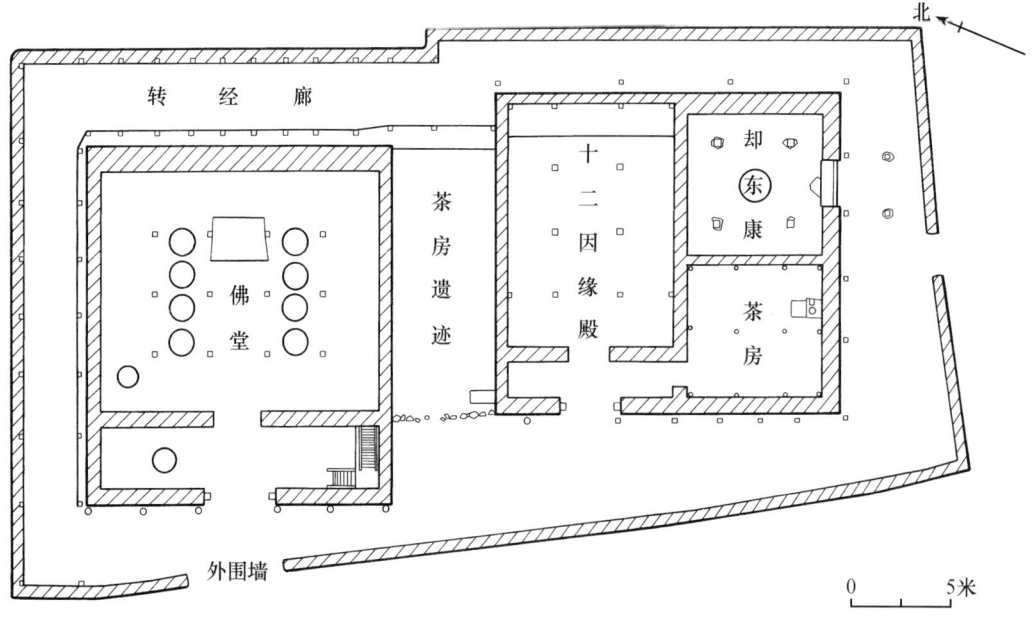

图二　朗巴朗增拉康现存建筑及建筑遗迹平面图

板瓦残块1 外素面内布纹，夹砂灰陶。外素面上有刮抹痕，内布纹较粗。一侧保留侧边，较厚，可见内切痕。残宽10、残长16.5厘米（图五）。

础石残块发现于茶房遗迹与佛堂内，共计3件。其中，残块3高11厘米。仅残存约1/4，原来应为上小下大的圆台形。下底半径约32、上面半径约28厘米，上面外缘至侧面雕刻一圈覆莲瓣，现残存3瓣，中间一瓣完整，两侧外缘均残，莲瓣圆润饱满，尖小而明显（图六）。

图三 朗巴朗增拉康筒瓦残块2

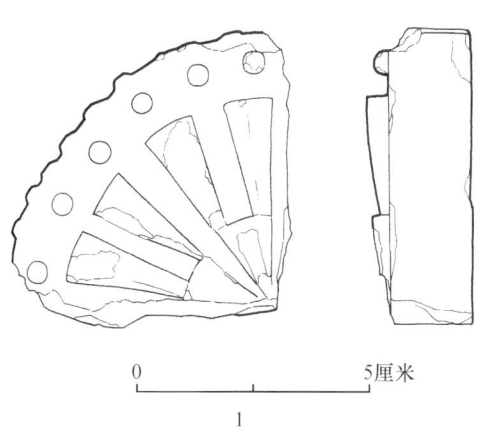

图四 朗巴朗增拉康瓦当残块

图五 朗巴朗增拉康板瓦残块1

图六 朗巴朗增拉康础石残块

## 二、石雕佛教造像

主要集中在佛堂后部，茶房遗迹内也发现了少量，经拼对、统计，造像包括毗卢遮那与八大菩萨一铺9尊以及残块17件，合计26件，分别编号为1~26。其中，毗卢遮那居于殿堂后部正中，前方左（南）右（北）两侧各4尊菩萨像，由近及远一字排列，面向相对（图版八，2）。继20世纪70年代的维修后，1991年，出生于当地而现居于拉萨的一位施主捐资对雕像面部及残损处进行了敷泥、水泥修复和涂彩。最近一次对造像的维修是在2008年，为毗卢遮那与八大菩萨9尊造像加盖了木板廊房，穿戴了新衣装。造像中，仅毗卢遮那和右（北）侧自东向西菩萨3、4保留原造像的头部，其余菩萨像头部均为新塑。据现场观察可知，毗卢遮那造像最初是由头光、身光、像、仰莲座、须弥座上层、须弥座束腰部分、须弥座下层、四角蹲狮八部分组成，各部分之间以榫卯相接，现头光和身光缺失；菩萨造像最初由头光、像、仰莲座、覆莲座四部分构成，各部分之间以榫卯相接，头光现已无存。造像系用砂岩雕凿而成，均为圆雕，辅以浅浮雕和阴线刻划细部，身体曲线柔和，衣纹流畅，雕凿技术较熟练。

### 1. 毗卢遮那

通高4.18、最宽3.18米。像高2.32、最宽1.95米。

背后榫眼高8、宽5、深8厘米，应为原来插头光的；仰莲座后部莲台上面榫眼长17、宽7、深7厘米，应为原来插身光的。

面部为后修。双手结法界定印，双臂与身体两侧之间雕透。结跏趺坐。束高髻，可能缠高桶状头巾，但已看不到明显的缠巾痕迹。髻外戴三叶冠，叶面呈弧尖三角形，饰忍冬卷草纹，冠沿两端的花饰还可以看到。右耳仅存上部，右肩处可见耳饰及发缕；左耳几乎不存，仅在肩部可见耳饰下的缀饰以及发卷。颈下衣领间敷泥，颈饰已不清楚。身着三角翻领左衽阔袖袍服。腰束宽带，带上浅浮雕方形带銙，带尾端有铊尾。双脚被袍服所覆，鞋靴样式不明。

仰莲束腰须弥狮座。最上层仰莲座共有3层莲瓣，最外层莲瓣圆润饱满。仰莲座下为束腰须弥座。上面三层自上而下层层收分，每层平面均呈长方形。其中，上层为后期新做，边缘无纹；中层边缘饰连续式二方宝相花，仅正面局部保存较好，系在纵向竖棱隔开的长方形框内减地浮雕连续式二方宝相花8组，四破宝相花之间夹有一圆形宝珠（图七，1）；下层立面为扁平覆斗状，边缘饰缠枝卷草纹，正、后面各8卷（图七，2），左侧6卷。下层底部有方形凹槽，与束腰相连。束腰正面壸门内浮雕力士像，左臂屈、右手叉腰；背面壸门内有浅浮雕的火焰摩尼宝珠；左、右两面均减地浅浮雕拱形龛，有不同程度的残损或被后期修复的水泥覆盖。须弥座下面亦分三层，自下而上层层收分，均素面无纹。须弥座四角各有一只蹲狮，造型基本一致，头微抬，鬃毛呈波浪状，末端卷曲。双目圆睁，龇牙咧嘴，脚踩于基座上。颈部粗短。长尾从左后腿内侧向后上方伸出，贴于背部，末端卷曲。两后腿内屈作蹲踞式，两前腿粗短呈柱状、微向前撑地站立，刻划趾部（图八；图版九，1）。

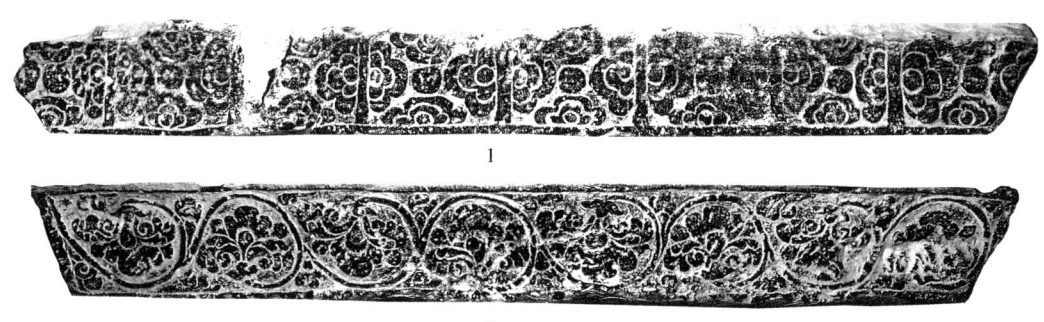

图七 毗卢遮那造像须弥座上面下层边缘纹样拓片

图八 毗卢遮那造像

## 2. 左侧自东向西第1尊菩萨造像

通高2.37、最宽1.32米。像高1.66、最宽1.09米。背后可见插头光的榫眼。左臂内屈上举，左手作持握状；右臂内屈，右手置于胸前，掌心向上，手指舒展，作托物状。双臂与身体两侧之间未雕透。游戏坐，左腿内屈抬起，右腿内屈平置。

颈部敷泥脱落处露出了原像颈部的2道蚕节纹，戴宝珠项链。右耳耳饰保存较好，为圆形花饰。两侧肩部可见披肩发缕，末梢卷曲。身着三角翻领左衽阔袖袍服。宽腰带正面敷泥，看不出明显的边棱，上有瓣状扣眼；北面亦无明显的边棱，浅浮雕长方形带銙，带尾端有铊尾。靴由于损毁敷泥，具体样式已不详。

束腰仰覆莲座。上部仰莲座共有3层莲瓣，圆润饱满，每瓣中间起一道纵向凸棱。下部覆莲座可见部分共有2层莲瓣，莲瓣之间和每瓣中间均起一道纵向凸棱。外层为双子莲瓣（图九）。

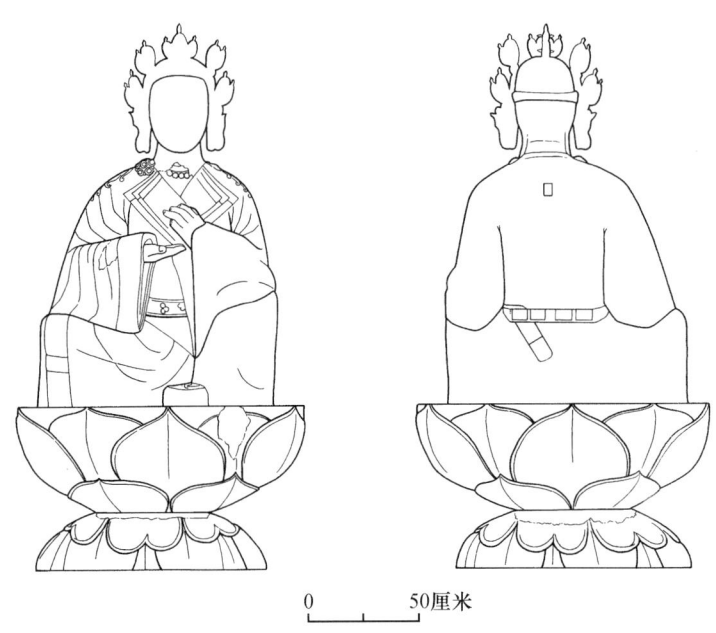

图九　毗卢遮那左侧自东向西第1尊菩萨造像

### 3. 左侧自东向西第2尊菩萨造像

通高2.34、最宽1.3米。像高1.69、最宽1.18米。背后可见插头光的榫眼。左臂内屈上抬至胸前掩交领，右臂内屈平置。双臂与身体两侧未雕透。游戏坐。

左肩可见波浪状发缕披下，末梢不卷曲。身着三角翻领左衽阔袖袍服，交领处有一残损，应为原来的手持物残痕。宽腰带正面出露较少，看不到扣眼；北面上、下缘均有窄棱，表面浅浮雕方形带銙，带尾端有铊尾。靴由于损毁敷泥，样式已不清楚。

束腰仰覆莲座。上部仰莲座共有4层莲瓣，圆润饱满，出尖。下部覆莲座可见部分有2层莲瓣，圆润饱满，出尖。所有仰、覆莲瓣中间均起一道纵向凸棱（图一〇）。

### 4. 左侧自东向西第3尊菩萨造像

通高2.32、最宽1.25米。像高1.75、最宽1.25米。背后可见插头光的榫眼。左臂内屈平置胸前，掩交领，领部残损处应为原来手持物的残痕；右臂内屈平置腹前。双臂与身体两侧之间雕透。游戏坐。

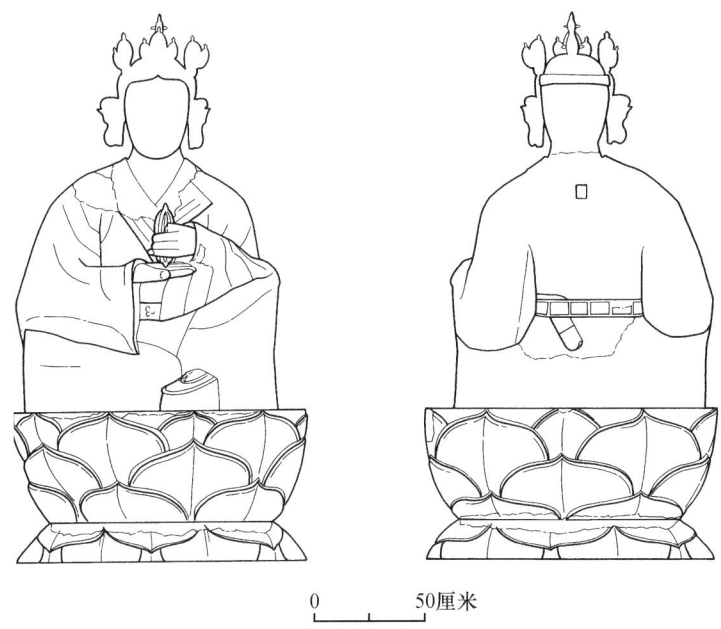

图一〇　毗卢遮那左侧自东向西第2尊菩萨造像

戴花状耳饰。右肩披发的上部残留左右交错编织的辫发痕迹，下部分缕，末梢卷曲（图一一）；左肩披发的辫发部已不存，下部亦分缕，弯曲垂下，末梢卷曲。身着三角翻领左衽阔袖袍服。腰带背面上、下缘均无边棱，上可见椭圆形带銙，带尾端有铊尾。鞋靴样式由于敷泥，现已不详。

束腰仰覆莲座。上层仰莲座共有3层莲瓣。下部覆莲座可见部分莲瓣分2层。所有仰、覆莲瓣均为宽大肥厚、尖部明显的样式，边缘和表面中部均起一道纵向凸棱（图一二）。

### 5. 左侧自东向西第4尊菩萨造像

通高2.46、最宽1.38米。像高1.79、最宽1.24米。背后可见插头光的榫眼。左臂内屈上抬，置于胸前；右臂自然下垂，右手掌心向下贴于右膝上。双臂与身体两侧未雕透。游戏坐。

图一一　毗卢遮那左侧自东向西第3尊菩萨造像肩部披发

两肩均保留耳饰下半部和披发。耳饰较大，花朵状，高浮雕。披发上部残，中部保留束发带的圆珠饰，珠饰下披发分缕，末梢卷曲（图一三）。身着三角翻领左衽阔袖袍服。腰带正面可见三瓣状扣眼；背面雕刻出带銙，中间的4个上缘呈弧边，总体呈

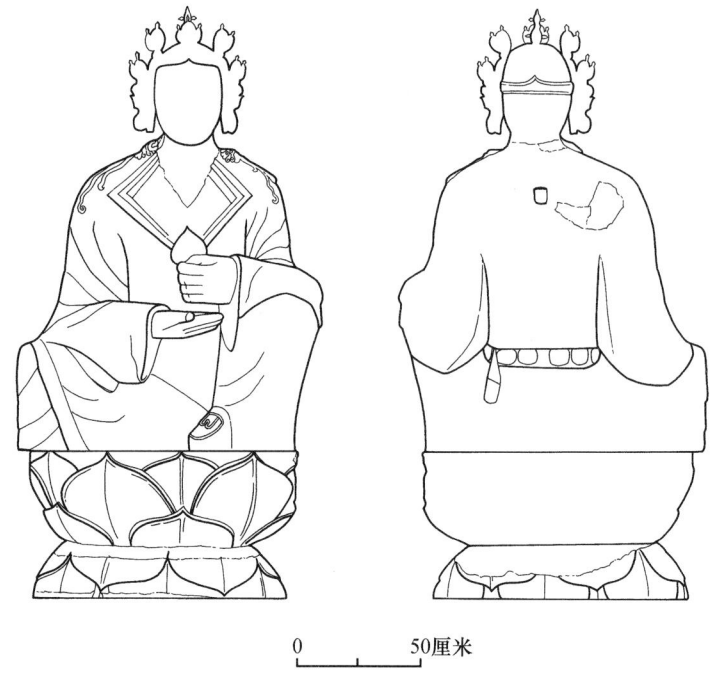

图一二　毗卢遮那左侧自东向西第3尊菩萨造像

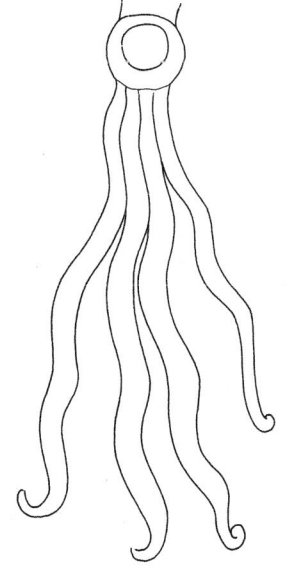

图一三　毗卢遮那左侧自东向西第4尊菩萨造像肩部披发

长方形，自左而右分为两组，组间距较大，各组外侧的銙下分别垂有鞢䩞细带，带尾端有铊尾。一短直带鞘小刀从右上向左下斜插入带内，刀柄有一细带与腰带相连（图一四）。鞋靴样式由于敷泥，现已不详。

束腰仰覆莲座。上层仰莲座共有4层莲瓣；下部覆莲座可见部分莲瓣分2层。莲瓣均宽大肥厚，尖部明显，表面中间均起一道纵向凸棱（图一五；图版九，2）。

#### 6. 右侧自东向西第1尊菩萨造像

通高2.45、最宽1.25米。像高1.72、最宽1.08米。背后可见插头光的榫眼。左臂内屈平置，右臂内屈上抬至左侧颈胸之间。双臂与身体两侧未雕透。游戏坐，但为左腿内屈平置、右腿翘起的样式。

双肩各有长发披下，下端分缕，每缕末梢卷曲。身着三角翻领左衽阔袖袍服，交领处的残损应为原来手持物的残痕。腰带正面形制和装饰已不明；背面雕出长方形带銙，各銙下部均有窄条状孔

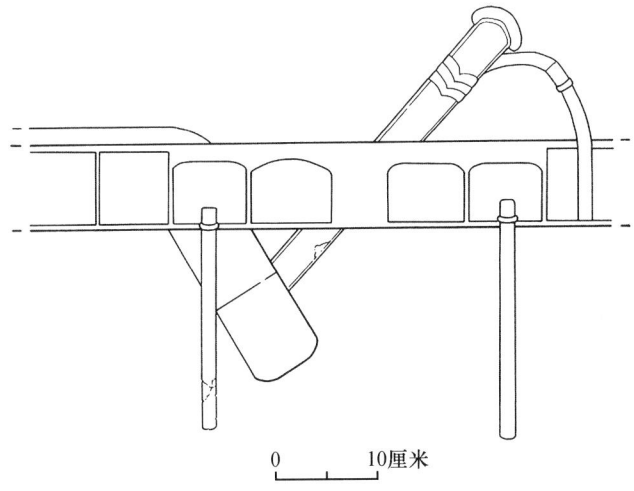

图一四　毗卢遮那左侧自东向西第4尊菩萨造像腰带

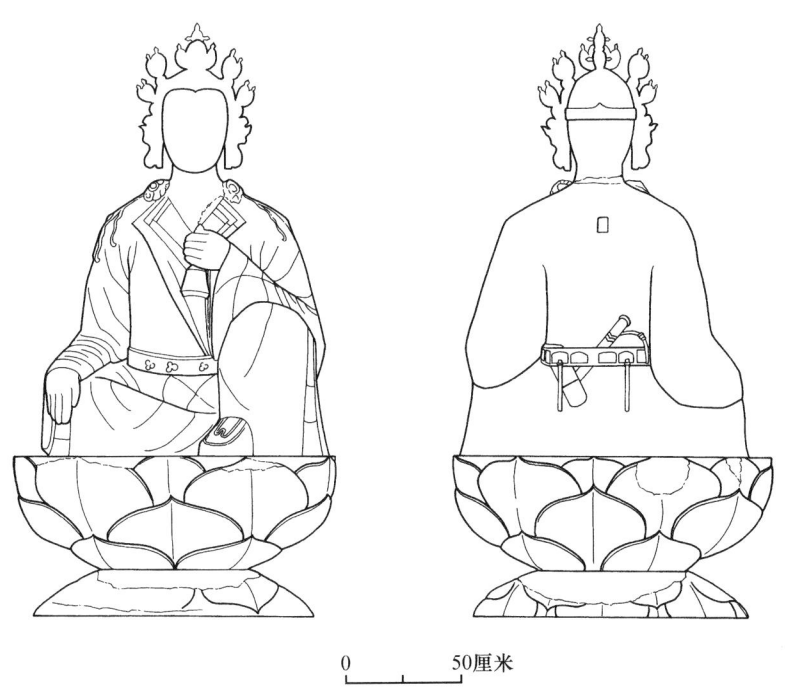

图一五　毗卢遮那左侧自东向西第4尊菩萨造像

眼，带尾端有铊尾。鞋靴样式由于敷泥，现已不详。

束腰仰覆莲座。上部仰莲座后部残损严重，共有3层莲瓣；下部覆莲座可见部分莲瓣分2层。莲瓣均为宽大肥厚、尖部明显的样式，且表面稍加磨光，中间起一道纵向凸棱，莲瓣之间亦起一道凸棱（图一六）。

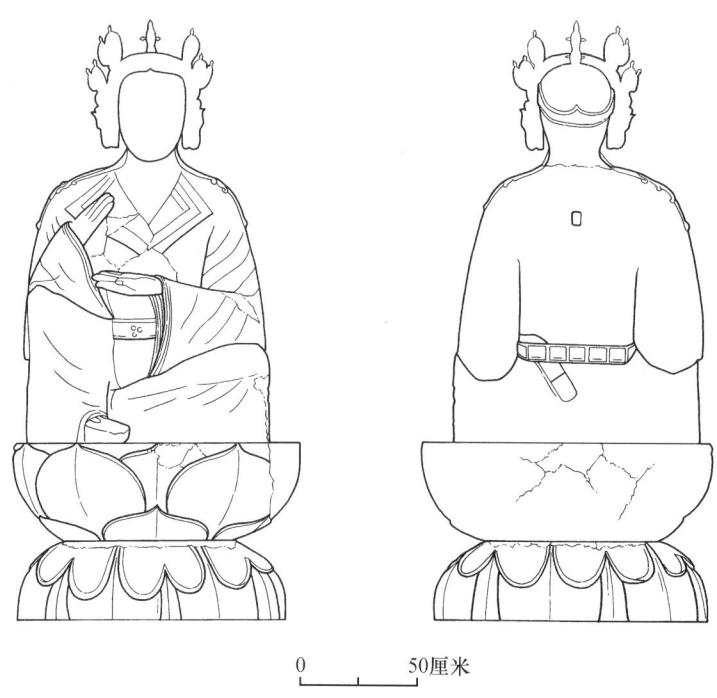

图一六 毗卢遮那右侧自东向西第1尊菩萨造像

### 7. 右侧自东向西第2尊菩萨造像

通高2.4、最宽1.27米。像高1.73、最宽1.08米。背后由于敷泥,未见插头光的榫眼。左臂内屈平置;右臂内屈上抬至交领下。双手托持净瓶,小侈口、束颈、鼓腹、束腰、平底。双臂与身体两侧未雕透。游戏坐。

身着翻领阔袖袍服。左袖搭垂于左腿上,袖上搭羚羊皮,以浅浮雕技法表现(图版九,3)。羊头垂下,嘴较尖,两耳向下,双角垂直向上,两前腿在外侧下垂,隐约可看出蹄尖分叉。腰带正面饰有1个三瓣形扣眼,背面由于覆泥无法辨识。鞋靴样式由于敷泥,现已不详。

束腰仰覆莲座。上部仰莲座共有3层莲瓣,下部覆莲座可见部分莲瓣分2层。莲瓣均宽大肥厚,尖部明显,且表面稍加磨光、中间起一道纵向凸棱(图一七)。

### 8. 右侧自东向西第3尊菩萨造像

通高2.6、最宽1.3米。像高1.93、最宽1.13米。背后可见插头光的榫眼。左臂自然下垂,左手搭覆于左膝上,掌心向下,手指自然舒展;右臂屈置胸前。双臂与身体之间未雕透。游戏坐。

发髻及冠饰保留原貌。高髻外缠筒状头巾,背面5道缠痕清晰。缠头外戴三叶冠,弧尖三角形,纹饰与主尊相似。两侧肩部可见发缕披下,排列稀疏,末梢微卷

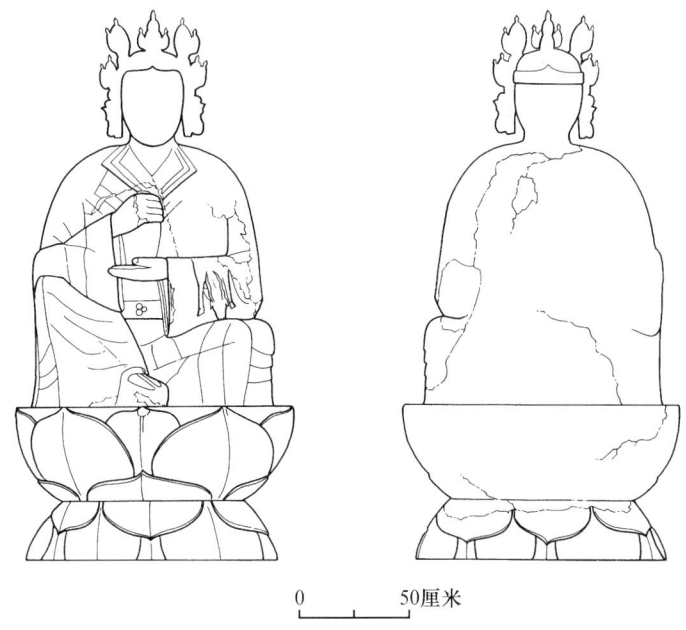

图一七　毗卢遮那右侧自东向西第2尊菩萨造像

曲。身着三角翻领左衽阔袖袍服，颈后可见凸起的袍服领边。腰带正面正中可见1个三瓣状扣眼；背面可见8块方形带銙，排列规整，大小相近。带尾端有铊尾。脚穿六合靴，靴面中间起一道钝脊，与两侧的凸棱形成一个弧尖"W"形，是唯一个保存至今的早期鞋靴样式（图版九，4）。

束腰仰覆莲座。上部仰莲座共有4层莲瓣，下部覆莲座可见部分莲瓣分2层。所有仰、覆莲瓣均为圆润饱满、出尖明显的样式，且表面中间均起一道纵向凸棱（图一八；图版一〇，1）。

**9. 右侧自东向西第4尊菩萨造像**

通高2.5、最宽1.3米。像高1.9、最宽1.16米。背部可见插头光的榫眼。左臂内屈，平置于胸腹之间；右臂内屈上抬至胸部。双臂与身体两侧之间未雕透。游戏坐。

发髻外戴高筒状胡帽，表面以纵向凸棱表现帽子的内部支撑结构，帽顶一周以放射状凸棱表现帽顶结构。胡帽外为弧尖三叶冠，叶面纹饰与主尊及右侧3尊菩萨相似（图一九）。肩两侧可见披肩发缕，发梢卷曲明显。身着三角翻领左衽阔袖袍服，颈后衣领用高浮雕表现。腰带正面可见3个三瓣状扣眼；背面可见7块方形带銙，銙下部边缘刻横向"古眼"。带尾端有铊尾。

束腰仰覆莲座。上部仰莲座共有4层莲瓣，下部覆莲座可见部分莲瓣分2层。所有仰、覆莲瓣均为圆润饱满、出尖明显的样式，且表面中间均起棱，莲瓣之间亦起一道纵向凸棱（图二〇；图版一〇，2）。

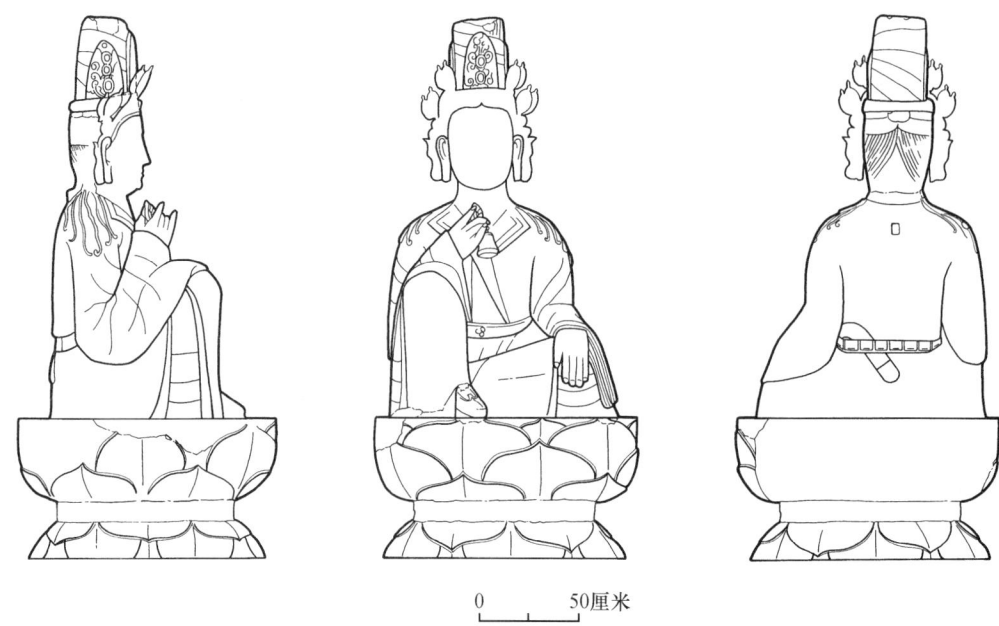

图一八 毗卢遮那右侧自东向西第3尊菩萨造像

图一九 毗卢遮那右侧自东向西第4尊菩萨造像胡帽

**10. 造像残块1：菩萨头部残块**

冠沿以上、头后部残损。残高0.34、残宽0.32、残厚0.32米。冠沿左端的高浮雕花饰保存较好，花饰下耳后有缯带残痕。面部较窄长，眉毛上翘明显，下眼睑线弯曲下垂（图二一）。

**11. 造像残块2：菩萨头部残块**

面部、头后部、三叶冠下缘以上残损，头顶部略残。残面上可见切割痕或凿痕。残高0.37、残宽0.26、残厚0.16米。高筒状发髻外包裹缠头，现存部分可见数道阴线刻的斜向缠巾线。戴三叶冠，仅存两侧的冠叶，呈弧尖三角形，上饰卷草与宝珠相结合的纹样（图二二）。

**12. 造像残块3：菩萨头部残块**

冠沿以上、头后部均残损。残高0.36、残宽0.26、厚0.14米。

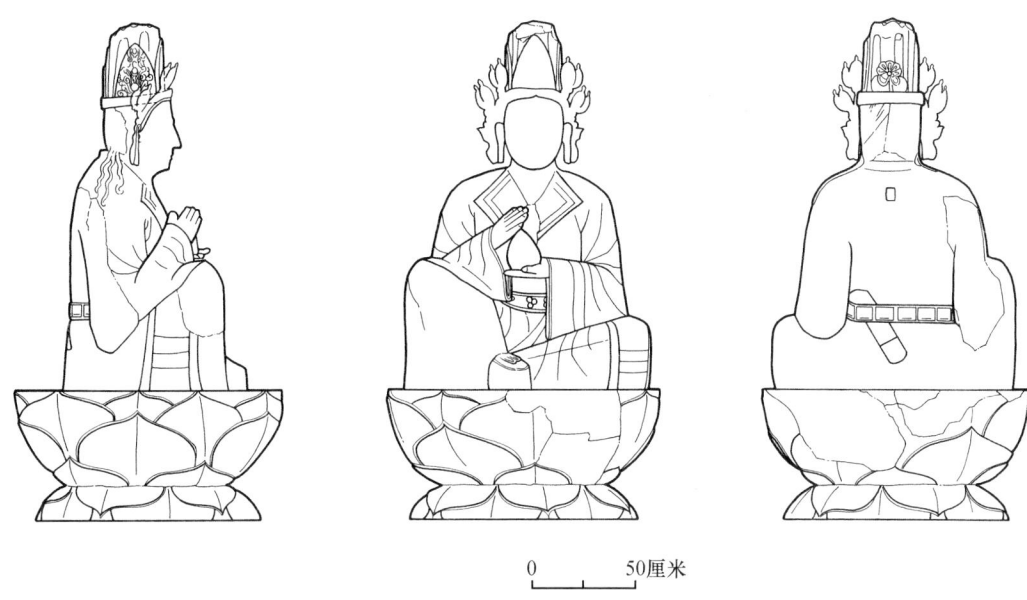

图二〇　毗卢遮那右侧自东向西第4尊菩萨造像

图二一　造像残块1

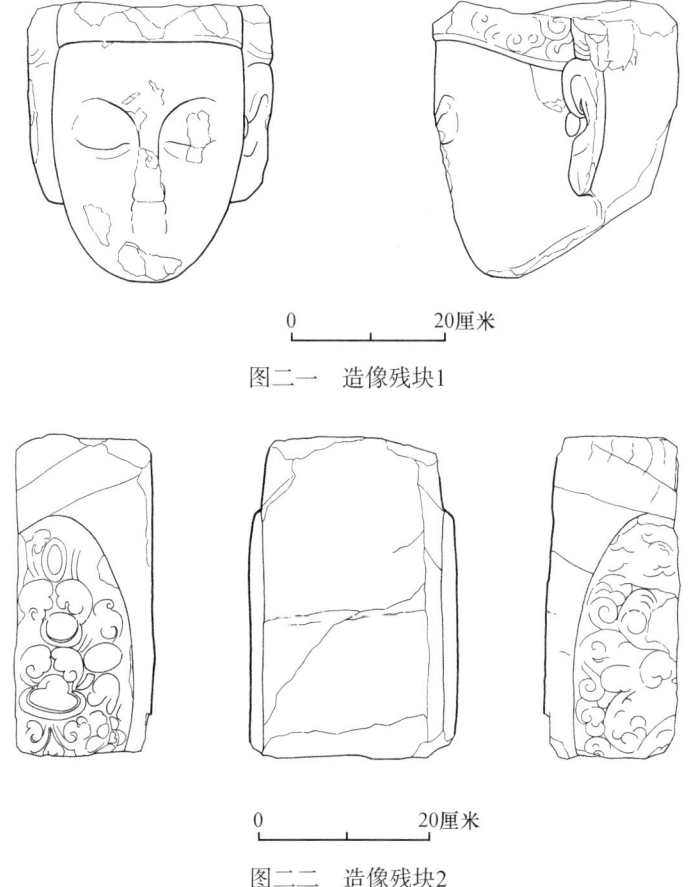

图二二　造像残块2

三叶冠两侧冠叶上饰卷草纹和宝珠相结合的纹饰；中间冠叶表面隐约可辨卷草与宝珠相结合的纹饰，中部似为一坐佛。冠叶下可见斜向缠头痕迹（图二三）。

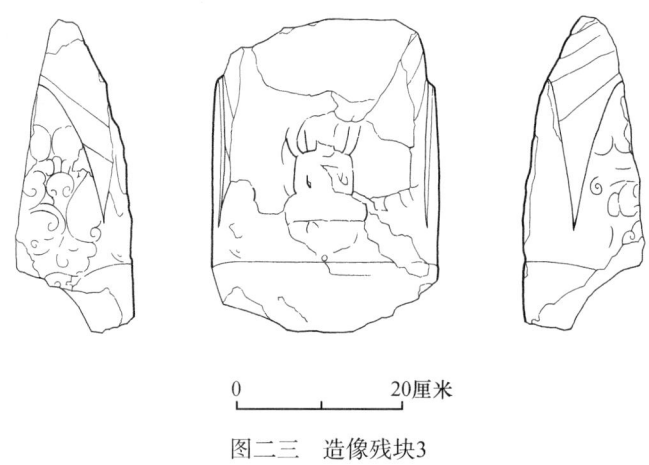

图二三　造像残块3

### 13. 造像残块4：菩萨头部残块

右侧面部、左侧面部下部、冠叶中上部残损。残高0.4、残宽0.27、残厚0.3米。戴三叶冠。冠沿正面饰以纵向连珠纹间隔的卷草纹数组。左侧冠叶和中间冠叶下部仅用一道阴线间隔，表面饰忍冬卷草纹与宝珠相结合的纹样。头后部冠沿左侧上方有一道斜向阴线，可能为缠头痕迹。面部残存部分已无法辨明面型与细部特征（图二四）。

图二四　造像残块4

### 14. 造像残块5：菩萨头部残块

仅存头后部。残高0.32、残宽0.32、残厚0.22米。两侧可见冠沿两端以及花饰残痕，后部冠沿中部和右侧基本完整。双耳保存较好（图二五）。

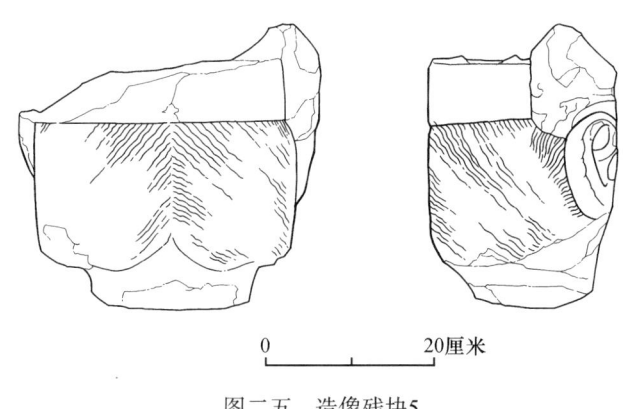

图二五　造像残块5

## 15. 造像残块6：菩萨头部残块

面部和头顶残损。残高0.23、残宽0.26、残厚0.12米。现存部分两侧可见左耳上部以及饰卷草纹的三叶冠两侧冠叶下部；后面可见阴线刻巾纹痕迹（图二六）。

## 16. 造像残块7：菩萨双手及袖口残块

右手食指残，左手残损较多。残长0.42、残厚0.16、最高0.21米。右手在下、左手在上交置。根据残存阔袖可知，原造像应穿阔袖袍服（图二七）。

图二六　造像残块6

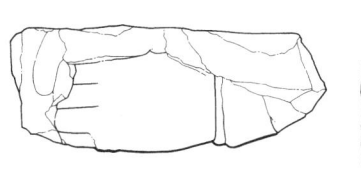 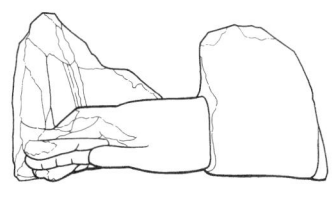 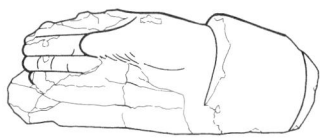

图二七　造像残块7

## 17. 造像残块8：菩萨腿部残块

根据对菩萨造像观察，初步推断其可能为右侧菩萨1的左腿残块。仅残存大腿和小腿的一部分，膝盖部分残损。残高0.38、残长0.58、残宽0.38米。现存部分可见数道衣纹。左袖垂搭于左膝。根据残存阔袖可知，原造像应穿阔袖袍服（图二八）。

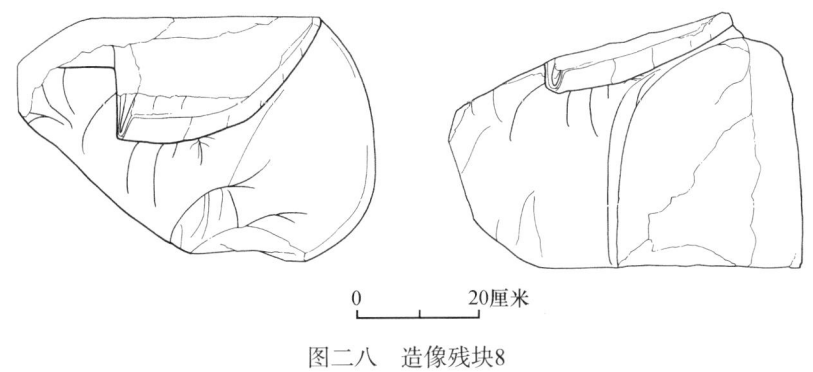

图二八　造像残块8

图二九　菩萨造像残块10

**18. 造像残块9：菩萨右肩残块**

残高0.28、残宽约0.31、残厚0.22米。可见4缕头发披至肩部，发梢卷曲明显。发缕下方可见衣袖的衣纹。

**19. 造像残块10：菩萨右袖口残块**

残高0.21、残长0.27、残宽0.15米。袖口有镶边或外翻痕迹，内侧3层，推测原来穿3层衣服（图二九）。

**20. 造像残块11：菩萨臂腿相接处残块**

残长0.35、残宽0.29、残高0.16米。可见4道衣纹。

**21. 造像残块12：菩萨臂及腰部残块**

残长0.35、残宽0.33、残高0.14米。可见腰带、瓣状扣眼、袖口等局部特征。

**22. 造像残块13：菩萨手臂残块**

残长0.21、残宽0.13、厚0.1米。仅存两道衣纹及三根手指，为掌心向上的右手。

**23. 造像残块14：毗卢遮那佛座狮子残块1**

狮头残块。残长0.35、残宽0.24、残高0.15米。右小耳微翘，局部残损。颈部披鬃成缕，整体呈波浪状弯曲，末梢卷曲较甚。

**24. 造像残块15：毗卢遮那佛座狮子残块2**

狮前腿残块。残高0.23、宽0.13、厚0.16米。正面可见阴线刻的"n"形筋脊线，两侧有数道横向阴线刻划的腿部鬃毛（图三〇）。

**25. 造像残块16：毗卢遮那佛座狮子残块3**

狮前腿残块。残高0.16、宽0.15、厚0.2米。正面可见两道纵向阴线，两侧以横向阴线刻划腿部鬃毛。

图三〇　造像残块15

**26. 造像残块17：菩萨像莲座残块**

大部残损，从形制来看，可能为覆莲座的组成部分。残高0.36、残宽0.45、残厚0.34米。仅可见半个莲瓣及一道凸棱。根据半个莲瓣的形制推测，完整的莲瓣应圆润饱满，瓣尖较小。凸棱可能为莲瓣中间所起的凸棱。

## 三、古藏文石刻

位于朗巴朗增拉康北200多米处的扎金山西麓山脚下一不规则的天然石块西北面，西侧紧邻现代田间小路和水沟。由于常年风蚀雨侵，石块表面已经粗糙不平，裂纹较多，局部剥落，边缘不规整，中部微外凸。地面部分最宽1.63、高0.9米，可辨古藏文6行，左侧部分保存相对较好。向下清理之后发现，地表以下部分石面亦开裂严重，最宽1.58、最高0.45米，可辨古藏文3行（图版一〇，3）。

由于风化严重，9行古藏文大多已无法辨认，可辨的仅有第2行的"央之本尊神"以及第3行的"一切圣者和世间……"，其余部分内容均不确定。石刻藏文字体为串珠体，是吐蕃时期碑刻的典型字体（图三一）。

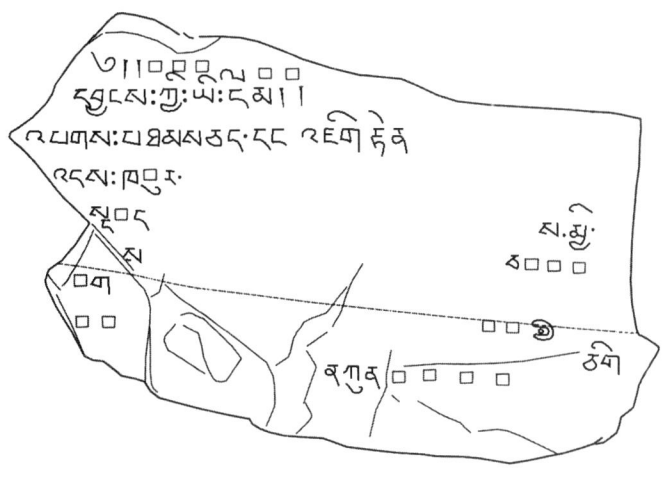

图三一　古藏文石刻录文

（虚线以下为埋在地下，以上为暴露在地表；方框为不能辨识的文字）

## 四、结　　语

建筑特征方面，据曾阅读过已佚《朗巴朗增拉康目录》的姜果寺老僧人次仁伦珠及僧人强久、巴桑等提供的情况来看，拉康最初的建筑有汉式庑殿顶或歇山顶屋面，后顶部残损后用树皮和木板替换。拉康及古藏文石刻周围发现的莲花纹瓦当、筒瓦、板瓦残块等具有明显唐代风格的建筑材料也从一个侧面印证了早期汉式建筑的推测。

造像题材方面，6件菩萨像头部残块经拼对、比较，应分别属于6尊造像的，再加上3尊保留原始头部的造像，正好为9尊造像。而其余的身体、莲座、狮座残块则分属于毗卢遮那与菩萨。由此可知，朗巴朗增拉康石刻佛教造像的题材应为毗卢遮那与八大菩萨。八大菩萨中，因手持物均非原貌，身份无法确认，仅主尊右侧自东向西菩萨2由于左臂披羚羊皮，可初步确定为观音菩萨。并且在造像残块3的三叶冠中间冠叶内雕刻一坐佛，可以确认其为观音菩萨造像的头部残块，正好可与右2菩萨披羚羊皮的特征相互印证，从而进一步确认该尊造像的身份。

造像特征方面，头部装束以筒状发髻外包裹缠头巾的样式为主，身体部分均穿三角翻领左衽阔袖袍服，袍服腰带上有带銙和铊尾，脚穿圆头靴。这些都是吐蕃时期最典型的王室贵族服饰[4]特征，其出现在佛教造像之上是吐蕃时期佛教本土化的体现。

造像时代方面，圆雕技法娴熟、造像特征表现准确、寺院供奉等也反映出这一时期对法界定印毗卢遮那与八大菩萨组合造像的重视程度大大增加。据吐蕃佛教史可知，赤德松赞时期并无大规模的建寺造像活动。赤祖德赞继位后，对佛教的推崇达到了顶点，提高僧人地位，推行"七户养僧制"，在吐蕃本土和敦煌地区广建佛寺[5]。寺院的建造必定伴随着塑像的雕凿和供奉。这一历史背景可以帮助我们将造像的年代上限缩小到赤祖德赞继位的815年。而造像的时代下限应不晚于838年，这一年，朗达玛继位，随后便开始了大规模的禁佛运动，新造体量大、组合完整造像并建造寺院供奉的可能性极小。

关于造像目的，然堆古藏文石刻中提到了"……央之本尊神"，表明该处造像很可能是又一处与益西央有关的毗卢遮那与八大菩萨造像。不过，需要注意的是，此处的说法与丹玛札摩崖造像[6]和贝纳沟摩崖造像题记[7]中作为主持开凿造像者或供养人而出现的益西央明显不同，可能作于益西央（760~840年）活动的末期，旨在颂扬他对吐蕃佛教的功德。

调　查：张建林　夏格旺堆　田有前　胡春勃　席琳
　　　　　霍桑　次旺　扎多　王郢
摄　影：张建林　夏格旺堆　王郢
绘　图：胡春勃
拓　片：张建林　田有前　霍桑　采访
古藏文录文及释读：夏格旺堆　席琳
执　笔：席琳　张建林　夏格旺堆

## 注　释

［1］　陈建彬：《西藏摩崖造像调查简报》，《考古与文物》1990年第4期。

［2］　霍巍：《试析西藏东部新发现的两处早期石刻造像》，《敦煌研究》2003年第5期。

［3］　陕西省考古研究院、西藏自治区文物保护研究所、西北大学：《西藏昌都地区芒康、察雅两县考古调查新发现2处吐蕃石刻遗存》，《中国文物报》2009年11月13日第四版。

［4］　a. 谢静：《敦煌莫高窟〈吐蕃赞普礼佛图〉中吐蕃族服饰初探——以第159窟、第231窟、第360窟为中心》，《敦煌学辑刊》2007年第2期。

b. 白日·洛桑扎西：《早期藏式美术风格之作——比多摩崖石刻的相关问题讨论》，《西藏艺术研究》2006年第3期。

［5］　王辅仁：《西藏佛教史略》，青海人民出版社，2005年，第43页。

［6］　a. 席琳：《吐蕃禅定印毗卢遮那与八大菩萨组合图像研究》，《考古与文物》2014年第6期。

b. 霍巍：《藏东吐蕃佛教造像背景初探》，《民族研究》2015年第5期。

［7］　聂贡·官却才旦、白玛布：《玉树吐蕃时期石刻初探（yul shul khul gyi bod btsan povi skabs kyi rten yig brag brkos ma vgav）》，《中国藏学》（藏文版）1988年第4期。

# 日喀则市定日县朗果荡芭寺调查简报*

四川省文物考古研究院　西藏自治区文物保护研究所
西藏自治区定日县文物局

朗果荡芭寺（glang vkhor dam pa）位于西藏日喀则市定日县岗嘎镇朗果村中央，距县城协格尔镇71千米（图一）。东、北、西三面环绕山，寺院地处山下缓和台地，向南250米为开阔地，基本地势北高南低，朗果荡芭寺坐北朝南，因其所在地山头走向及形态似朗果（像头）而名朗果寺，占地面积1691.9平方米。朗果荡芭寺现存杜康大殿、翁康遗址、曲登遗址、阿尼拉康等，为了解建筑的时代特点，四川省文物考古研究院、西藏自治区文物保护研究所和西藏自治区定日县文物局联合对朗果荡芭寺进行了调查，其中杜康大殿为这次调查的重点（图二）。现将此次调查简报如下。

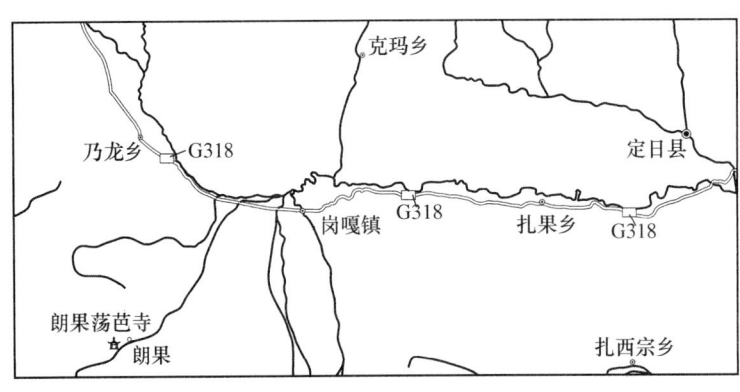

图一　朗果荡芭寺位置示意图

## 一、杜康大殿平面布局

### （一）平面布局

杜康大殿是整个寺院建筑群的主体核心部分，由门廊、集会大殿和主供佛殿组成，建筑坐北朝南，平面为不规则"凸"字形布局，占地300平方米，总建筑面积580

---

\* 本文系2015年度四川省公益性科研院所基本科研项目"10至13世纪西藏寺院建筑研究：西部、西南区域为中心"及2015年度"西藏自治区文物保护研究所文物保护研究补助经费资助"成果之一。

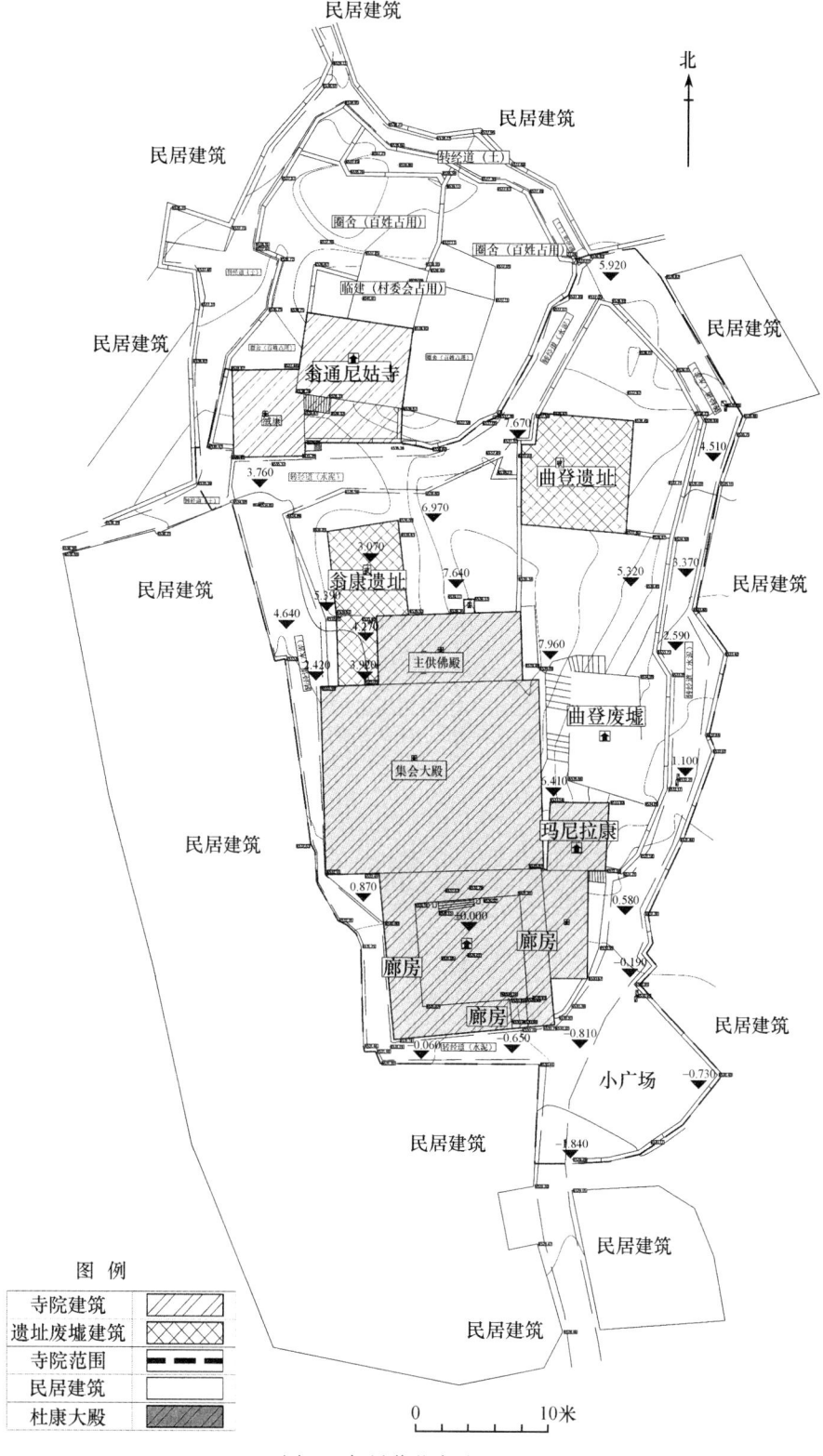

图二 朗果荡芭寺总平面图

多平方米。建筑南北长22、东西宽16米,建筑高二层,总高12米。殿门开南侧,殿前施踏步5级,与廊房高差1.6米。

门廊南北长2、东西宽5.1米,有方柱2根。四壁无壁画,左右各设玛尼拉康一间。门廊北侧为通往集会大殿的入口,入口门框为多层木构件叠拼装饰而成,雕饰具有明显的传统藏式装饰风格。集会大殿入口建有"丁"形屏风,集会大殿布局面阔三间二柱,柱间距3.3米,柱为圆形,直径0.3米,进深四间三柱,柱间距3.7米,柱为圆形,直径0.3米,中间2柱升起天窗,外墙厚约0.86米。集会大殿西壁辟一小门,内为护法神殿,无柱,面阔4.3、进深2.8米,集会大殿北接主供佛殿,门楣雕八面狮身伏兽作为承檐,主供佛殿面阔四间三柱6.9、柱间距3.1、柱宽0.3米,其中东西两侧柱子紧贴墙壁,进深二间一柱(图三),柱-1、柱-4、柱-11、柱-14为后期加固梁架而加设木柱,外墙厚1.18~1.78米。主供佛殿与集会大殿高差0.92米,庭院、集会大殿、主供佛殿依次抬高,主供佛殿为杜康大殿地平最高处。

二层入口由寺院主供佛殿东侧室外进入,整体结构布局与底层布置大不相同,以天井和底层采光天窗为中心,四周环绕一柱网开间的僧舍小房间和廊道。北面为主供佛殿三层建筑,构件规格、上下梁架结构布局,较为混乱,上下柱网结构错位(图四)。

杜康大殿基础为夯土垫层,局部加入卵石或条石,以增加基础的抗震性能,墙体均为夯土墙,二层东北角为局部石砌墙体,北侧墙体二、三层间有明显分层,加片石或卵石。主供佛殿北墙外为翁康遗址,现翁康遗址已废弃,主供佛殿外墙面残留有梁椽洞口。

## (二)梁架结构

杜康大殿为藏式传统密梁平顶建筑,夯土或石砌墙体。梁架结构主要以一层调查为主,一层内共设木柱14根,规格形制各异,横、纵向柱距为2.6~3.3米(图五、图六)。

木柱柱径0.4~0.48米,有收分,柱头直径0.22~0.35米。柱高2.43~2.89米,一般根据梁架装饰木构件的情况而定:一层集会大殿屋面中心设有3.1米×2.6米大小的天窗(图七);主供佛殿屋面比集会大殿屋面层高0.65米,其高差中设有窗洞0.55米高采光窗(图五)。二层屋顶中间设天井(图八)。梁上部施以白玛线条及飞子木等装修,其上直径为0.12~0.16、间距0.24~0.32米的圆形木椽,檐口飞椽端头削平为枋木,椽子木上为0.03~0.04米厚的半圆木丁支平铺层。局部梁枋、斗拱彩绘因水浸而漫漶不清。

柱　根据形制分为A、B二型,柱均未作细腻的加工,为自然圆木。

A型　圆形或半圆形门柱,分为Aa、Ab二亚型。

Aa型　分布于集会大殿,主供佛殿内。柱脚无柱础石。柱径0.21~0.38米,柱高2.9~3.53米,由2~3段圆木墩接而成,柱下无柱础石。

Ab型　分布于主供佛殿入口门侧,柱径0.34~0.4、门柱截面弦长0.26、柱高均为2.7米。

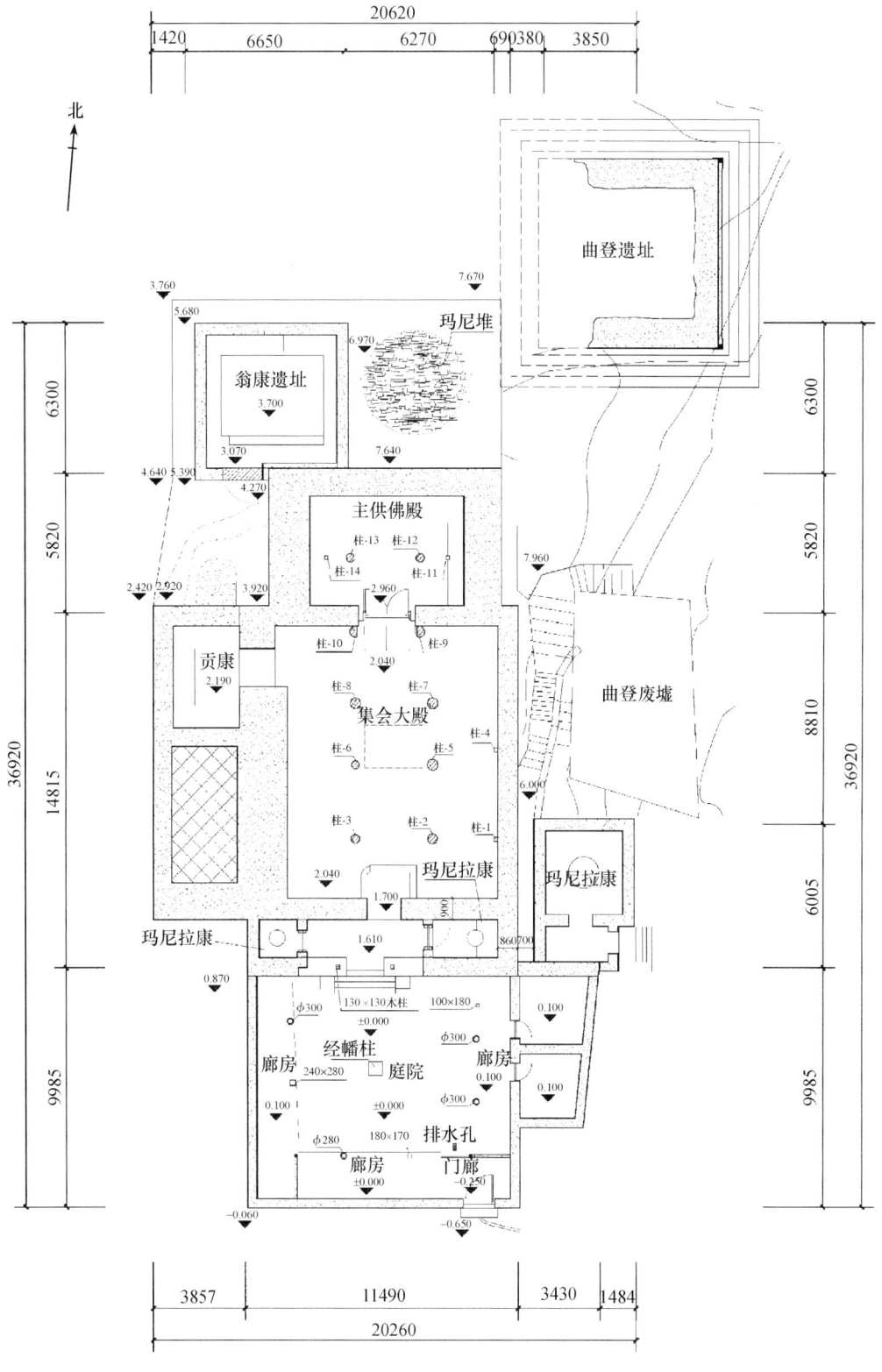

图三　杜康大殿一层平面及翁康、曲登遗址平面图

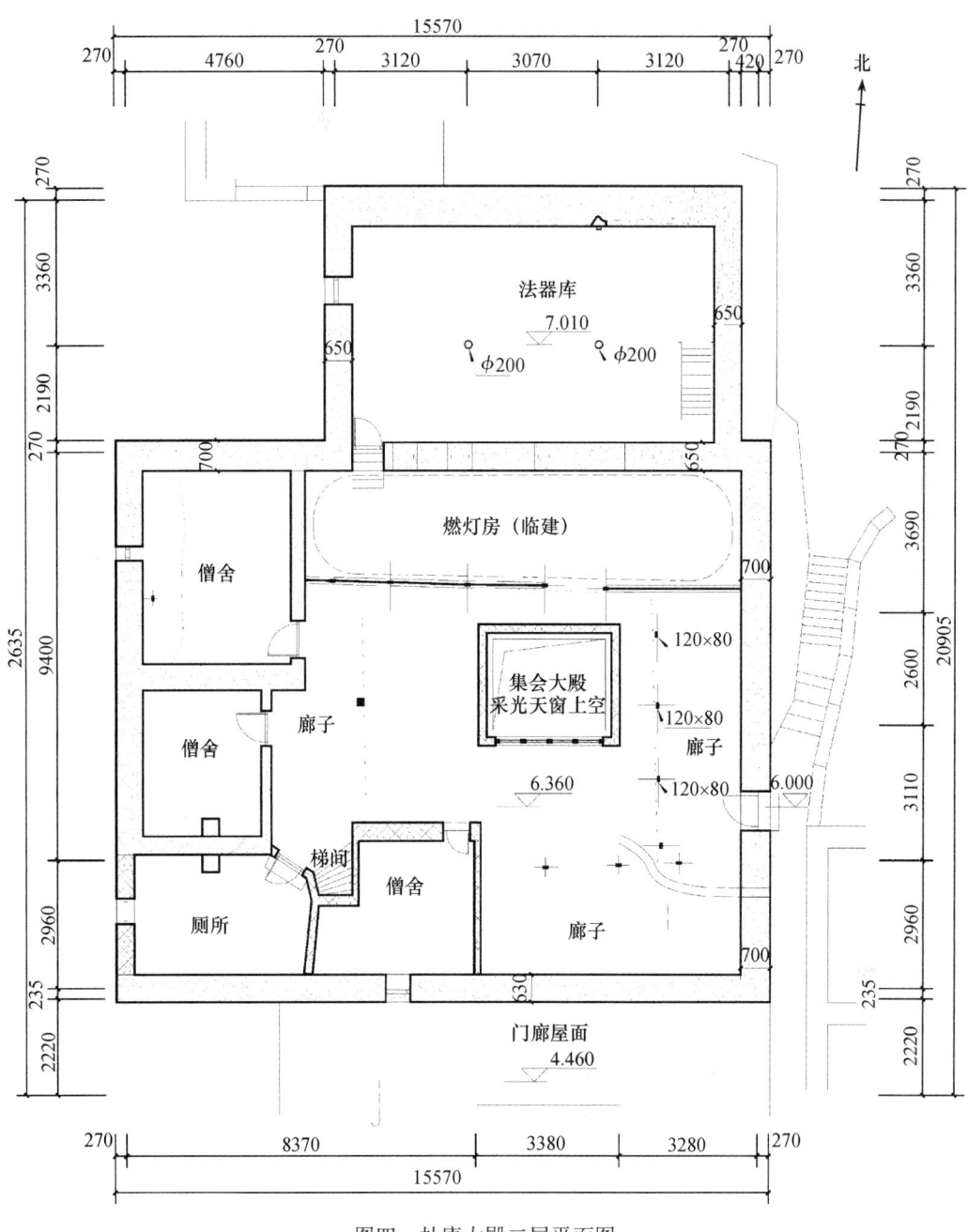

图四 杜康大殿二层平面图

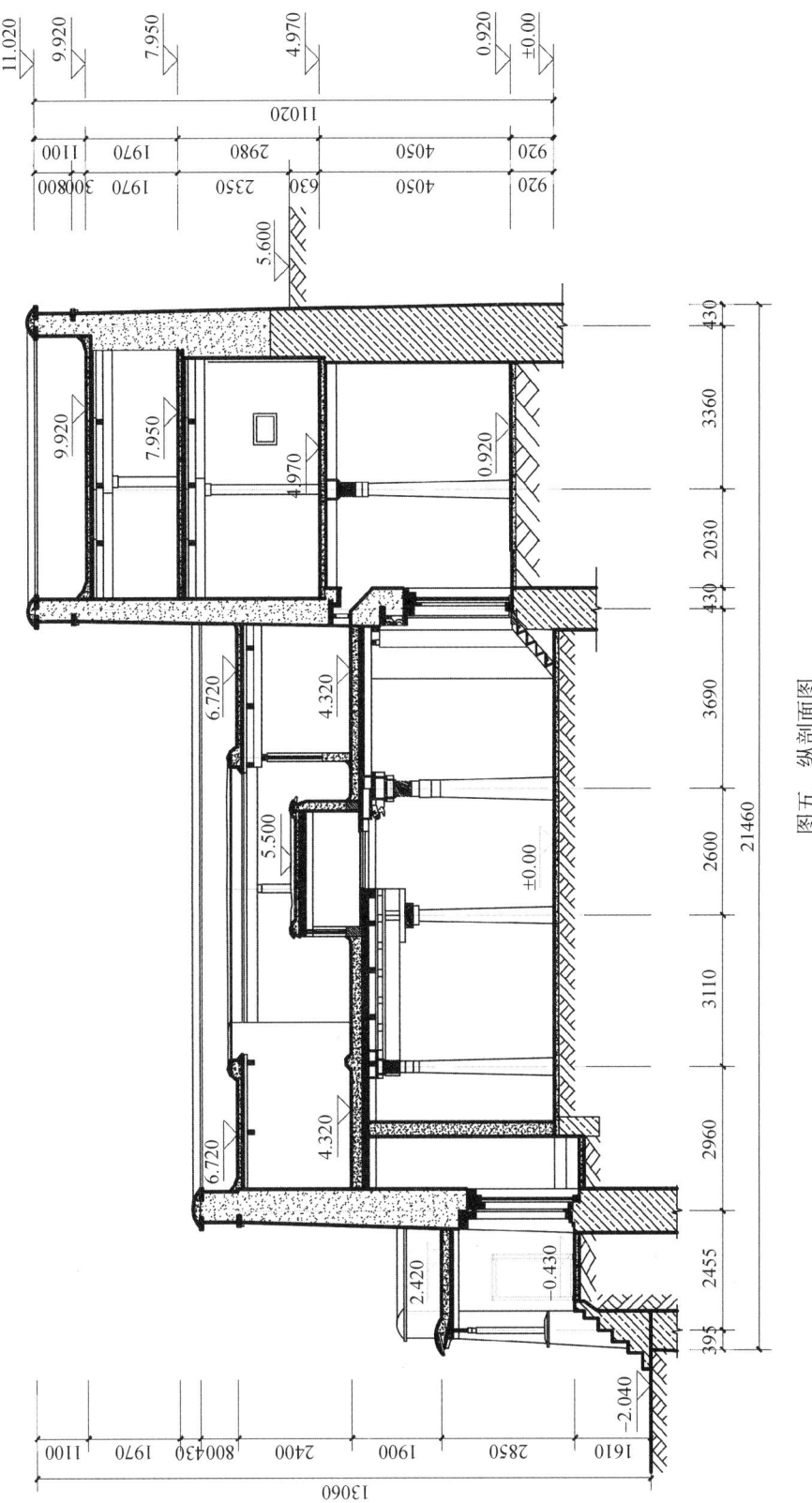

图五 纵剖面图

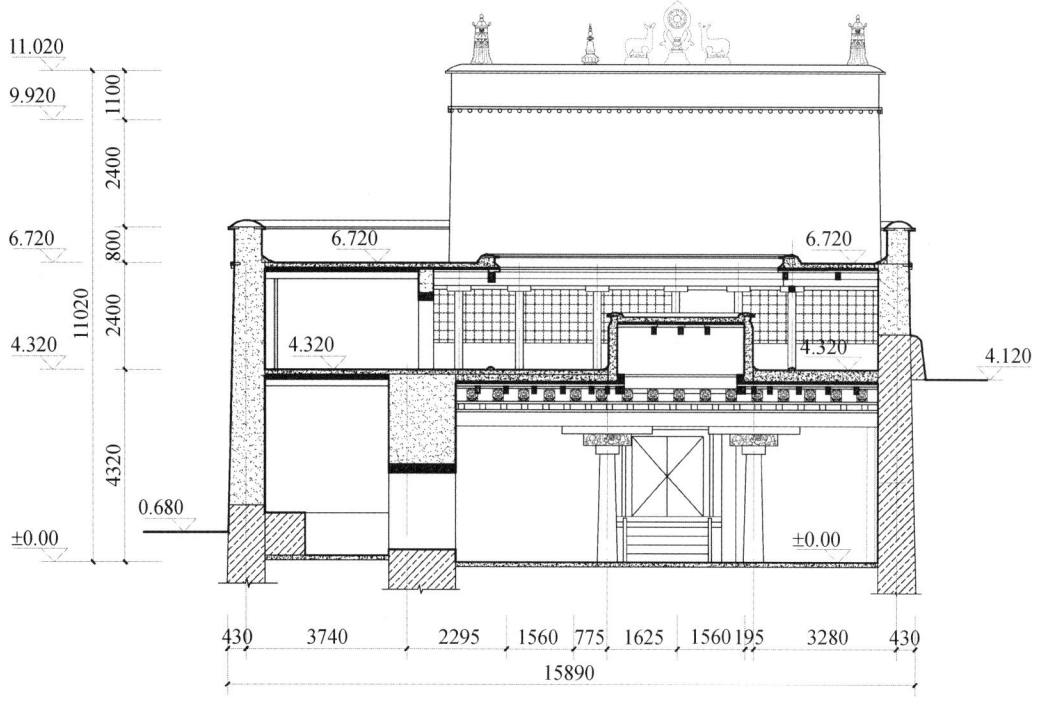

图六　集会大殿横剖面图

B型　方形柱。均为后加柱，均位于靠墙侧，分布于集会大殿、主供佛殿内，柱截面直径在0.11～0.18米，柱高2.5～2.9米，位于集会大殿的B型柱下有石砌台台基，高0.65米，一般为未加工的天然石块，方形或多边形，而主供佛殿的B型柱无柱础（表一）。

表一　朗果荡芭寺杜康大殿内木柱统计表

| 编号 | 形状 | 柱高（米） | 规格（米） | 柱础石 | 备注 |
| --- | --- | --- | --- | --- | --- |
| 1 | 方形 | 2.5 | 0.18×0.18 | 石砌台台基，高0.65米 | 后加柱 |
| 2 | 圆形 | 3.2 | 0.29 | 无柱础 | 由三段墩接而成（余同） |
| 3 | 圆形 | 3.2 | 底部0.3、顶部0.25 | 无柱础 | 木柱外围用草泥抹裹一层 |
| 4 | 方形 | 2.55 | 0.11×0.11 | 石砌台台基，高0.65米 | 后加柱 |
| 5 | 圆形 | 3.2 | 底部0.36、顶部0.31 | 无柱础 | 由三段墩接而成 |
| 6 | 圆形 | 3.2 | 底部0.38、顶部0.35 | 无柱础 | 由三段墩接而成 |
| 7 | 圆形 | 3.53 | 底部0.37、顶部0.33 | 无柱础 | 由三段墩接而成 |
| 8 | 圆形 | 2.54 | 底部0.40、顶部0.34 | 无柱础 | 由三段墩接而成 |
| 11 | 方形 | 2.9 | 0.16×0.16 | 无柱础 | 后加柱 |
| 12 | 圆形 | 2.9 | 0.22 | 无柱础 | 由二段墩接而成 |
| 13 | 圆形 | 2.9 | 0.21 | 无柱础 | 由二段墩接而成 |
| 14 | 方形 | 2.9 | 0.15×0.15 | 无柱础 | 后加柱 |

注：柱由入口门向后，每排从东向西编号。柱9、柱10为门柱。

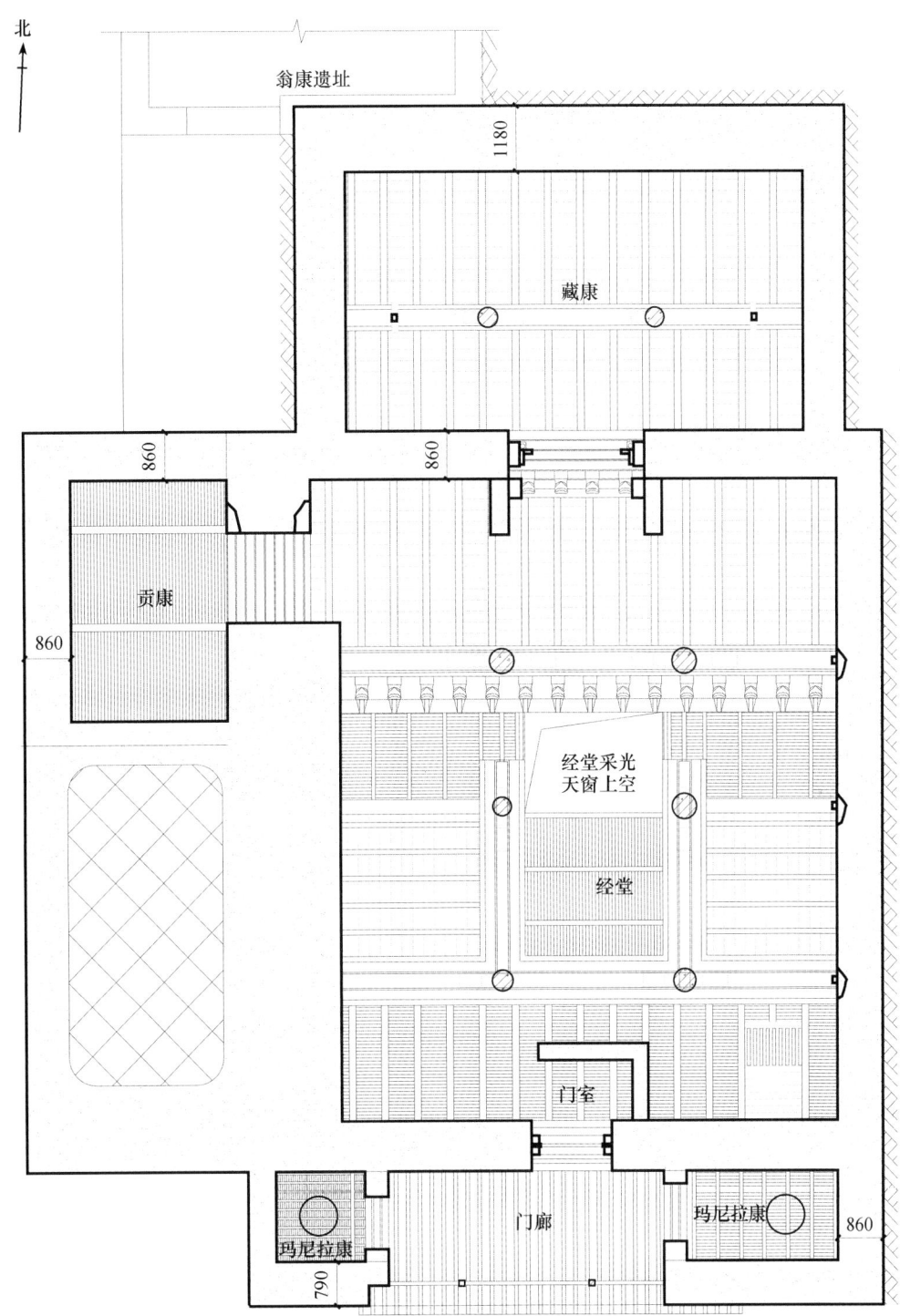

图七 杜康大殿一层仰视图

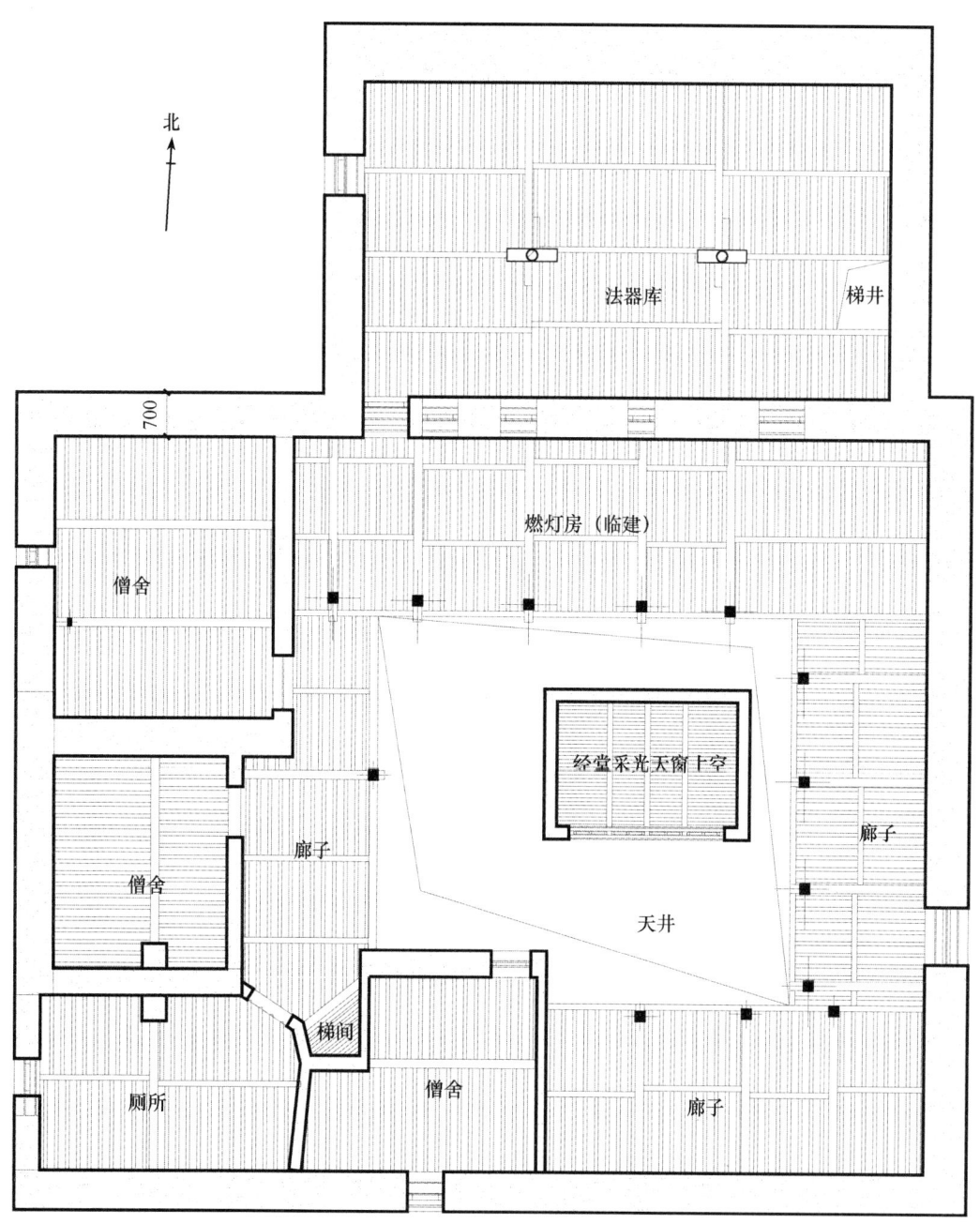

图八　杜康大殿二层仰视图

栌斗　素面，托木素面或施简单的雕刻，仅集会大殿圆形柱柱头有栌斗。根据形制分为A、B二型。

A型　弧线凹底，底二面各抹角，上部平（柱-7栌斗），高约0.24米；栌斗的弧线凹底与柱间的连接起固定作用，托木底部有卯槽，栌斗比托木稍宽，托木卡接于栌斗上（图九，1）。

B型　简易长形方木，无耳，高0.14~0.19米（柱-3栌斗）。托木底部有卯槽，比栌斗稍宽，托木卡接于栌斗上（图九，2）。

托木　分上下托木，一般是一组合木构件，位于栌斗之上为下托木，高0.17~0.26米，除集会大殿柱-7、柱-8，主供佛殿柱-13托木正面有雕饰，纹路清晰，雕饰复杂外，大部分托木构件均为未作细腻的加工，均无彩绘油饰，下托木之上是高0.12~0.17米的简易上托，木无雕刻（主供佛殿柱-13上下托木均有雕刻），上托木全长1.1~2.1米。上托木之上施木梁，比梁稍宽（图一〇）。

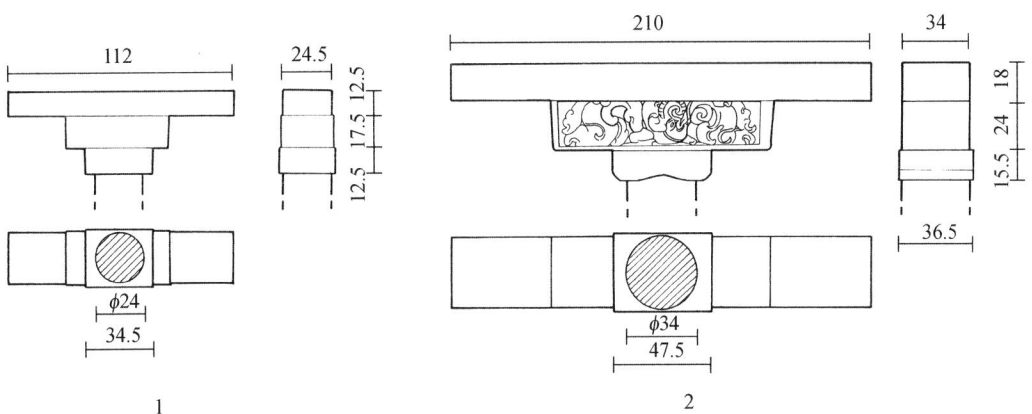

图九　集会大殿托木、弓木详图
1. A型栌斗　2. B型栌斗

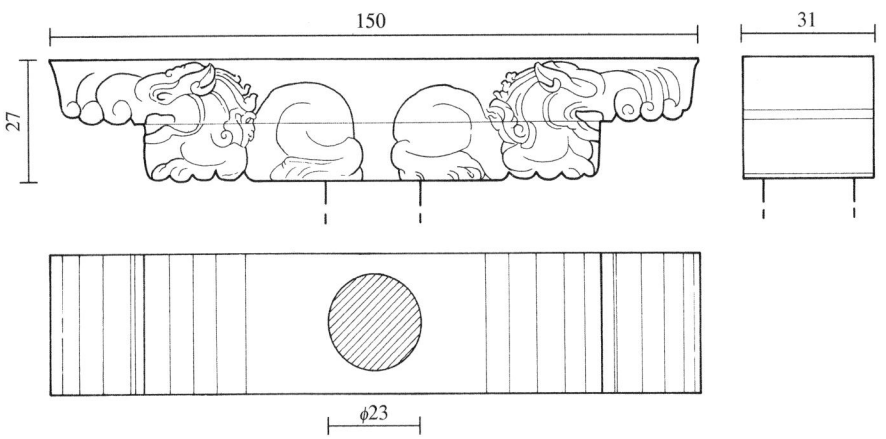

图一〇　主供佛殿柱-13　托木、弓木

柱-7托木正面有各种形制的雕饰，基本以卷草、莲花、祥云等围绕中心法轮雕刻，但是每组雕刻内容不同，没有固定统一的形制。主供佛殿柱-13上下托木均雕刻兽纹。

梁　上托木之上施木梁，梁高0.3～0.32米，截面宽0.26～0.32米。所有梁均为未作细腻的加工。

主供佛殿建筑二层及其以上建筑，为后期维修中添建。梁木构件规格小，形制各异，为当地居民在修缮中所捐木材，以材料的长短布局不一，并未结合底层建筑布置。梁上部依次为椽木、栈棍、檐口、楼面。在木构件表面无彩绘油饰，整体简易粗糙。

朗果荡芭寺集会大殿上托木之上的梁为空心，即上、下两层平板枋，上层板较大，其上置短椽，面头雕刻狮子等动物装饰，两侧为长条木板，木板高0.33米，横截面开口上大下小，上部0.26、下部0.22米，两侧板构成梯形状截面，两侧板中部用木肖拉接，上层开口按情况设置卡口，小方木卡于卡口内（图一一）。内部用青稞等填充，作为装藏用。

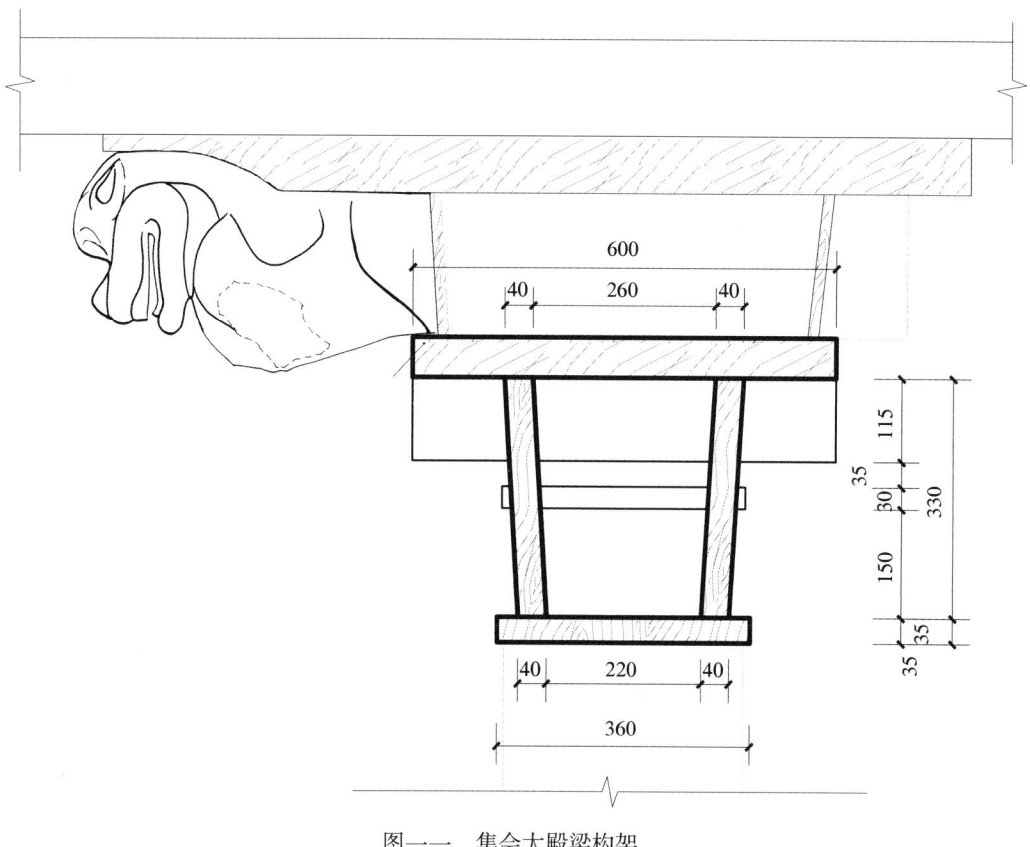

图一一　集会大殿梁构架

木椽　藏式建筑木椽截面一般分为方形、圆形两种，朗果荡芭寺内木椽为方形，截面尺寸在（0.065～0.09）米×（0.09～0.11）米之间，做法分两种，集会大殿内木椽为传统刀削工艺加工而成，加工粗糙，粗细不一；主供佛殿内木椽的加工较细致，粗细匀称（图一二）。

屋面　木椽之上为栈棍或望板（主供佛殿内为望板），其上为0.05~0.06米厚卵石层，卵石层上夯打0.05~0.06米厚黄土层，黄土层上为厚0.09~0.1米细黄土屋面（图一二）。

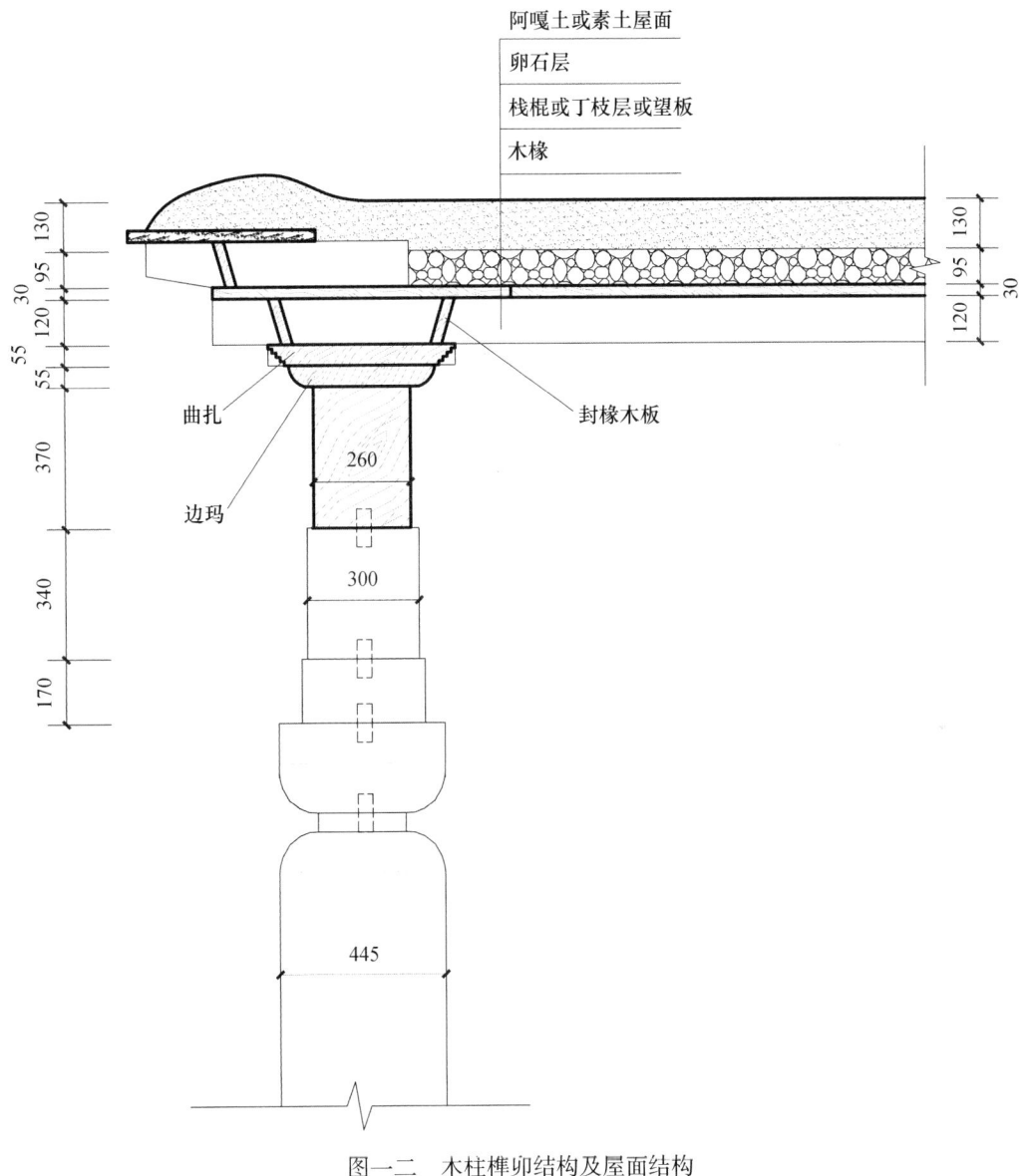

图一二　木柱榫卯结构及屋面结构

## 二、杜康大殿装修与装饰

朗果荡芭寺杜康大殿实际为建筑墙体围合而成的封闭性布局。集会大殿南面有门，主供佛殿内墙体抹饰草拌泥，表面光滑，局部现存彩绘痕迹，原墙壁均有壁画，四壁原绘壁画内容已不可识。殿内供帕·当巴桑杰、米拉日巴、宗喀巴三师徒等塑像共15尊和《甘珠尔》经书。北壁与主供佛殿之间也有门连接,西侧为护法神殿(贡康),庭院入口门饰为后期补配,不作为调查的重点,故此不详述。

## (一)门

主供佛殿入口大门宽2.5、进深1.86米。门为实木板门,门外施三重框:外重门框与墙外皮平齐,上有门楣,两侧有框,框上端与门楣榫卯套接,下有门槛。门高2.31米,门楣长3.16、厚0.15米。贴外重门框又施两重框,框左、右和顶部榫卯套接,中间框宽0.08米,门框高1.91、宽2.04米,两侧框局部遮挡于外层门框后;内重框宽0.15米,门净高1.79、净宽1.64米,侧框下端榫卯与地栿套接(图一三)。实木门安装在内

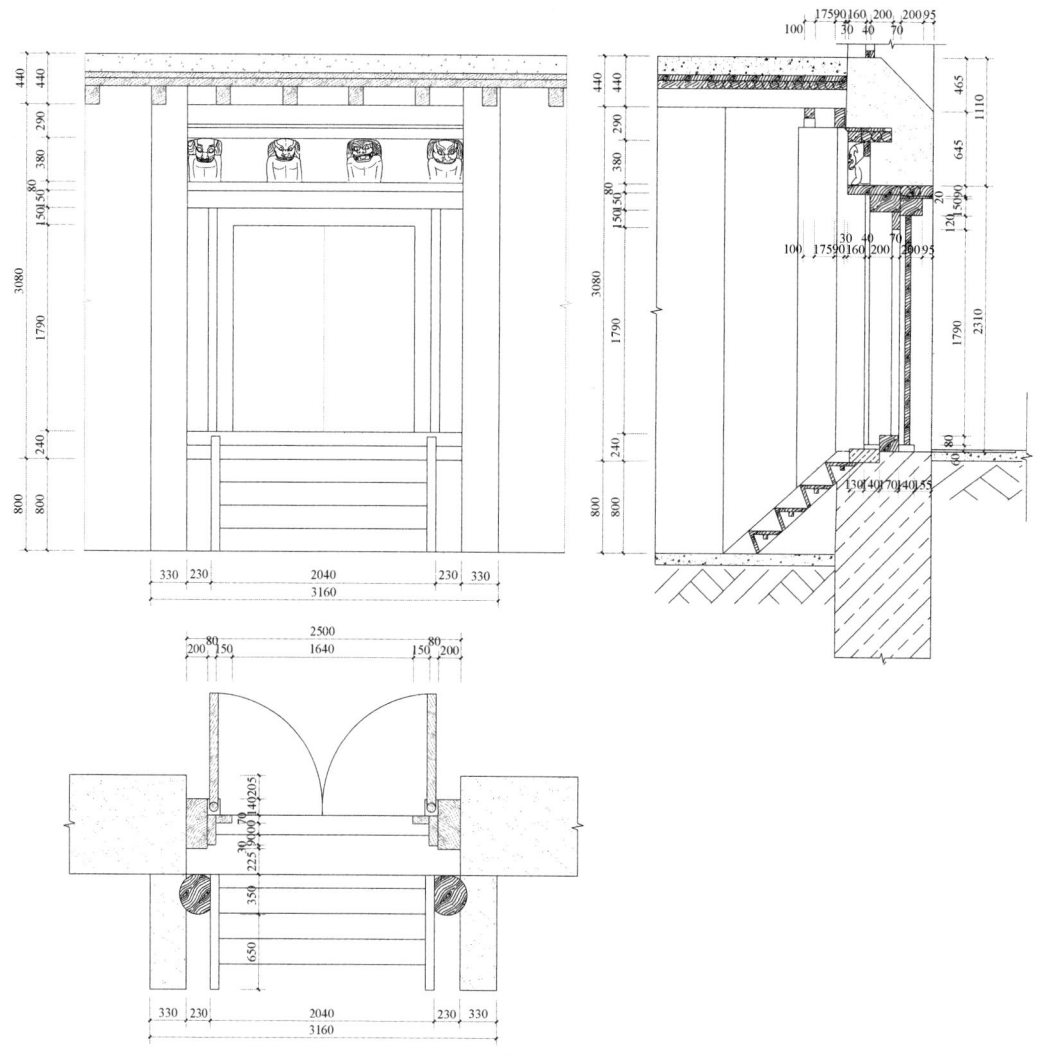

图一三 主供佛殿殿门

重门框后，上、下有门臼。外重门楣上施纵向木枋，外侧枋头雕刻A型狮子，共4个。狮子间施泥巴抹灰。上层平板枋上纵向施短木椽，椽头伸出约0.12米，短木椽上施木椽上铺片石，其上为屋面（或上层地面）。

## （二）狮

朗果荡芭寺狮子雕刻分两种，圆雕和浮雕。圆雕主要位于主供佛殿门楣、集会大殿第三排柱梁上；浮雕位于主供佛殿（柱-13）的上、下托木上，正面雕刻狮子纹饰，在实际功能的基础上又增加了装饰功能。圆雕根据狮子的形态，分为A、B二型。

A型　为蹲坐式，见于大门门楣上。共4个。狮子为正面蹲坐，高额，大眼，大鼻，咧嘴，露齿，牙齿微合。前腿直立，后身置于墙中，毛发披于肩上。狮身宽0.33、通高0.36米。狮子体态圆润，憨态可掬，表面刷红（图一四）。

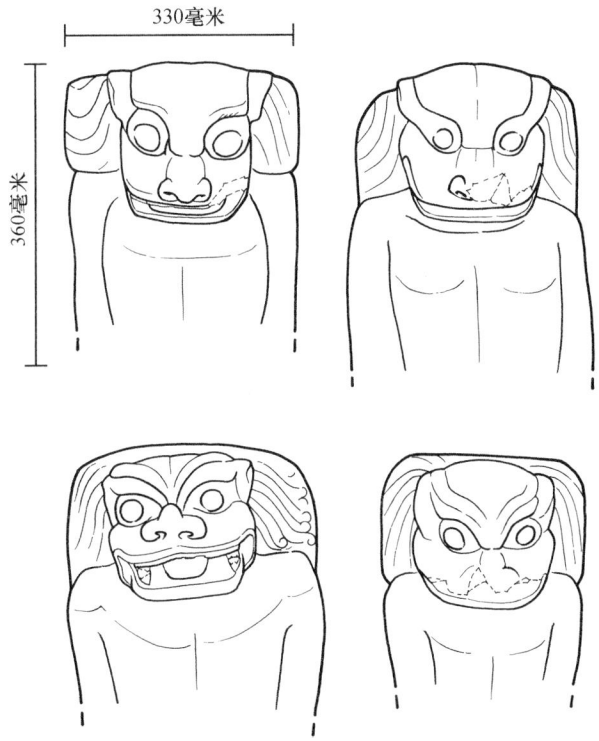

图一四　主供佛殿门楣石雕狮

B型　为伏卧式。集会大殿第三排柱梁上11个。狮子正视前方，高额，浓眉大眼，张口，露齿，舌头略伸出齿外，头部雕刻出披毛。作伏卧状，后身隐于闸挡板，前身浑圆。11个伏卧式狮子前腿均残缺（图一五）。

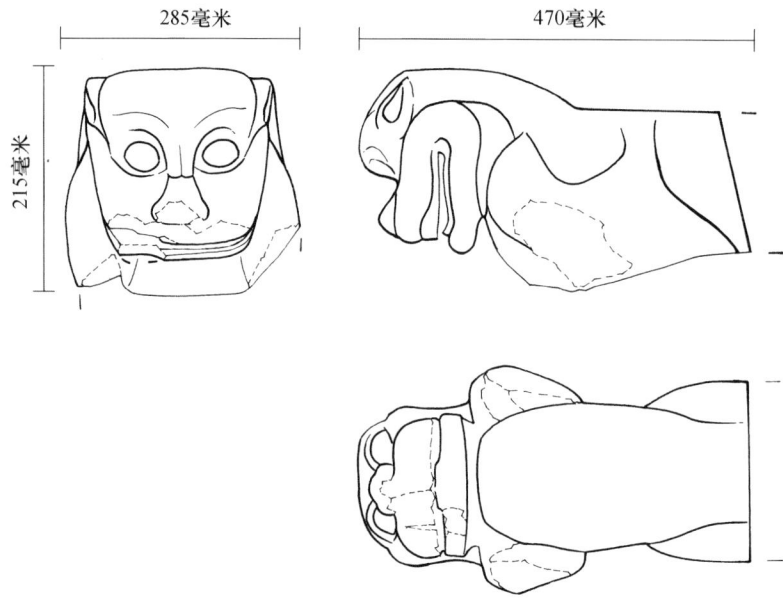

图一五 集会大殿出檐雕饰——木狮

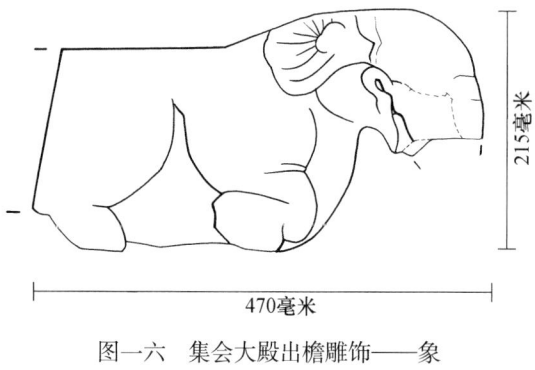

图一六 集会大殿出檐雕饰——象

## （三）象

象雕2个，见于集会大殿第三排两端柱梁上，均为卧形，前腿缩于身下，伏卧于枋上，卷鼻。面部雕刻出眼睛、象牙及耳朵，蹄为偶蹄。前殿第四排东端柱梁上的象长0.47、高0.215米（图一六）。

## （四）摩羯鱼

摩羯鱼雕刻4个，均匀布局，中间每三个出檐雕饰为一组，置一摩羯鱼雕刻，摩羯鱼身为伏卧状，龙首鱼身，大眼，大鼻，咧嘴，露齿，上唇上翘内卷，摩羯鱼高0.215、宽0.20米（图一七）。

## （五）闸挡板

集会大殿椽间均施闸挡板。除主供佛殿门楣狮子雕刻之间为土填塞不详外，现护法神殿门楣短椽之间的闸挡板，集会大殿第三排柱梁上椽间闸挡板，施有雕刻，其他为素面。

集会大殿第三排柱梁上椽间闸挡板，长0.33、宽0.17米，表面均雕刻卷草，分三种类型，其中两种为中线对称型，中间雕刻动物头饰或灯饰，两侧卷草向上向内卷起；另一种为纯卷草图案，较抽象（图一八）。

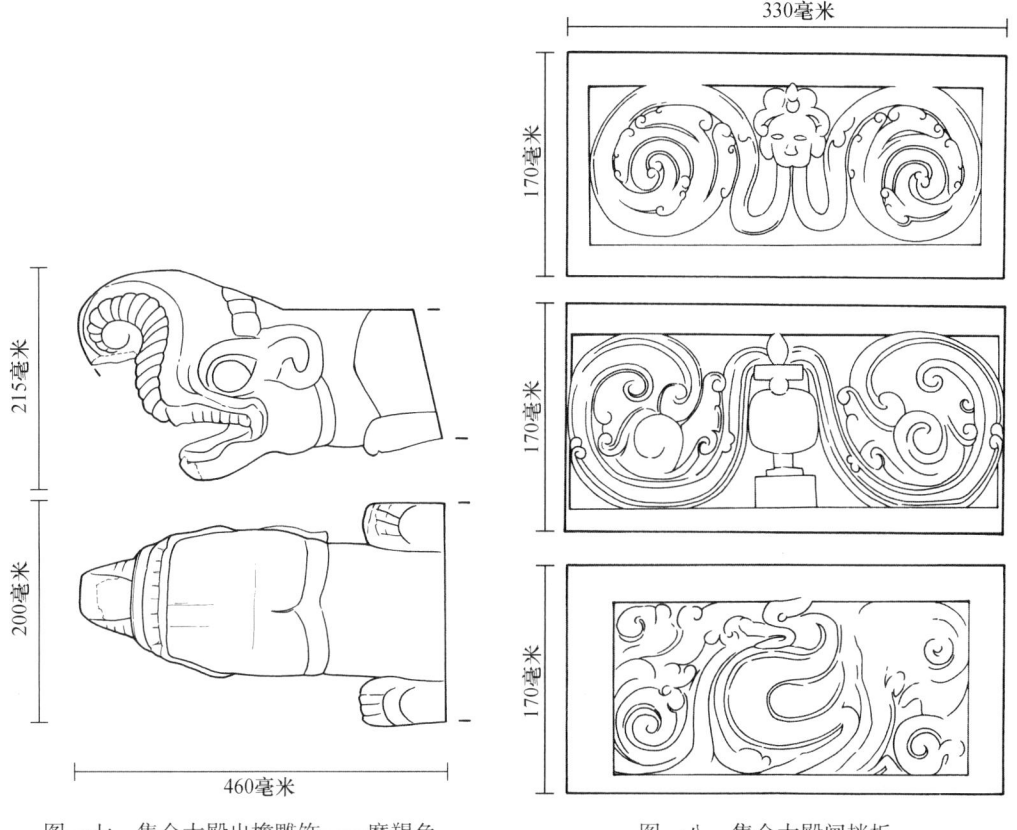

图一七　集会大殿出檐雕饰——摩羯鱼　　　图一八　集会大殿闸挡板

护法神殿门楣闸挡板长0.345、宽0.155米。四块闸挡板面雕刻纹饰各不相同（图一九）。从右至左四块闸挡板表面均雕刻卷草。第一、四块卷草图案中心雕刻小型动物，其卷草特点可向左右无限蔓延连续，茎、叶可有节奏的分支、卷曲、盘绕，进行疏密配合。第二、三块雕刻狮身，头披卷毛，张嘴扬颈，四爪强劲有力，神态盛气凌人。第二块闸挡板中狮反向，第三块闸挡板中狮面对面。

## （六）彩　　画

从门上的狮子、托木上残存的彩色分析，原饰有彩画，或为后期补绘。现不详。

## （七）壁　　画

杜康大殿一层集会大殿内壁有壁画存在，但由于后期被人为破坏等原因，现壁画局部遭到严重的破坏，烟熏、起甲、龟裂、脱落严重等。南壁墙面隐约可辨壁画内容上师画面，其余无法辨识。从墙面看，在部分墙面上重新抹层灰覆盖原有壁画后再绘制新的壁画，最多处能辨识二重不同时期绘制的壁画。壁画中可见部分题记，但因起甲、龟裂、脱落等因素，已无法辨认题记内容。

## （八）门　　钟

位于朗果荡芭寺回廊南侧墙顶，为铜质，由钟头、钟身构成。

钟头，由上至下铸有各种环状纹饰，分别为：钟柄两侧铸造狮子头纹饰，钟柄下圆形檐口铸造骷髅头，连珠，钟颈作环形装饰；钟身，由上至下铸有各种环状纹饰，分别为：上部铸造莲瓣环绕钟颈底，下做金刚杵环绕钟身，三角状腰环，异型莲瓣，藏文铭文，腰环，藏文铭文，腰环，金刚杵环绕钟口，依次有序排列，钟口厚0.03米。

依据钟身位置的藏文誊录铭文可知，此门钟是为朗果荡芭寺所定制的。

图一九　护法神殿门楣雕刻（从右至左）

## （九）汉字匾额

1793年1月17日定日设汛[1]，1896年，驻防定日汛的守备为赵世魁于此年为朗果荡芭寺题写了"荡芭寺"汉字匾额。匾上共刻印29个汉字，匾额正中刻着"荡芭寺"三个红底蓝色大字，左边写着"署防定日汛守备赵世魁敬书"，右边写着"光绪二十二年岁在丙申菊月　吉立"（图二〇）。

## 三、翁通尼姑寺

翁通尼姑寺建筑也保留了早期建筑特色。坐北朝南，平面布局不规则，建筑占地面积112平方米（图二一）。翁通尼姑寺主体建筑为方形，面阔三间二柱，柱间

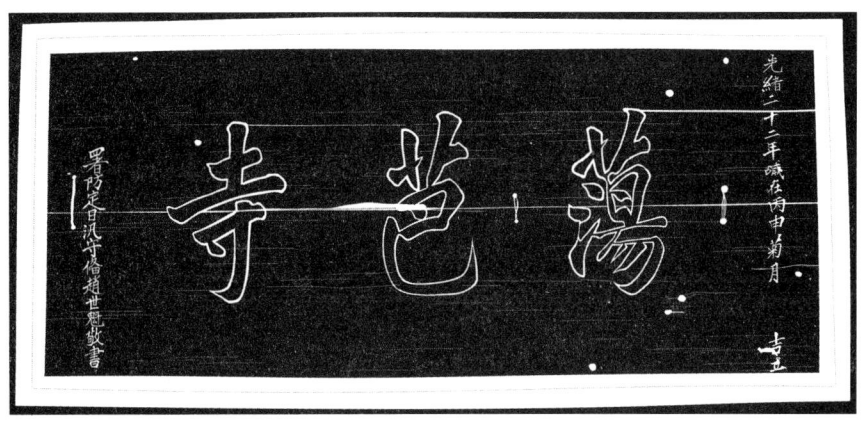

图二〇　赵世魁书写"荡芭寺"汉字匾额

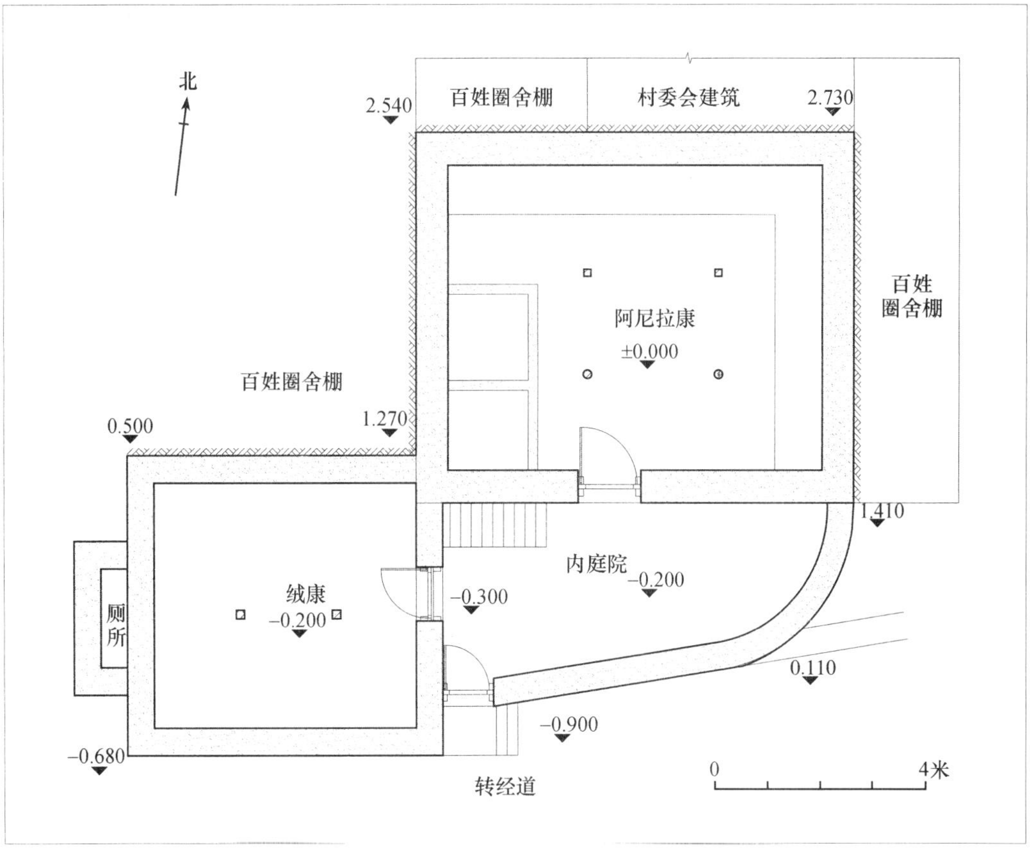

图二一　翁通尼姑寺平面图

距2.46、东西长8.3米，进深三间二柱，柱间距1.85、南北长6.75、层高2.8米，殿门开南向（图二二）。在室内北侧、西侧、东侧墙壁建有高0.55、宽0.9米的佛台，西南角佛台后期改建为粮仓。翁通尼姑寺中柱分方形、圆形两种，均做简易加工，方形柱四角抹角处理；四根木柱均用草编绳缠裹柱身，表皮黄泥包裹（图二三），

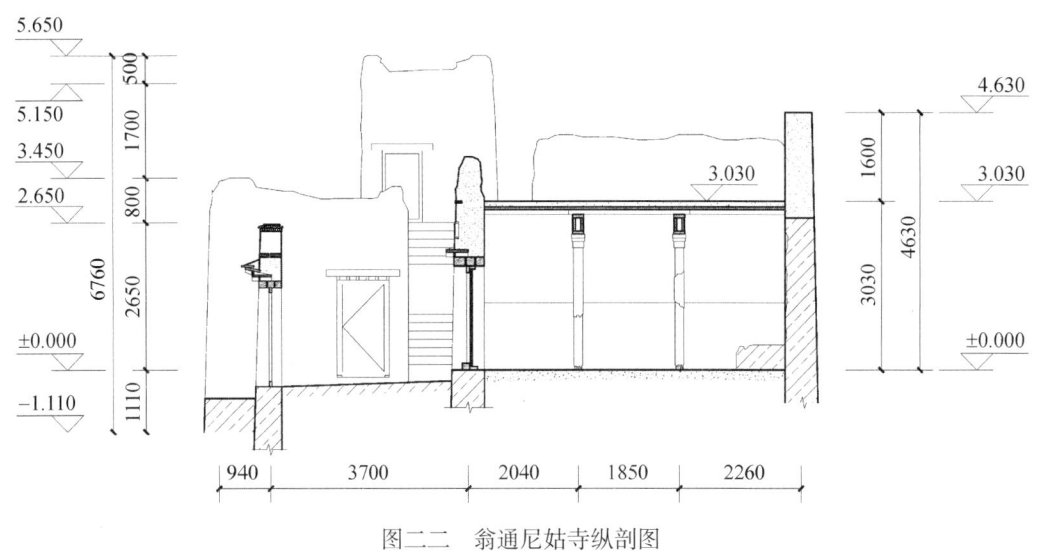

图二二　翁通尼姑寺纵剖图

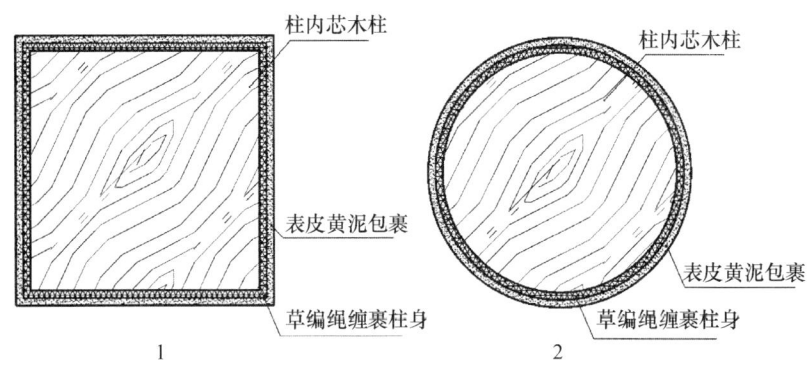

图二三　翁通尼姑寺木柱构造图

个别柱可见明方形石柱础。柱上栌斗做法简单，为长形素面，无耳，底角两侧抹角弧形，栌斗上施上下两层托木，托木素面，为长条形，上托木之上施木梁，梁高约0.35米。翁通尼姑寺的梁亦为空心，即上、下两层平板枋，上层板较大，两侧为长条木板，构成方形状截面，木板高0.24米，梁横截面开口方形，0.35米×0.2米（图二四）。内部用青稞等填充，作为装藏用。梁上布为方形椽木0.09米×0.13米，椽间距较大，0.4～0.6米；木椽上铺设0.6～0.8米长栈棍层，其上在栈棍层上垂直方向再铺设一层栈棍（图二五），共两层。栈棍上铺设一层片石，其上为素土屋面，做法简单。

翁通尼姑寺为夯土墙建筑，内墙可见墙面抹泥及壁画分层现象，当系多次绘制。壁画损坏严重，内容不详。从明柱础、空心梁等特点分析，建筑时代当与杜康大殿相当。

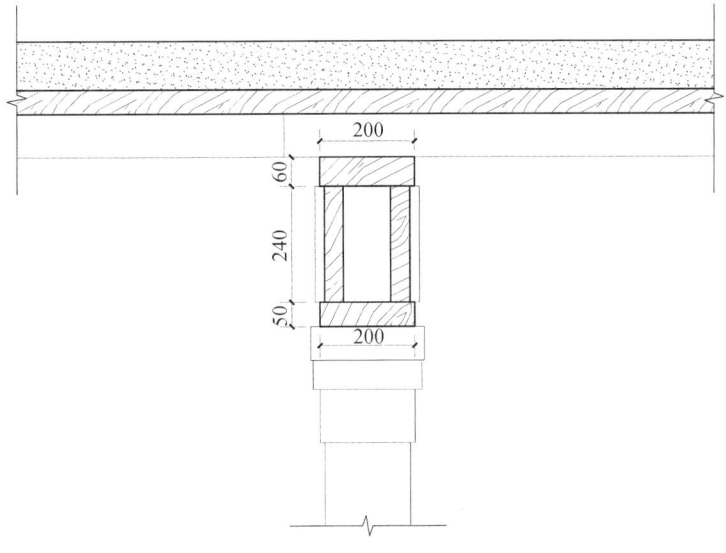

图二四 翁通尼姑寺梁结构图

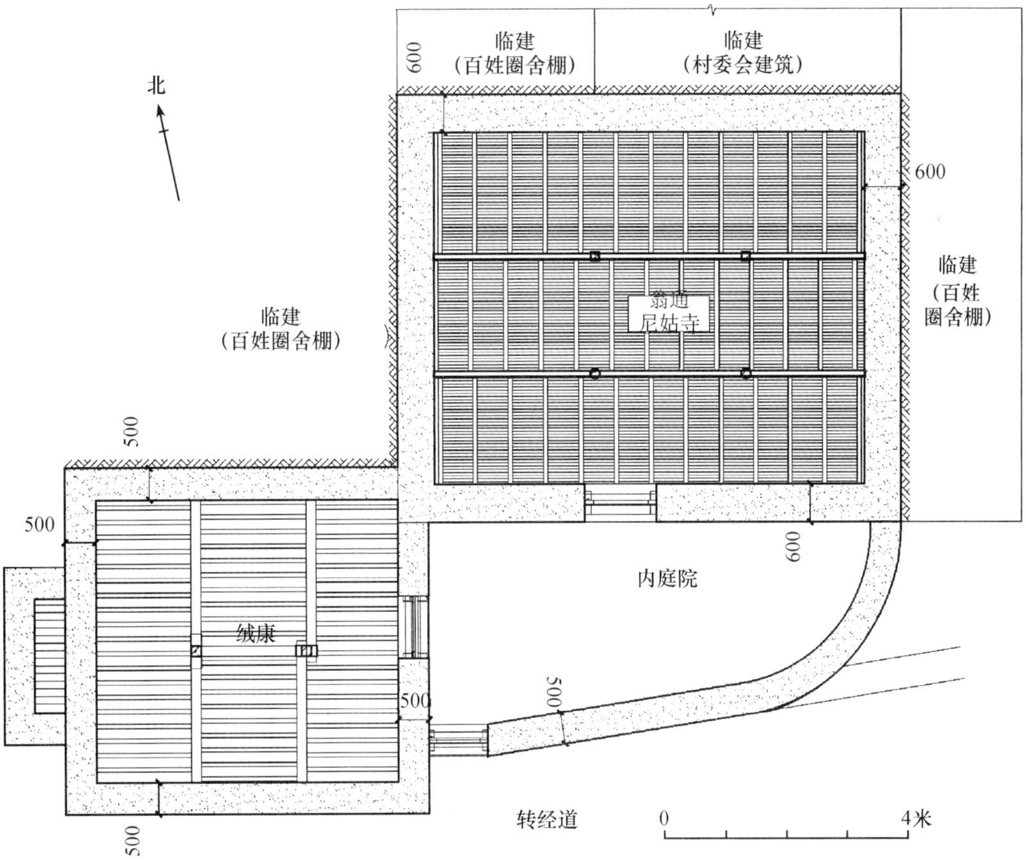

图二五 翁通尼姑寺梁架图

## 四、结　　语

　　20世纪60年代，朗果荡芭寺遭受大面积破坏，所有附属建筑、众多藏式佛塔、主供佛殿二层、三层屋面被拆除，仅保留主供佛殿一层主要建筑。后期虽然经过一定的改造和局部重修，但很大程度上保持了原有的平面布局，杜康大殿一层是整个寺院建筑群时代最早的建筑（图二六），杜康大殿二层、主供佛殿三层、廊房在20世纪80年代得以逐步恢复，其他建筑遗迹至今保持残损现状。在改造和重建过程中，部分结构也可能有所改变，如杜康大殿增加木柱做法，但无论是改建或重修，旧料（包括旧木构件和墙体砌筑石材等）被最大程度使用。

　　朗果荡芭寺现存建筑及建筑遗址中，构筑方式可见夯土墙和土坯砖砌筑。杜康大殿墙体为夯土墙，一层集会大殿墙厚约0.86米，主供佛殿墙厚1.18～1.78米。翁康遗址外墙体墙厚0.5米，残高2.7～7米，高3.9米处与6.5米处有梁椽遗洞，墙体有夯土墙、土坯砖砌筑等两种方式，当经过不同时期的修补、构筑。曲登遗址所用传统土坯砖（有0.36米×0.22米×0.09米和0.41米×0.22米×0.09米两种），在吉隆县宗嘎曲德寺主供佛殿中可见土坯砖砌筑墙体。宗嘎曲德寺初建时为夯土墙体，后期经过多次加固和维修使用了土坯砖砌筑墙体和土石加固[2]。翁通尼姑寺主体建筑为方形，面阔三间，进深三间，墙体均为夯土墙。藏式建筑中夯土技术见于吐蕃时期的藏王陵、封土墓和芒康县乃宁曲德寺的围墙[3]，是吐蕃时期普遍使用的建筑技术。

　　从结构分析，朗果荡芭寺杜康大殿以梁架和墙体共同构成承重结构体系，密椽平顶；柱头上施栌斗、下托木、上托木、上施梁、椽，形成平顶等。夯土墙为石砌基础，或下半部分为石砌墙体，外后砌筑的石砌护墙及建筑内部用石片补砌、新砌等综合分析，建筑墙体原为夯土墙，由于坍塌等原因，后期进行补砌和用石片砌筑护墙进行加固。建筑墙体为夯土墙，且墙体夯层间夹杂片石的做法，见于西藏吐蕃时期的建筑和墓葬封土，如琼结县藏王陵、朗县列山墓地[4]，墓葬封土均为夯筑，封土间夹杂片石。康马县乃宁曲德寺建于吐蕃时期的围墙为夯筑，且夯层中一般都夹石片，晚期建筑夯土墙体与土坯墙体共存的建筑形式[5]，表明墙体夯筑技术在吐蕃时期为广泛使用的构筑技术。朗果荡芭寺主供佛殿的原墙体构筑亦为夯筑，后来补砌的墙体为石块砌筑，与当地民居的墙体构筑技术相同，因此其建筑时代当不早于吐蕃时期。

　　翁康遗址夯土墙体和集会大殿、主供佛殿夯土墙一致，部分遗迹（包括翁康遗址、曲登遗址）建筑墙体为土坯砖砌筑。土坯砖墙比夯土墙墙厚较小。翁康遗址位于主供佛殿西北角，南侧部分墙体以主供佛殿墙体为支撑围合的建筑，时代上当晚于主供佛殿。墙体构筑方式分为夯土墙和土坯砖砌筑，翁康修建于主供佛殿之后，则土坯砖的使用当晚于夯土墙。

　　翁通尼姑寺墙体亦为夯土墙，殿内木柱外层包裹草绳和抹泥的做法在大昭寺早期

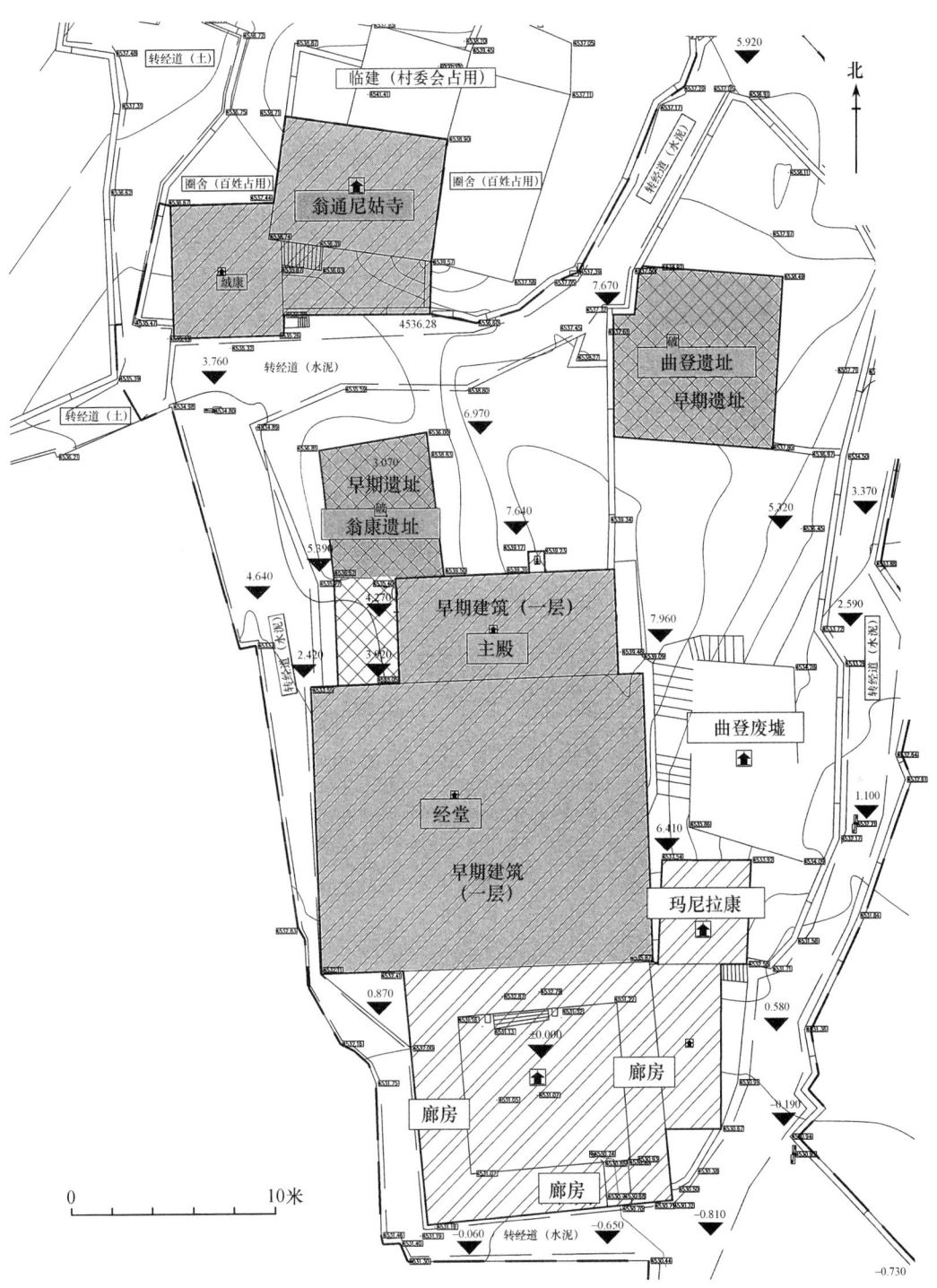

图二六 朗果荡芭寺早期遗址和建筑平面图

建筑释迦牟尼佛殿（觉康）内可见，夏鲁寺措钦大殿内木柱也有此做法。此做法有防潮、防虫作用，很好地保护了柱体，后期建筑中因木柱施彩绘，无此种做法。

杜康大殿中柱有圆柱，也有方形柱，柱脚无明柱础石，有的为石砌台台基。从柱与栌斗、托木、弓木组合情况分析，Ab型、B型柱为后期维修时补配，无规律可循。Aa型柱为建筑原柱，除部分后期有扰动外，基本保持了原状（表二）。

表二　杜康大殿内柱、栌斗、托木、弓木对应关系表

| 编号 | 柱 A型 Aa | 柱 A型 Ab | 柱 B型 | 栌斗 A型 | 栌斗 B型 | 下托木 A型 | 下托木 B型 | 下托木 C型 | 下托木 D型 | 上托木 A型 | 上托木 B型 | 上托木 C型 |
|---|---|---|---|---|---|---|---|---|---|---|---|---|
| 1 |  |  | √ | 无栌斗 |  | 无下托木 |  |  |  | 无栌斗 |  |  |
| 2 | √ |  |  | √ |  | √ |  |  |  | √ |  |  |
| 3 | √ |  |  |  | √ | √ |  |  |  |  |  |  |
| 4 |  |  | √ | 无栌斗 |  | 无下托木 |  |  |  | 无弓木 |  |  |
| 5 | √ |  |  |  | √ |  |  |  |  |  |  |  |
| 6 | √ |  |  |  | √ |  |  |  |  |  |  |  |
| 7 | √ |  |  | √ |  | √ |  |  |  |  |  |  |
| 8 | √ |  |  | √ |  | √ |  |  |  |  |  |  |
| 11 |  |  | √ | 无栌斗 |  | 无下托木 |  |  |  | 无上托木 |  |  |
| 12 | √ |  |  | 无栌斗 |  |  |  |  | √ |  |  | √ |
| 13 | √ |  |  | 无栌斗 |  |  |  | √ |  |  | √ |  |
| 14 |  |  | √ | 无栌斗 |  | 无下托木 |  |  |  | 无上托木 |  |  |

注：①下托木：按图一〇、一一中所示分四种类型，A型集会大殿（柱-3）型；B型集会大殿（柱-7）型；C型主供佛殿（柱-12）型；D型主供佛殿（柱-13）型。

②上托木：按图一〇、一一中所示分三种类型，A型集会大殿（柱-3、柱-7）型；B型主供佛殿（柱-12）型；C型主供佛殿（柱-13）型。

③柱9～10为门柱。

宿白在《西藏寺庙建筑分期试论》中指出，下缘流行雕饰多曲弧线的双层托木为10～13世纪新出现的托木形制[6]，柱头托木两端有弯折或弯曲形制特征的出现是在10世纪末至13世纪前半叶，13世纪后半叶以后，托木两端逐步趋向两端带有不太明显的弧线及较为平直或很平直的端头。朗果荡芭寺的上托木、下托木用材较大，制作相对粗糙，在上、下托木底部向上雕刻圆木棍形象，在侧面形成连续的弧线，装饰简单，见于吉隆县卓玛拉康，与夏鲁寺护法神殿、般若佛母殿、觉康佛殿等建筑托木类似，具有早期特点[7]。

朗果荡芭寺、翁通尼姑寺的梁均为内空心，与后期藏式建筑或较早类藏式建筑中实木梁架构造完全不同，本梁架构造方式在藏地实属罕见，仅吉隆县卓玛拉康、吉隆县恰芒波拉康[8]有此类似构造方式。朗果荡芭寺较多地使用狮子雕刻装饰，有蹲坐式

狮（A型），见于正门门楣；伏卧式狮（B型），见于集会大殿第三排柱梁上，狮（B型）、象、摩羯鱼的组合，在集会大殿梁上，以象、狮、摩羯鱼、狮、狮、狮、摩羯鱼、狮、狮、狮、摩羯鱼、狮、狮、摩羯鱼、狮、象的顺序排列（图二七）。以四个摩羯鱼为点，每两个摩羯鱼之间排列三个狮子，狮子雕刻较为常见，如琼结县藏王陵、拉孜县查木钦墓群、昌庆吐蕃墓等均发现了石雕狮子，但狮子的形象为蹲坐式。吉隆县帕巴寺门口两侧、墨竹工卡县切卡寺集会大殿入口两侧的石雕狮子，也是蹲坐式。吉隆县宗嘎镇卓玛拉康[9]、吉隆县曲德寺扎西果芒塔殿[10]、吉隆县恰忙波拉康[11]等建筑也发现了雕刻的狮子。

朗果荡芭寺出檐狮子与吉隆县卓玛拉康托木狮子均为伏卧式，从雕刻工艺看，朗果荡芭寺的狮子雕刻粗，无雕刻披毛，而吉隆县卓玛拉康的狮子雕刻较细化，头部纹理都有表现，全身雕刻有披毛[12]；从体态看，两处狮子前身浑圆，都为俯首状，但前者只表现出前半身。朗果荡芭寺的狮子面部整体轮廓近似于上宽下窄的梯形，其鬃毛从后脑向两侧肩部逐步变宽伸展，额部下陷，通体不作装饰（图二八）。

狮与象、摩羯鱼的组合，在藏区的建筑中较为少见。目前仅在朗果荡芭寺和吉隆县宗嘎镇卓玛拉康有发现，卓玛拉康内的摩羯鱼为两个，布置于出檐动物雕刻顺数第四个和倒数第四个，中间全为狮子，以狮、摩羯鱼、狮……狮、摩羯鱼、狮组合。摩羯鱼为昂首状，龙首鱼身，大眼、大鼻、咧嘴、露齿，上唇上翘内卷，全身雕刻披毛；朗果荡芭寺内的摩羯鱼为四个，以狮、象、摩羯鱼为组合布置于集会大殿第三排柱梁上，呈伏卧状，龙首鱼身，大眼、大鼻、咧嘴、露齿，上唇上翘内卷，全身无披毛，通体不作装饰，整体风格显得粗犷和古朴，但二处摩羯鱼神态相似。而朗果荡芭寺的狮、摩羯鱼、象的雕刻风格一致，通体不作装饰，整体风格显得粗犷和古朴，具有早期特征，雕刻技法当为同一时期（图二九）。

据史料分析朗果荡芭寺由帕·当巴桑杰修建，是11世纪藏传佛教希解派的传法基地，是早期西藏佛教与印度佛教的连接之地，也是西藏后弘期较早的寺院之一。

《汉藏史集》记载：

> 他曾三次到吐蕃来，第一次是着出家人的装束，由"门"（Mon，མོན་）地方的边区走到喀热宁孔地方，然后返回印度；第二次是着行者的装束，到了雅隆普地方，然后去了尼泊尔；第三次来吐蕃后，住在拉堆定日地方的朗廓，教化众生[13]。

文中提到"住在拉堆定日地方的朗廓"即今定日县境内岗嘎镇朗果村。定日县岗嘎镇朗果村修建荡芭寺在《青史》《卫藏通志》《丹巴桑杰传》中都有记载。

丹巴桑杰，或称帕·当巴桑杰（？~1117年），南印度人，为西藏希解、觉域二派教法的始祖。他曾依金洲大师学法，金洲是阿底峡之师，他与阿底峡同时代，

图二七 集会大殿梁上狮（B型）、象、摩羯鱼组合
1. 左侧部分  2. 右侧部分

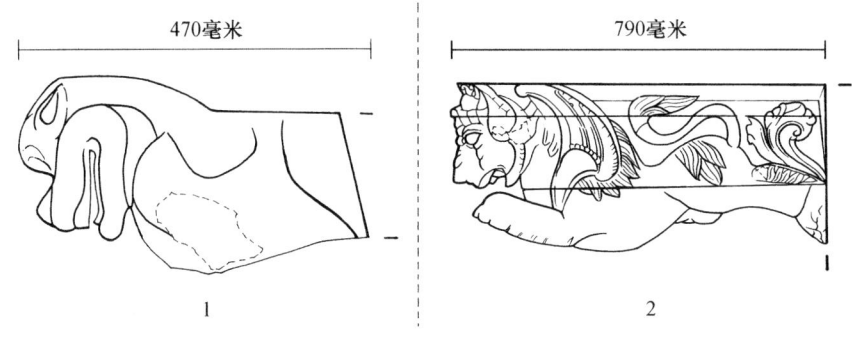

图二八　狮子形态对比
1. 朗果荡芭寺出檐狮　2. 吉隆县宗嘎镇卓玛拉康托木狮

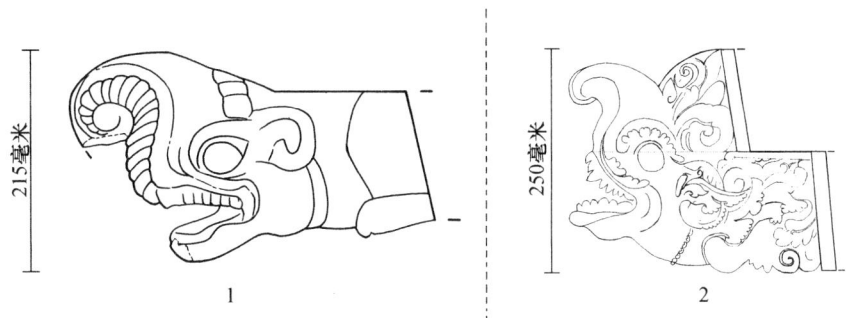

图二九　摩羯鱼形态对比
1. 朗果荡芭寺出檐摩羯鱼　2. 吉隆县宗嘎镇卓玛拉康托木摩羯鱼

应是11世纪人[14]。当巴桑杰曾于65年间遍游各地修行，亲见十二本尊等不可计量的天众和三十六稀有空行上师，证得眼药、神足、丸药、士行、药叉女、宝剑空行等的悉地。其最胜悉地为证大见道智，在二十四地示现胜行，其得成就的美名，各地均以不同的称号而为传述。当巴入藏凡五次，在第五次时又从藏地游历到了汉土，所以在汉地名声亦大。在藏所成熟的弟子不可数计，其较为有名的是希解初、中、后三传的弟子。据说初期传承，其弟子为迦湿弥罗阇那古诃耶，由翁波译师做翻译。中期传承，他当以教授给玛·却吉协饶、索穹·根顿拨（僧燃）、冈·耶协坚赞（智幢）三人而广弘传。其后期传承，说当巴到定日朗果寺[15]，有较胜弟子当巴卡钦、卡穹、毗遮罗卓达、衮噶（庆喜）四人，尤以当巴衮噶为上首。衮噶五世皆为当巴桑杰所摄授，此生成为当巴的教授宝库。衮噶传弟子巴曹贡巴，巴曹传杰瓦德内、若·协饶僧格（慧狮子）、锡布·尼玛僧格（日狮子）等住持本派的法嗣甚多。希解之法大为盛行。现仅说此三种传承的教授名称。初传有《希解火炬类》《阎曼德迦》等成就法[16]。

根据上述史料及帕·当巴桑杰的卒时可知，我们推测朗果荡芭寺当修建于11世纪后半叶至12世纪初。

附记：本简报编写得到西藏圣益古建筑勘察设计有限公司陈未林先生、西藏自治区文物保护研究所夏格旺堆先生的悉心指导和帮助，谨致谢忱！

调　查：姚军　罗布扎西　李亚忠
　　　　张慧清　胡春勃
测　图：李亚忠　胡春勃
执　笔：李亚忠　姚军

## 注　释

[1]　（清）方略馆（编），季垣垣（点校）：《钦定廓尔喀纪略》，中国藏学出版社，2006年，第723页。

[2]　夏格旺堆：《中尼边境古寺宗嘎曲德寺考古调查与发掘》，《交流与互动：民族考古与文物研究》，中央民族大学出版社，2013年，第241～248页。

[3]　a. 王仁湘等：《西藏琼洁吐蕃王陵的勘测与研究》，《考古学报》2002年第4期。

　　　b. 西藏文管会文物普查队：《西藏拉孜、定日二县古墓群试掘简报》，《南方民族考古》第4辑，四川科学技术出版社，1992年，第105～124页。

　　　c. 索朗旺堆、侯石柱：《西藏列山墓地的调查和试掘》，《文物》1985年第9期。

　　　d. 四川省文物考古研究院、日喀则市文化局：《日喀则地区康马县乃宁曲德寺调查简报》，《西藏研究》2007年第1期。

[4]　a. 同注[3]a。

　　　b. 同注[3]b。

　　　c. 同注[3]c。

[5]　同注[3]d。

[6]　宿白：《西藏寺庙建筑分期试论》，《藏传佛教寺院考古》，文物出版社，1996年，第184～206页。

[7]　李斌：《夏鲁寺建筑的细部做法及时代特征》，《山西建筑》2013年第13期。

[8]　四川省文物考古研究院等：《西藏吉隆县恰芒波拉康调查简报》，《四川文物》2017年第4期。

[9]　卓玛拉康的建筑年代，据《孔塘王系源流》记载，城堡建筑群的建设年代为1270～1277年。

[10]　据夏格旺堆考证，现存扎西果芒塔殿门楣出檐的木雕狮子等木构架，是由第十六代孔塘国王赤拉旺建参（khri lha dbang rgyal mtshan，1404～1464年）对主供佛殿进行维修、改建、扩建时期留下的作品。时间为1419～1464年。参见夏格旺堆：《佩古措湖边沉寂数百年的两座寺院——恰芒波拉康与喇普德庆寺的最新考古调查》，《西藏文物考古研究》（第1辑），科学出版社，2014年，第109页。

[11] 同注[7]。

[12] 同注[7]。

[13] 达仓宗巴·班觉桑布(著),陈庆英(译):《汉藏史集》,西藏人民出版社,1986年,第310页。

[14] 土观·罗桑却吉尼玛(著),刘立千(译注):《土观宗派源流》,民族出版社,2000年,第304页。

[15] 定日朗果寺1077年谷格王孜德为当巴桑杰修建的,寺在今定日县。见同注[14],第305页。

[16] 同注[14],第88~89页。

# 西喜马拉雅地区出土双圆饼首铜剑的新认识

胡嘉麟

（上海博物馆青铜器研究部）

札达盆地是象雄文化的核心地区，在皮央遗址区格林塘墓地M6出土了一柄双圆饼首铜剑[1]。这种样式的青铜兵器在西藏地区仅此一件，对于讨论周边地区的文化交流具有重要的意义。霍巍先生认为其年代相当于中原秦汉时期，并与北方草原地带的游牧文化以及中国西南地区的早期铁器时代考古学文化有关[2]。吕红亮先生认为这件器物可能自中国西南山地金沙江流域传来，与远程贸易有关[3]。随着新材料的不断发现，铜剑的年代和族属问题，以及是否族群迁徙，抑或是贸易输入还值得进一步研究。

格林塘剑的茎部扁平呈长方形，中空，近剑格处有圆形小孔。剑格稍宽，微呈"山"字形，装饰鎏金三角形纹和圆点纹。剑身较宽，中脊明显隆起，弧刃，截面呈细长菱形。剑首为三角形，两侧各有一个圆饼形装饰，上有凸起的涡状饰。通长30、剑身长20、柄长10厘米。（图一）

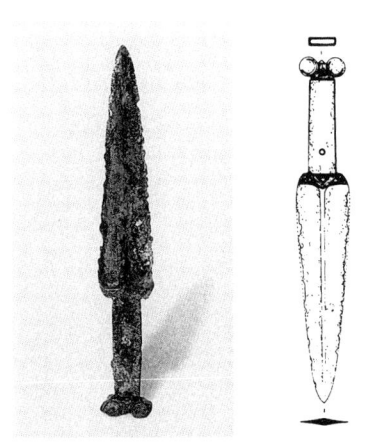

图一　双圆饼首铜剑（PGM6：4）

从目前考古资料来看，这种铜剑起源于北方长城沿线地带，以内蒙古赤峰[4]，河北滦平[5]、怀来[6]、宣化[7]，北京延庆军都山[8]等地的发现较为集中。以延庆军都山玉皇庙墓地出土的双圆饼首铜剑为例，按照剑格不同大致分为四型。

A型　弧形格。标本为YYM22：2（图二，1），剑首两个圆饼形紧密相连，无间隔，涡状饰的中心镂空。通长27.4、剑身长18、柄长6.3厘米。

B型　一字格。标本为YYM19：2（图二，2），剑首两个圆饼形稍有间隔，中心镂空较大。通长28、剑身长17.5、柄长7.8厘米。

C型　叠翼格。标本为YYM82：2（图二，3），剑首两个圆饼形间隔明显，中心镂空，外周饰有绚纹。通长28.4、剑身长18.9、柄长6.1厘米。

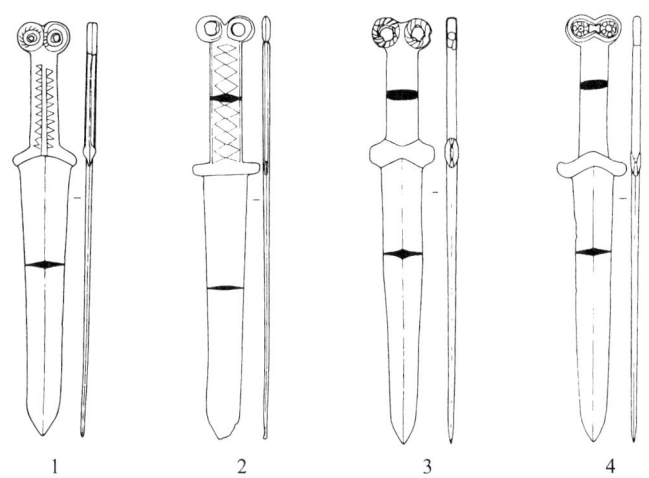

图二 延庆军都山玉皇庙墓地出土的双圆饼首铜剑
1. A型（YYM22：2） 2. B型（YYM19：2） 3. C型（YYM82：2） 4. D型（YYM71：2）

D型 翘翼格。标本为YYM71：2（图二，4），剑首两个圆饼形间隔为镂空，花蕊饰的中心镂空。通长26.5、剑身长17、柄长6.5厘米。

玉皇庙四种类型基本涵盖了北方长城沿线地带双圆饼首铜剑的基本类型，其年代均在春秋早期。格林塘剑的格部与玉皇庙A型的比较接近，但是格林塘剑的剑格中心不内凹，并凸起出尖锋，显示了两者之间的最大区别。由此说明格林塘剑并非是中国北方长城地带的青铜文化直接输入的产物。格林塘M6为洞室墓，墓主人为侧身屈肢葬，铜剑出土于小腿附近。玉皇庙墓地均为竖穴土坑墓，都是仰身直肢葬，铜剑出土于腰部或腰部偏下位置。从随葬铜剑的墓葬族属判断，格林塘M6与草原东部的戎狄族群也并不相同。

杜正胜先生认为剑首的环状圆形对称纹样可能由触角式铜剑简化而来[9]。马强、乔国平先生认为宁夏固原杨郎类型的触角式铜剑和单环首铜剑并存，且单环首剑多于触角式剑。并认为这个地区的触角式剑的剑首已经简化，初具环形，可能代表着向环首的过渡形式[10]。根据目前对北方青铜短剑的断代研究，还没有足够的证据说明触角式向单环首演变的可能性。宁夏固原地区的触角式短剑年代在春秋晚期至战国早期，欧亚草原的这种类型短剑也不早于公元前1千纪中叶。相比较而言，单环首铜剑在公元前1千纪初的欧亚草原已经开始出现。虽然目前还不明确触角式与双圆饼首有无必然的演变关系，但是从双环首向双圆饼首的转变应该更为合理。

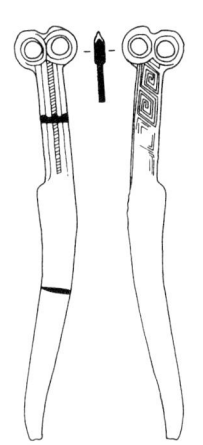

图三 玉皇庙（YYM19：3）

双圆饼首铜剑在甘青地区几乎没有发现，却可以通过双环首铜刀这种器物将双环首到双圆饼首的转变，以及这种文化类型流通的线路勾勒出来。延庆军都山玉皇庙YYM19：3（图三），刀首作双环状，无间隔，柄部一面装饰雷纹，另一面中间设凹槽饰有绹纹，弧背，刀锋上翘。通长22.5、刀身长14、柄长6.1厘米，时代为春秋早期。宁夏固原彭阳县古城乡古城村出土的双环首铜刀（图四），刀柄较长，刀身相对偏短，尖残，柄部也装饰有绹纹。四川凉山彝族自治州盐源县征集的C∶21（图五），刀首是有间距的双圆饼状，柄部有四段镂孔，弧背，刃较平，柄部饰连续的点状纹饰。通长22.5、刀身长13.5、柄长9厘米。值得注意的还有C∶35（图六），刀首的双圆饼也是没有镂孔，但是格部开始出现"山"字形，并且这种现象在当地的单环首刀上也比较普遍，如盐源C∶616（图七）。由此说明，北方长城地带流行的双环首铜刀，至此地已经完全变为实心的双圆饼首铜刀。并且，在南迁的过程中格部可能受到陇东和川西北地区三叉格的影响，表现为"山"字形格的特征。

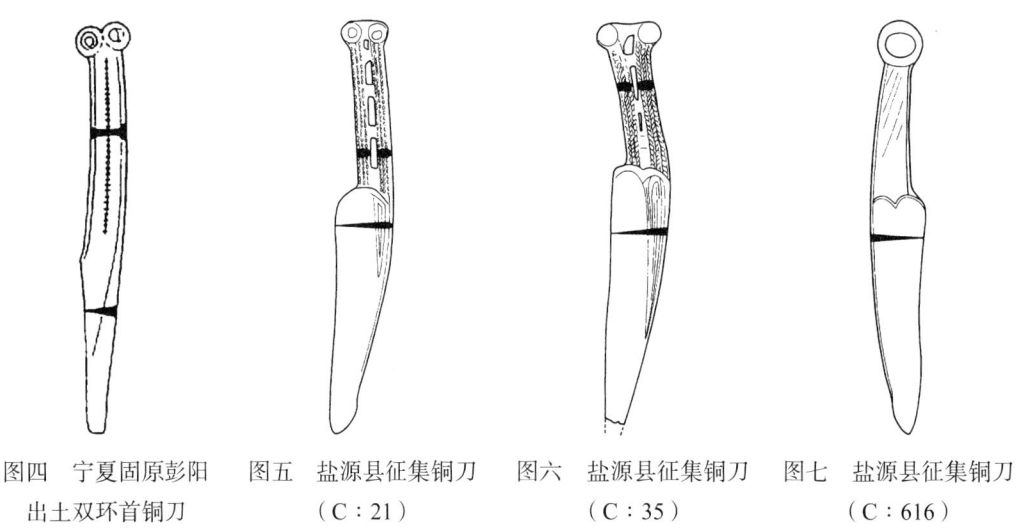

图四　宁夏固原彭阳　　图五　盐源县征集铜刀　　图六　盐源县征集铜刀　　图七　盐源县征集铜刀
　　　出土双环首铜刀　　　　　（C∶21）　　　　　　（C∶35）　　　　　　　（C∶616）

双圆饼首铜剑的产生过程与此相同，在北方长城地带尚未发现实心的双圆饼首和"山"字形格。但是川西南的盐源地区发现了不少这种样式的铜剑[11]，并且在局部装饰上也与格林塘剑完全一致。盐源的双圆饼首铜剑按照剑格的变化特征分为三式，反映了这种铜剑从北方传入川西南发展变化的过程。

Ⅰ式：无格。标本为C∶194（图八，1），双圆饼没有纹饰。通长27.5、剑身长18.5、柄长6.7厘米。

Ⅱ式：山字格。标本为C∶512（图八，2），双圆饼饰同心圆，茎上端有一长条形孔，山字形格饰三角纹和锥点纹。通长26.8、剑身长15.9、柄长7.5厘米。

Ⅲ式：三叉格。标本为C∶227（图八，3），双圆饼之间有二梁相连，剑身扁平，稍残。通长24.8、剑身长12.7、柄长7.6厘米。

盐源Ⅰ式的无格特征是进入川西南较早的一种形制，数量极少。Ⅱ式的山字格是这个地区的特色，是双圆饼首铜剑的主流样式。Ⅲ式的三叉格特征与秦汉时期三叉格

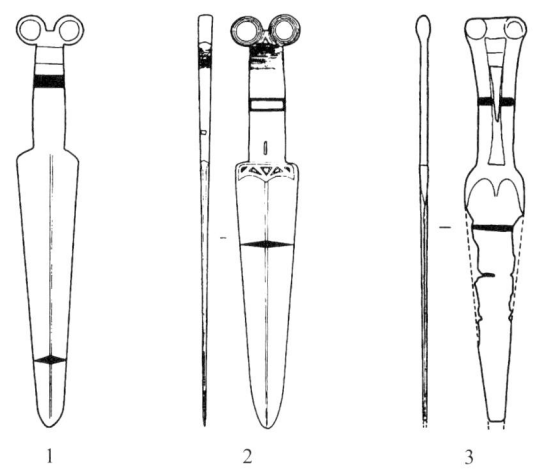

图八 盐源双圆饼首铜剑
1. Ⅰ式（C：194） 2. Ⅱ式（C：512） 3. Ⅲ式（C：227）

铜剑基本相同，时代晚于Ⅱ式。当地出土的辫索茎铜剑同样有时代偏早的特点，剑格为山字形格，如C：85（图九，1）和C：447（图九，2）。由于盐源青铜器绝大多数都是当地征集的，共存情况不明确。虽然整理者认为双圆饼首剑、双圆饼首刀、辫索茎剑，以及瘦高的平底双耳罐和圈足双耳罐不见于老龙头墓地，其年代可能会早到战国时期[12]。但是，这个推论仍然缺乏足够的考古学依据。

在滇西北的德钦[13]、剑川[14]、宁蒗[15]、永胜[16]等地均发现了双圆饼首铜剑，并且墓葬信息比较完整，为盐源剑的断代提供了佐证。迪庆藏族自治州德钦县位于云南省西北部横断山区，纳古在县城西北约70千米的澜沧江东岸。在纳古墓葬周边采集到一柄双圆饼首铜剑（图一〇），此剑无格，扁平茎，装饰斜线纹和三角纹，双圆饼首没有同心圆装饰，主要特征与盐源Ⅰ式剑相近，属于较早的氐羌系南迁时候的器物。通长26.7、剑身长17厘米。发掘者认为德钦纳古墓葬的年代在春秋中期，并且在这个地区发现了类似四川茂县牟托的积石冢[17]。

剑川鳌凤山墓地M76和永胜金官龙潭墓地出土的与盐源Ⅱ式剑基本相同。剑川鳌凤山M76：1（图一一）与永胜金官龙潭的双圆饼首铜剑（图一二，1）装饰相同，剑格都有三角纹和锥点纹。此外，金官龙潭墓地的蕈首剑（图一二，2）、矛（图一二，3）、戈（图一二，4）等器物也都有装饰，与盐源青铜器的装饰风格完全相同。但是，鳌凤山剑和金官龙潭剑的柄部还有圆圈纹，这可能是受到了滇池地区的影响，同样在这座墓地也发现了来自滇池地区的青铜器。两处墓地的随葬器物都显示了较强的时代延续性，根据剑川鳌凤山墓葬的$^{14}$C测年表明，划入A类墓葬的M76绝对年代大致在公元前500年。由此可以判断，盐源Ⅱ式剑的年代下限不晚于战国时期。

通过考古发现来看，双圆饼首山字格的铜剑主要流行于雅砻江下游地区。盐源盆地与滇西的宁蒗、永胜属于同一个地理单元，文化面貌基本相似，普遍流行土坑墓，

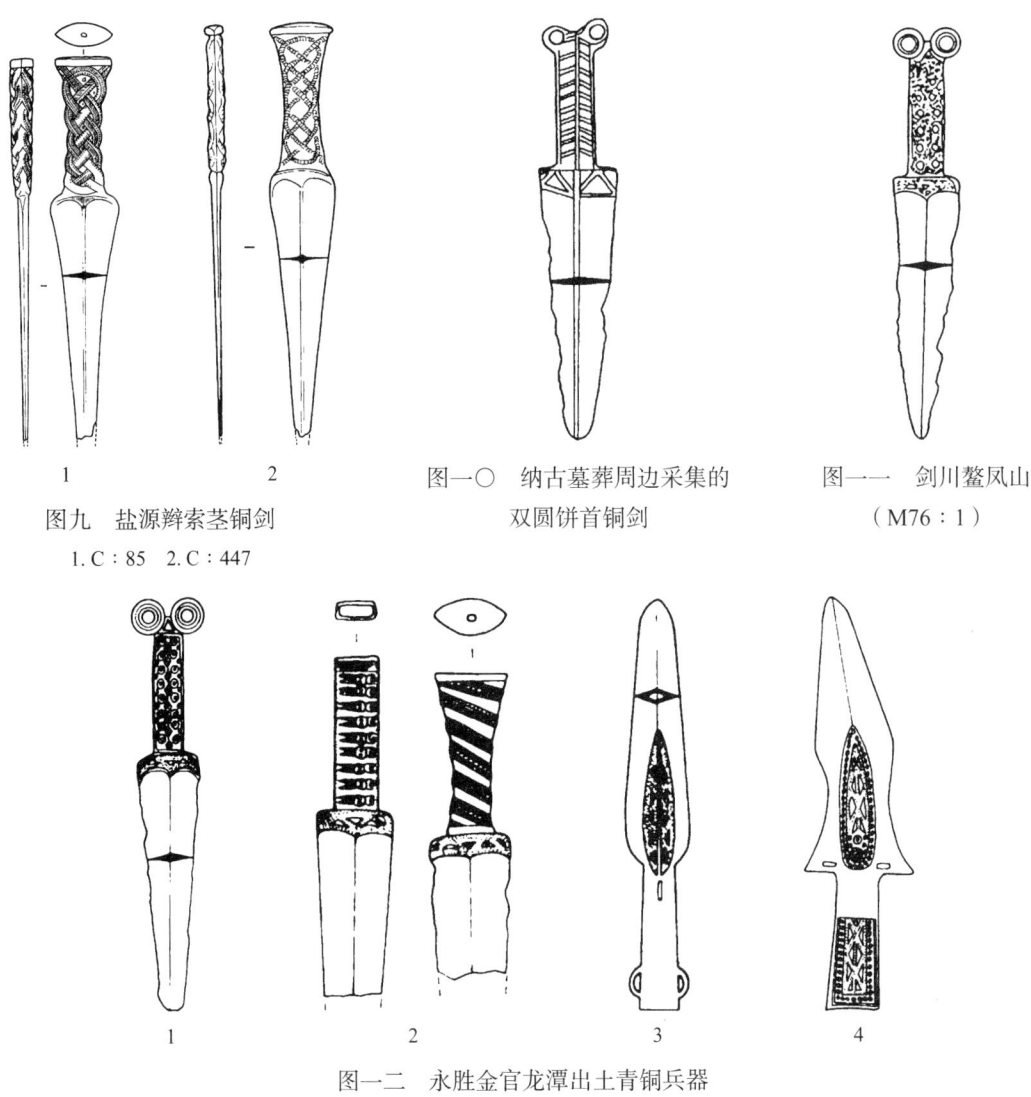

图九 盐源辫索茎铜剑
1. C∶85  2. C∶447

图一〇 纳古墓葬周边采集的双圆饼首铜剑

图一一 剑川鳌凤山（M76∶1）

图一二 永胜金官龙潭出土青铜兵器
1. 双圆饼首剑  2. 覃首剑  3. 矛  4. 戈

使用木制葬具。但是，双圆饼首剑不见于滇西的洱海地区，在这个地区主要流行三叉格剑。在滇西北金沙江上游地区也不是这种双圆饼首山字格剑的流行区域，虽然德钦纳古发现了形制较早的双圆饼首剑，可能是反映了中国西北氐羌系族群进入滇西北的迁移路线。盐源老龙头墓地、宁蒗大兴镇墓地和永胜金官龙潭墓地可能属于同一性质的考古学文化遗存。西喜马拉雅地区札达盆地发现的双圆饼首山字格剑与这种考古学文化遗存有关。

格林塘墓地清理了10座墓葬，大多数为土坑竖穴墓，还有2座穹隆顶洞室墓十分少见，其中之一就是出土双圆饼首山字格剑的M6（图一三）。这座墓葬由墓道、墓室和龛室组成，墓道位于墓室东部，呈斜坡状。墓室平面为圆弧角的方形，顶部呈穹隆状，东西长约2.4、南北宽约2.3、高1.5米。墓室北部有浅坑，长约1.6、宽约1.13、深约

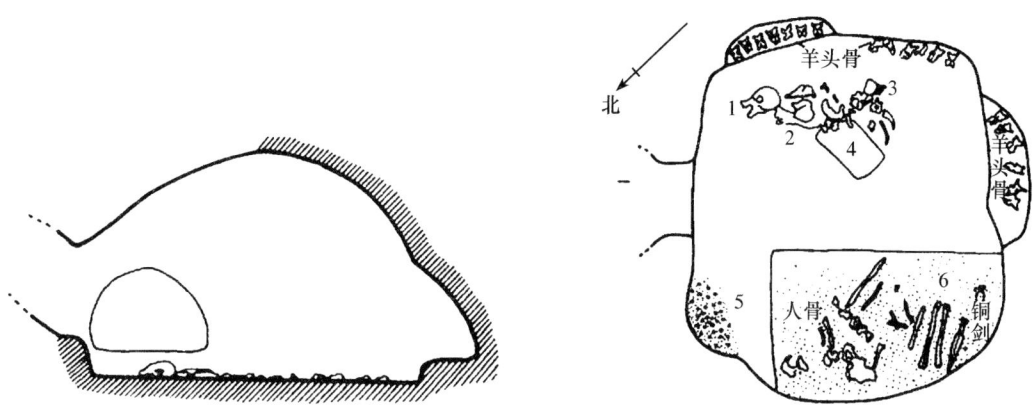

图一三　格林塘墓地M6

0.1米，内葬人骨和青铜剑。墓室南部放置随葬品，主要有长颈圜底罐、石镞和羊头骨等。在墓室东壁、南壁和西壁分别设置三个壁龛，东壁和南壁放置羊头骨，西壁放置植物种子。墓主人头东足西，侧身屈肢葬，下肢弯曲较大，人骨下面铺有一层朱砂。

根据格林塘M6出土木片的测年数据显示为距今2725～2170年，吕红亮将皮央•东嘎早期遗址的年代定为公元前500～前100年[18]，即战国至西汉时期。格林塘M5和M6两座穹隆顶洞室墓的墓葬形制和葬式完全相同，表现了与甘青地区的强烈联系。韩建业先生认为公元前2000年甘青地区的洞室墓有模仿当地窑洞式房屋的现象，并且流行侧身屈肢葬[19]。宁夏南部的菜园文化墓地[20]、甘肃兰州土谷台[21]和青海循化苏呼撒[22]等半山类型都流行穹隆顶或弧形顶的洞室墓，在宁夏隆德沙塘北塬遗址F7即为穹隆顶窑洞式建筑[23]。但是，在公元前500年的甘青地区流行仰身直肢葬和竖井式墓道的洞室墓，以宁夏南部的杨郎文化墓地[24]最具代表性。由此说明，格林塘墓地的族群与双圆饼首剑的源头可能共同来自于甘青地区，却是在不同的两个时期分别南迁的。

格林塘墓地出土的陶器流行侈口、长颈的圜底罐，设单鋬耳或双系环耳（图一四）。这种器物与雅砻江下游地区出土的双耳平底罐，显然是两个不同的文化系统。吕红亮指出这种陶器与尼泊尔穆斯塘北部的器物多有联系，如1999年在琼嘎F2006出土的两件长颈圜底罐（图一五），就认为"除了没有装器耳外，整体造型和皮央•东嘎的陶器非常相似"[25]。然而，两种类型的陶器明显不存在形制上的联系。甘肃永靖莲花台遗址[26]、青海民和山家头墓葬[27]的辛店文化莲花台类型都有双耳圜底罐。类似的器物在拉萨曲贡墓地也有较多的发现，曲贡遗址早期地层的6个$^{14}$C数据表明，年代在公元前1742～前930年[28]。辛店文化打破齐家文化，早于莲花台类型的张家咀类型绝对年代在公元前（1085±80）年[29]，说明莲花台类型与曲贡早期遗址的下限大致相同。这些考古材料也为讨论格林塘墓地的陶器类型来源提供了线索（图一六）。

象泉河上游的曲踏墓地Ⅰ区和Ⅱ区共发现八座侧身屈肢葬的洞室墓[30]，与格林

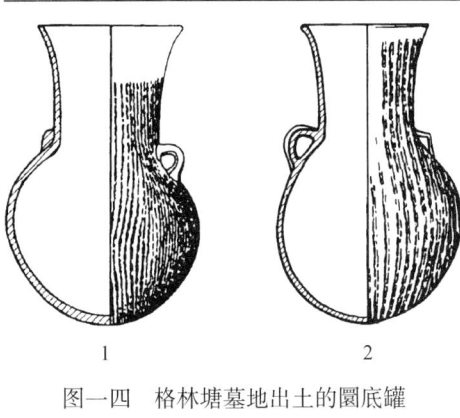

图一四　格林塘墓地出土的圜底罐
1. PGM5:1　2. PGM6:1

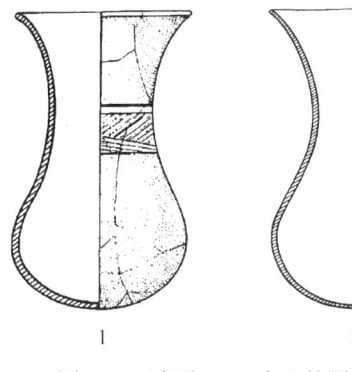

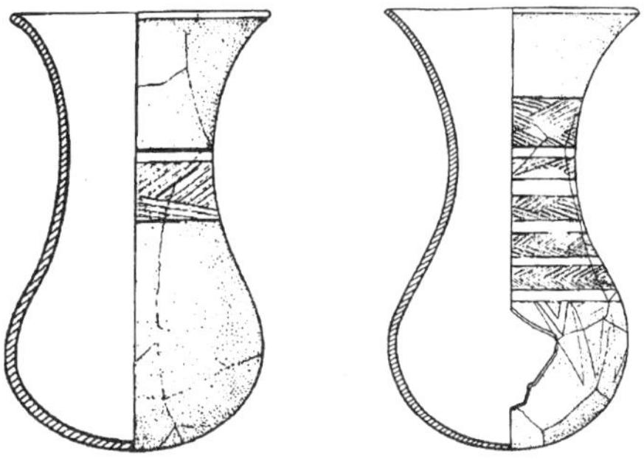

图一五　琼嘎F2006出土的圜底罐
1. F2006:2　2. F2006:5

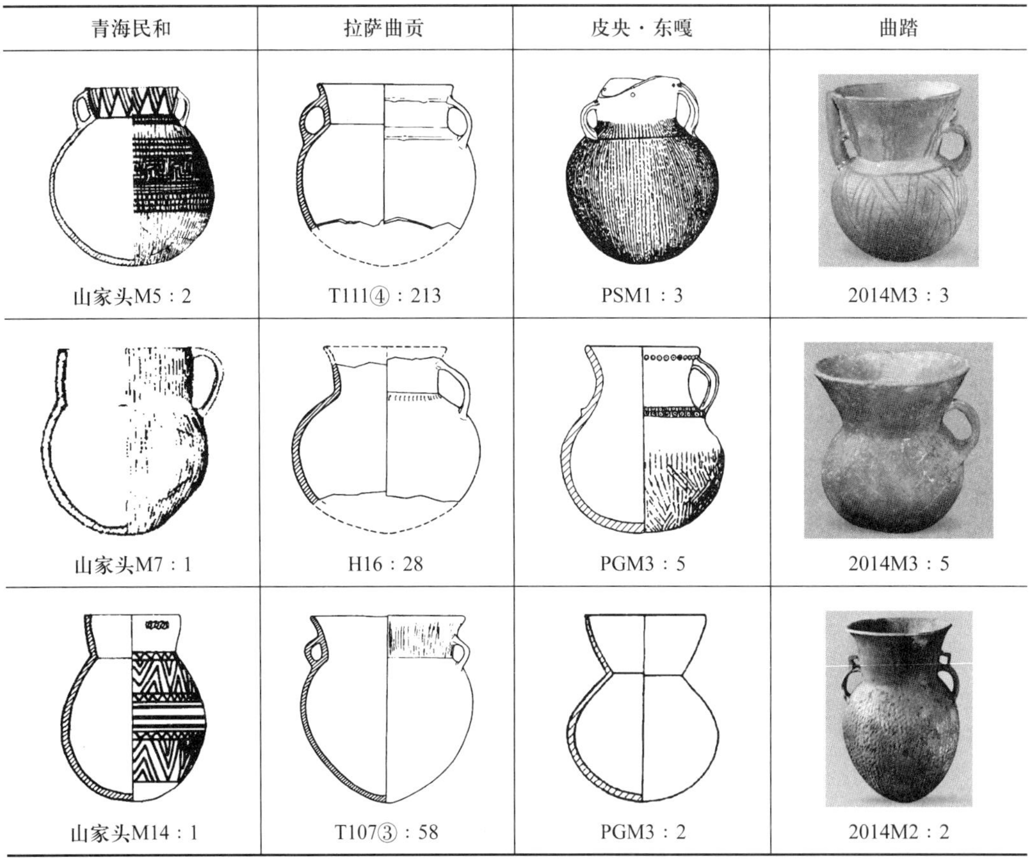

| 青海民和 | 拉萨曲贡 | 皮央·东嘎 | 曲踏 |
|---|---|---|---|
| 山家头M5:1 | T111④:213 | PSM1:3 | 2014M3:3 |
| 山家头M7:1 | H16:28 | PGM3:5 | 2014M3:5 |
| 山家头M14:1 | T107③:58 | PGM3:2 | 2014M2:2 |

图一六　甘青地区辛店文化与西藏出土陶器的比较

塘墓地的洞室墓有一定程度相似，比如都在墓室开设壁龛放置随葬品。但是曲踏墓地的洞室墓设有左右双墓室，要比格林塘墓葬的形制更加复杂，竖穴井式的墓道也表明时代偏晚。曲踏墓地Ⅱ区M3测年数据为公元前250年±25年，M5测年数据为公元前150年±25年，年代均晚于格林塘M6。曲踏墓地出土陶器装饰的斜线三角纹、

"回"字形纹和折线纹还见于曲贡早期遗址的同类纹饰，反映了两地文化特征的联系和延续。同时，从另一个侧面说明了雅砻江下游地区的双圆饼首剑应是途径拉萨，沿着雅鲁藏布江及其支流进入札达盆地，这是古代文化交流的重要通道。

川、滇、藏三省区一系列南北走向的山系、河流构成了北连黄土高原、南接云贵高原的天然走廊，即"藏彝走廊"。这是古代氐羌系南迁的重要通道，李星星先生通过实地考察提出有六条纵向的通道[31]。其中，自青藏高原通天河上游地区，在称多、结古一带沿雅砻江、金沙江两侧南下，进入大渡河流域，为古氐羌道。双圆饼首类型的兵器正是通过这个线路从甘青地区进入川西南、滇西北地区，因此在雅砻江下游地区分布的最为密集，并且发展成为区别于滇西洱海地区的一种考古学文化。另外，还有一条通道是自青藏高原唐古拉山北侧通天河草原地区，向东穿过金沙江、澜沧江上游河谷南下，沿着横断山北麓经由芒康、盐井一线入德钦，至丽江。这条通道至芒康、盐井西折边坝、太昭、墨竹工卡，沿着雅鲁藏布江经过拉萨、日喀则进入札达盆地，可能为皮央·东嘎遗址族群的南迁道路。

综上所述，格林塘墓地发现的双圆饼首铜剑与川滇雅砻江下游地区的考古学文化关系密切，年代不晚于战国时期。但是，墓葬又具有甘青地区较早的文化传统，陶器类型与辛店文化和拉萨曲贡遗址都有关联。由此说明，族群和兵器分别是两个不同历史时期南迁的结果。双圆饼首铜剑从雅砻江下游地区，沿着金沙江上游、雅鲁藏布江及其支流进入札达盆地的这条路线是古代文化交流的重要通道。西喜马拉雅地区与雅砻江下游地区的文化面貌差异较大，两地尚未发现更多物品交流的情况，贸易流通的可能性仍有待进一步研究。

## 注　释

[1]　四川大学历史文化学院考古学系、西藏自治区文物事业管理局：《皮央·东嘎遗址考古报告》，四川人民出版社，2008年，第217~219页。

[2]　霍巍：《试论西藏及西南地区出土的双圆饼形剑首青铜短剑》，《庆祝张忠培先生七十岁论文集》，科学出版社，2004年，第437~447页。

[3]　吕红亮：《西喜马拉雅地区早期墓葬研究》，《考古学报》2015年第1期。

[4]　内蒙古自治区文物考古研究所、宁城县辽中京博物馆：《小黑石沟——夏家店上层文化遗址发掘报告》，科学出版社，2009年。

[5]　承德地区文物保护管理所、滦平县文物保护管理所：《河北省滦平县梨树沟门墓群清理发掘简报》，《文物春秋》1994年第2期。

[6]　贺勇、刘建中：《河北怀来甘子堡发现的春秋墓群》，《文物春秋》1993年第2期。

[7]　张家口市文物事业管理处、宣化县文化馆：《河北宣化县小白阳墓地发掘报告》，《文物》1987年第5期。

[8] 北京市文物研究所：《军都山墓地——玉皇庙》，文物出版社，2007年。

[9] 杜正胜：《欧亚草原动物纹饰与中国北方民族之考察》，《历史语言研究所集刊》（第六十四本第二分册），1993年。

[10] 马强、乔国平：《宁夏固原地区出土春秋战国时期"触角式"青铜短剑初探》，《陕西历史博物馆馆刊》（第16辑），三秦出版社，2009年，第23页。

[11] 凉山彝族自治州博物馆、成都文物考古研究所：《老龙头墓地与盐源青铜器》，文物出版社，2009年。

[12] 同注[11]，第185页。

[13] 张新宁：《云南德钦纳古石棺墓》，《考古》1983年第3期。

[14] 阚勇：《剑川鳌凤山古墓发掘报告》，《考古学报》1990年第2期。

[15] 云南省博物馆文物工作队：《云南宁蒗大兴镇古墓葬》，《考古》1983年第2期。

[16] 易学钟：《云南永胜金官龙潭出土青铜器》，《云南文物》1986年第19期。

[17] 杨帆、万扬、胡长城：《云南考古（1979~2009）》，云南人民出版社，2010年，第211页。

[18] 同注[3]，第7页。

[19] 韩建业：《中国先秦洞室墓谱系初探》，《中国历史文物》2007年第4期，第18页。

[20] 宁夏文物研究所、中国历史博物馆考古部：《宁夏菜园——新石器时代遗址墓葬发掘报告》，科学出版社，2013年。

[21] 甘肃省博物馆：《兰州土谷台半山——马厂文化墓地》，《考古学报》1983年第2期。

[22] 青海省文物考古研究所：《青海循化苏呼撒墓地》，《考古学报》1994年第4期。

[23] 宁夏文物考古研究所：《宁夏隆德沙塘北塬遗址2013年发掘简报》，《文博》2017年第6期。

[24] 宁夏文物考古研究所：《宁夏固原杨郎青铜文化墓地》，《考古学报》1993年第1期。

[25] 同注[3]，第20页。

[26] 甘肃省文物工作队、北京大学考古系甘肃实习组：《甘肃临夏莲花台辛店文化墓葬发掘报告》，《文物》1988年第3期。

[27] 青海省文物管理处：《青海民和核桃庄山家头墓地清理简报》，《文物》1992年第11期。

[28] 中国社会科学院考古研究所：《拉萨曲贡》，中国大百科全书出版社，1999年。

[29] 中国社会科学院考古研究所：《中国考古学·两周卷》，中国大百科全书出版社，2004年，第506页。

[30] 中国社会科学院考古研究所、西藏自治区文物保护研究所、阿里地区文物局、札达县文物局：《西藏阿里地区故如甲木墓地和曲踏墓地》，《考古》2015年第7期。

[31] 李星星：《论藏彝走廊》，《藏彝走廊：历史与文化》，四川人民出版社，2005年。

# 西藏察雅县仁达摩崖石刻文

夏格旺堆

（西藏自治区文物保护研究所）

## 一、概　　况

察雅仁达（བྲག་གཡབ་རི་མདའ།）摩崖石刻文是仁达摩崖造像的组成部分，位于西藏自治区昌都地区察雅县香堆镇仁加村东北约1千米仁达拉康内的仁达崖壁上，南距香堆镇（ཤམས་མདུན་གྱོང་བདལ།）约25千米的俄欧曲（འོར་དུ་ཆུ།）中上游右岸（西北岸），西南距离察雅县城100千米左右。从香堆镇到仁达摩崖石刻地点修有简易狭窄的车路，但山路崎岖狭小，能通车的时间短，多数情况下，只能骑马或步行。1996年公布为第三批西藏自治区级文物保护单位，公布名称为"仁达摩崖造像"。

1983年，藏族史学家、察雅地方人尼玛多吉和他的妻子伊莉莎贝斯·贝尔那德拜谒造像并清理了铭文，认识到造像的重要性[1]。昌都地区文教局工作组于1984年对造像及题记做过调查。《察雅县简志》中对造像题材及题记有简要介绍，认为造像雕凿的是大日如来、八大随行弟子和二飞天；藏文题记三十一行，吐蕃字体，内容为《普贤行愿品》和造像的雕凿时间、缘起、工匠、目的等；汉文题记近八十字，内容为造像时间、工匠等[2]。《察雅县简志》对仁达摩崖造像种类和题材的界定在学术界得到了广泛的认同和沿用。1986年8月28日的《中国日报》上发表了关于仁达摩崖造像及题记的资料，认为造像表现的是"着冠佛像"和"八个人物"，记有造像尺寸，并明确指出了造像纪念"汉藏和盟"的重要历史意义。著名藏学家恰白·次旦平措于1988年在《中国藏学》创刊号上发表了造像藏文题记的全文及他的研究[3]。他认为藏文题记中的"猴年"为赤德松赞统治时期（798~815年）内唯一的猴年，即804年。同年，马林对恰白·次旦平措文中第一组和第二组藏文题记的录文进行了翻译并对第二组题记的相关内容进行了考证[4]，亦将"猴年"考定为804年。2006年，《中国美术分类全集·中国藏传佛教雕塑全集·石雕》（简称《石雕卷》）中[5]，收录了仁达摩崖造像照片4张，表现的是20世纪80~90年代初造像的保存状况及面貌。书中的图版二一为较早的拉康未重修时露天的主尊大日如来整体照，图版二二为稍晚时期拉康修好、造像重修补绘的大日如来与八大菩萨整体照，图版二三为重修彩绘后主尊右侧最下部的菩萨整体照，图版二四为重修彩绘后的大日如来狮座的右狮整体照，图版说明中将造像时代均注为"吐蕃时期（804年）"。

1992年，瑞士藏学家艾米·海勒依据仁达摩崖造像未经重装、露天时的照片对造像进行了研究，主要分析了造像的造型特征以及9世纪初吐蕃大日如来崇拜情况等。她认为藏文题记中出现的"猴年"可能为804年或816年。同时，她还根据谢·威廉姆斯的观点指出，题记中所谓的《普贤行愿品》部分实际上应为藏文典籍"《丹巴法王大乘经》基本部分的梗概"[6]。黎吉生在《吐蕃摩崖石刻的研究札记》一文认为猴年（译文为"狗年"，应误）"更像是816年"，主要依据有两点：①他根据新、旧《唐书》"吐蕃传"记载，认为赤德松赞活到了817年（译文中作"816"，当误），也就是说其在位的时间为804～817年；②他认为"首与唐会盟"指的是821～823年的唐蕃长庆会盟而非马林指出的"公元803年唐使薛伾出使吐蕃，就唐蕃守界问题同吐蕃初步交换意见，并未实际会盟"的情况，而且铭文中出现的"禅嘎云丹"在804年还不是主要大臣[7]。1997年，艾米·海勒在《公元8～10世纪东藏的佛教造像及摩崖石刻》一文中再次对仁达摩崖造像与题记做了简要分析，"猴年"后面括号内的注释则为816年[8]。可见，她后来更倾向于黎吉生的观点。

2009年，岩尾一史等人的《古藏文碑铭》中收录了仁达摩崖录文的第一、二组，但对藏文题刻进行的分组情况与其他学者的异较大，本来属于的两组文字划分成了三组[9]。2011年，巴桑旺堆先生著本《吐蕃碑文与摩崖石刻考证》中收录了此处摩崖石刻第一、二组文字，是以笔者提供的抄本和照片为基础，结合高瑞和恰白·次旦平措录文进行分析研究的[10]。

2009年6月下旬到7月中旬，由陕西省考古研究院、西藏自治区文物保护研究所、西北大学文化遗产学院组成的联合考古调查队对包括察雅仁达摩崖石刻在内的昌都地区芒康县、察雅县境内的6处吐蕃石刻造像进行了考古调查，以文字、线图、照相方式来做详细的记录是以往工作中所没有的。笔者作为此次工作的参与者，我们试着制作了仁达摩崖石刻文字拓片，但因崖面条件所限，没法制作完整的拓片。因仁达摩崖的内容以大日如来及八大菩萨为主，在其周围凿刻的古藏文也是说明造像时间、缘起、目的、工匠、历史背景及经文摘录，所以在此主要介绍摩崖石刻文字。

## 二、摩崖石刻现状

**1. 石刻现状**

仁达摩崖造像所在地为一处三角形山间河谷，三山围绕而成，三条山沟通往外界，两河在此交汇，沿西南侧山沟流走。仁达崖壁位于西山东面（图一；图版一一，

1)。仁达拉康依仁达崖壁而建,为二层藏式平顶建筑,由僧舍、厨房、佛堂三部分组成。石砌墙体,厚0.7~0.8米,土木屋顶。一层南部为厨房,东部和北部为柱廊,西部为佛堂的石砌基础和台阶;二层东部和北部为僧舍,西部为佛堂(图二)。

图一　仁达拉康及周围环境(2009年)

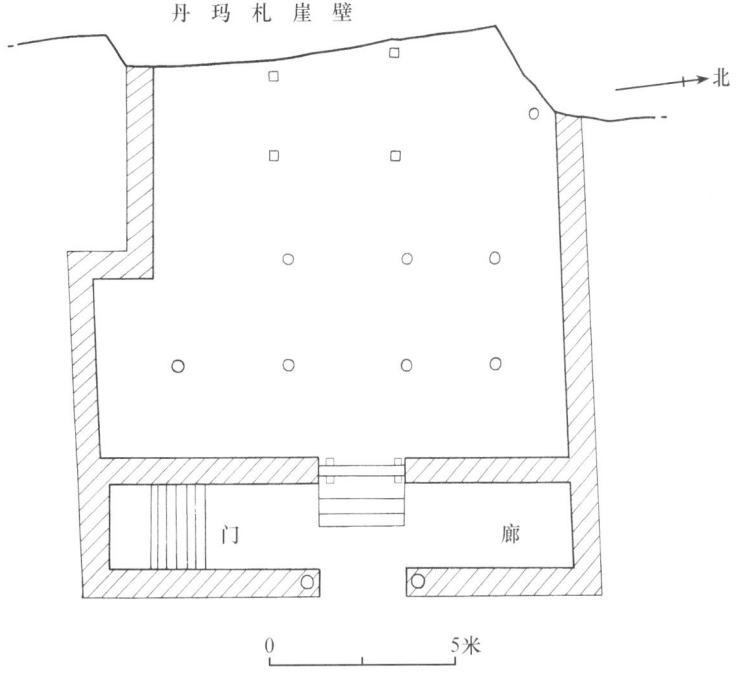

图二　仁达拉康佛堂平面图(2009年现状)

图三 丹玛札摩崖造像（2009年）

佛堂坐西面东，依坡势和崖面而建。前面为门廊，后面为佛堂。门廊宽2.2米，两侧各立一根直径0.34米的圆柱，柱两侧接矮墙。佛堂平面呈不规则长方形，门宽2.3米；南墙9.95、东南段向南伸出1.6米；北墙8.8米；西（后）壁9.2、西北拐角2.7米；东墙12.3米。堂内4排11柱，自东（外）而西（内）第一排为4根圆柱，柱间距2.3～3.15米，柱径0.24～0.32米。西北角崖面拐角处还有1柱，柱径0.24米。采光天窗位于佛堂中部偏后处。北壁绘壁画；南壁挂唐卡；西（后）壁为原始的仁达崖面，上浮雕大日如来和八大菩萨、二飞天、一龙王，并刻有三组藏文题记和一组汉文题记，第二组藏文题记斜下方1.2～1.9米处有一浅浮雕的龙王，通高0.9、最宽0.64米；东壁无绘画和装饰（图版一一，2）。

崖面的西壁即造像和藏汉文题记区域，呈中轴对称式布局。外围为一纵向长方形龛，纵长4.16、横宽3.56米。龛缘宽0.2米，内饰正反两破、二方连续式宝相莲花。大日如来所在的纵向长方形区域位于外龛中部，纵长4.16、横宽2、两侧与外龛内缘之间均为0.66米，自上而下雕刻1尊飞天及4尊菩萨像。大日如来头顶浅浮雕屋顶式宝盖。宝盖左侧上方有一月亮，右侧上方有一太阳。大日如来高浮雕，菩萨、飞天、龙王浅浮雕。造像衣纹、装饰等细节用阴线或浅浮雕刻划。题记阴线刻划，分布于造像的右侧及底部（图三、图四）。

**2. 造像题记**

仁达摩崖造像题记共计4组。其中，古藏文3组（附录），汉文1组。

（1）古藏文题记

第一组位于造像区域下方，4行（图五）；第二组位于第一组下方，且靠近左侧，10行；第三组位于造像区域右侧上方，18行，其下有一行后期朱砂写的六字真言，字体较大（图六；图版一一，3）。

如果按照内容分类，实际上，这里划分的第三组造像右侧上方的题记外，造像底部的题记也可分三个部分。第一组题记内容为《普贤行愿品》；第二部分内容讲述造像的年代、缘起、目的、工匠等；第三组告诫人们若虔心礼供此处造像与经文，则会往生转世于天界，反之，则永世堕入恶趣，并受法典惩戒。

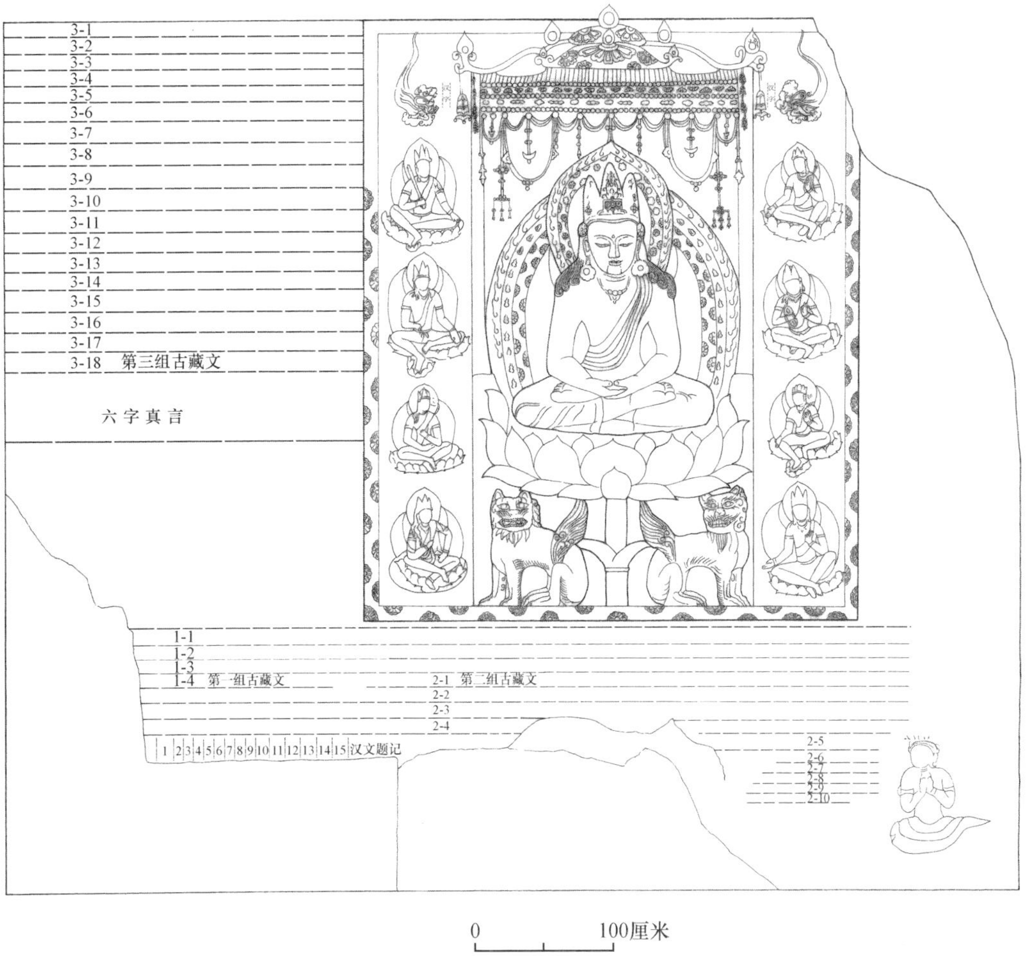

图四　丹玛札摩崖造像及题记

图五　丹玛札摩崖造像第一藏文题记局部拓片

图六　丹玛札摩崖造像第三组古藏文（2009年）

第一组共为3行半，接着为第二组的3行半，两组共有7行，连续书写于造像地面凹凸不平而粗糙的崖面上。第三组为第一、二组底部近中部的位置，崖面比其顶部要更加凹陷，共有5行文字。

因第一、二组是连续书写，所以将两个组放置一起，录文如下：

༡ ༄ །།དགའ་བའི་ཆོས་ཀྱི་མདོ་ནི། །སེམས་ཅན་ཐམས་ཅད་ལ་ཡང་། །སངས་རྒྱས་ཀྱི་རང་བཞིན་དུད་ཞིང་ཤེས་པའི་སེམས་རེ་རེ་ཡོད། །སེམས་དེ་ནི་མཁན་པོ་དང་སྐྱེ་ཀུན་ལ་བརྒྱུད་པ་ལ་ལས་ཀྱི་ལ་སྐྱེ་ཚོག་འདི་མཚན་གྱི་བརྗེད་པ་ནས་ཀུན་ལོད་ནས་ཡོད། །མཚར་ཀུན་ཤི་བའི་སྐྱིད་པར་ཡ་ད་སྐྱི་འགྱུར་རོ། །སེམས་དེས་དགེ་བ་རྒྱ་ཆེར་སྒྲུབ་དེ། །སེམས་ཅན་ཀུན་ལ་ཤེས་པ་དང་དགེ་བའི་ཆོས་ཀྱི་རྒྱུ།

༢ སེམས་རྣམས་པར་སྦྱང་བ་ན། །སངས་རྒྱས་དང་བྱང་ཆུབ་སེམས་དཔར་འཕེལ་བ་ནས། །སྐྱེ་བ་དང་ཀླུ་བ་དང་དོ་ལ་ལ་ཡར་དེ་བླ། །སྐྱེད་པའི་བདེ་སྐྱིད་པ་བཪྒྱ་བོར་རོ། །སེམས་དེས་ལེགས་ཤེས་འདུན་པར་བླུ་ད་ག་ཞ་ད་སྐྱིད་པའི་གནས་སུ་སྐྱིད། །ཕྱིན་པ་དང་གྱི་དགོན་པའི་ལས་ཆེས་སྐྱེད་པ་ན། ཕྱིན་ཡུལ་སེམས་ཅན་དགུལ་བ་ལས་སྟོབས་སུ་སྐྱེས་དེ་ཕྱག་བསལ་བའི་ཟད་དུ་ཉུན་དུ་འགྱུར་རོ། །དེ་བས་ན་བདག་གི།

༣ སེམས་ལ་བླ་ན་མྱེད་པའི་བྱང་ཆུབ་མཆོག་ཀུན་གྱི་ཡོད། སེམས་ཅན་དགུལ་བ་ནས་ཆད་ཀྱི་ཡོད་པ་ཡིན་ནོ། །དམ་པའི་ཆོས་ཀྱི་བདུད་རྩི་སྦྱིན་ན། སྨན་བསལ་ཐམས་ཅད་པར་བའི་མྱེད་པར་ཡུན་དུ་འབྱེད་སྐྱིད་པའི། གཞན་དུ་འཕྱོ་བའི་ཕྱིར་དེ་བས་ན་སེམས་ཐམས་ཅན་ལ་དམ་པའི་ཆོས་གཉིས་ཏེ། མ་མཆིས་པ་བྱུང་ངོ་། །མདོ་སྟོངས་པར་བྱད་དེ་བདག་དང་གཞན་གྱི་དོན་ཆུ་རོ་པོ་དང་། ཆེས་ག་ཅེན་ཆེན་པོ་གང་སྟེ་ཞིབ་དུ་དགེ་བ་འི་བཞེས་ཉེན་ལ་དྲིས་ཤིག། དམ་པའི་ཆོས།

༤ ཀྱི་ཡི་གི་ལ་ཡང་ཏོགས་ཤིག་དང་འོགས་དང་། །རྒྱུད་པར་འགྱུར་རོ། །༄༅། །།སྤྱིན་གྱི་ལོའི་དགྲ་བཞིན་བི་ཛེ་སྨོང་བསྐུར་གྱི་རིང་། །དགོན་སྟོང་ཆོས་དང་ཅན་སྟོང་གི་བཀའ་ཆེན་པོ་བཏགས་ནས། གཡར་གྱི་ཀྱ་གྲལ་ནན་ཅུང་གི་ཐབས་པས། ཇོ་མོ་མཚི་ཉེ་ཟ་ལེགས་མོ་བཙུན་ལ་སྩོགས་པ། ཇེས་འབངས་མང་མོ་ཞིག་ལར་པར་བགྱིས། བཀའ་ཆེན་པོ་ལ་གཏོགས་པའི་དགེ་སློང་ཡྲན་ཀོན་བུ་དང་སྟོ་དོན།

༥ དམ་དང་ཞན་འདིབ་བོ་བརྗུབ་རྣམས་དང་ནན་སློབ་དཔལ་སློབ་གི་སུམ་བཞིར་མདོ་བཙན་ལ་སྩོགས་པ་ཆབ་སྲིད་ལ་བཀའ་བཀའ་བགྱིས་ཏེ། རྒྱ་དང་མཆིམས་ཀྱི་མཆོད་ཐམས་ཅད་པའི་ལས་ལ་× མགར་པོ་པ་གོར་ཡེ་ཤེས་དབས་དང་། དགེ་སློང་སྤུ་ལོ་གཞན་ཏེ་དང་། གད་ནས་གད་སྟེ་དོ་དོ་དང་མ་ཚན་གྱིས། །བསྟན་པོ་ཡོངས་དང་སེམས་ཐམས་ཅད་ཀྱི་བསོད་ནམས་སུ།

༦ གཱུ་གཟུགས་དང་དང་འདི་རྣམས་བྱིས་ཏེ། །སྐྱིད་ཞལ་དུ་ནི་ཝོར་དུའི་གནས་བརྟགས། ཁང་མཚོགས་རབ་དང་། གཞི་བཟང་དཔལ་གྱི་འགྱིས། །ལག་དགོས་གི་བཞབ་སྒྲོན་ཞི་བྱད། དགེ་སློང་×× གསོར་བབ་ཨིན་དགས་ཆེན་བགྱིས། རོ་མག་སློང་། ཕྱུན་ལོགས་ཏོང་བྱེད་ཁ་ལ་དོར་ལེགས་སོ་དང་། སྲས་མ་འགས་དང་།

༧ རྒྱ་ཧུན་བོད་ཅོང་སྤྲད་དང་། ད་དོའི་རྗིད་རྣམས་ཀྱིས་བགྱིས་སོ།།༄།། འདི་ལ་རྗེས་སུ་ཡི་རང་བས་ཀྱིས། །བསོད་ནམས་མཉམ་པར་ཐོབ་བོ། །××ཡི་གི་དུག་ཀྱིས་ཡོངས་དང་དང་འབྲིས་×× ད་གོངས་ཏུ་ཡང་རྒྱ་ཆེར་བྱེད་སོ། ། ×× མགར་ནི་དགེ་སློང་རིན་རྫོ་རྗེས་སོ། ។

第三组共5行，录文如下。需要说明的是，巴桑旺堆著本中，下面5行文字也一起放置于第一、二组，共列出12行文字。

1. ༡། སྐུ་བླ་དང་། དར་མ་གཤིན་པ་འདིའ། །ཕྱག་འཚལ་ཞིང་མཆོད་པ།
2. ༢ ཕྱས་ན། རྗེ་བློན་པོ་ཆོས་འབྱུང་ཅིང་ཁྱི་ཡང་རྟག་ཏུ་སྐྱིད་དོ། །ཁ་དག་ནམ་རྒྱལ།
3. ༣ ཀ་ཕྱས་ན། །འཕྲུལ་དུ་ཡང་ནས་ལམ་སྐྱོགས་པ་ཞེས་ནས་ཆོགས་འཕྲུལ་ལ། །ཡུལ་དུ་ཡང་ན་×× དགུ་དུ་སྦྱང་ངོ་། །
4. ༤ བཀའ་ཁྲིམས་ལ་ཀུན་ཆོས་ལ་དགའ་དུ་ཕྱས་ན་ཡང་སྔུན་ཆུན་ཅན་ནས་བཅས་པ་དེ་གུན་ཞིང་བྱེད།
5. ༥ དེ་བས་ན་སུ་ཡང་ཕྱར་ཀ་དང་རྒྱལ་ཀ་མ་བྱེད་ཅིག ། །

（2）汉文题记

位于第一组藏文题记下方、造像区域右侧，自左向右竖书，内容亦为造像时间、缘由、工匠等，残存15列，每一列下部都有残损，原文字数已不可知（图七、图八）。

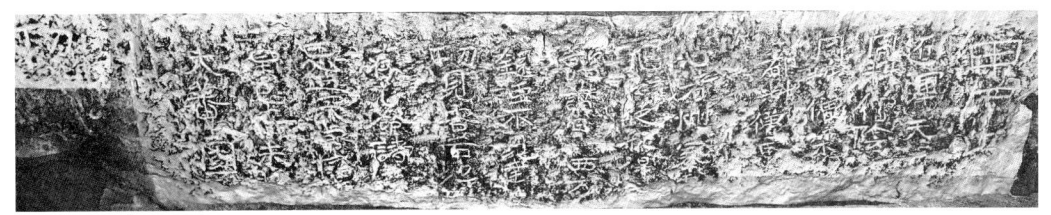

图七　丹玛札摩崖造像汉文题记拓片

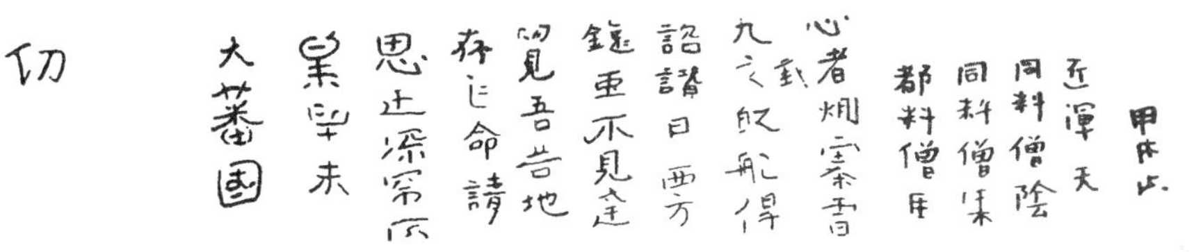

图八　丹玛札摩崖造像汉文题记

其中，能辨识的汉文有"甲申年""匠浑天""同料僧阴""大蕃国""都料僧"等。"同料僧阴"有点像是藏文的第7行最后一段出现的人物名"དགའ་བཟང་རིན་རྗེས"，而"匠浑天"像是藏文的第7行前头出现的第二人物名称"དུ་ཧིང་རྗེས"之"ཧིང་རྗེས"，至于是否如此，尚需翻阅大量唐代人物名称及其发音对应的资料，才能作进一步解答。

## 三、结　语

关于仁达摩崖造像的雕凿时代，黎吉生、艾米·海勒认为是816年，恰白·次旦平错、马林、巴桑旺堆等学者认为是804年。这两种观点的研究出发点均为第二组古藏文题记中的"猴年夏，赞普赤德松赞时"，只是由于对"赤德松赞"在位时期下限以及对"禅嘎云丹"这一历史人物的认识不同才导致了对"猴年"所指年份的不同认识。值得注意的是，这几位学者均未对汉文题记作分析。两位外国学者在其研究中甚至未见提及汉文题记。而2009年陕西省考古研究院、西藏文物保护研究所、西北大学组成的联合考古调查队调查后认为，汉文题记中的"甲申（岁）"这一纪年具有和"猴年夏，赞普赤德松赞时"同等的重要性。唐代干支纪年中，804为"甲申"，而公元816年为"丙申"。仁达摩崖造像的3组古藏文题记和1组汉文题记从雕刻技法、颜色、内容来看，无疑是同一时期为同一目的而雕凿的。因此，第二组藏文题记和汉文题记中的纪年所指也就无疑相同，而二者所指年代重合只能是804年，不可能是黎吉生等人认为的816年的猴年。石刻中存留的藏汉对应纪年，为我们提供了最有力的证据。

仁达摩崖石刻文是较为典型的摩崖造像题记，有别于工布雍仲增、洛扎门塘、底吾炯等利用自然大岩石或崖面来凿刻碑形以勒石述事。就此而论，这处藏文刻文，仅是造像的题记。

**附录：**

（1）༄༅། །དཀར་པའི་ཆོས་ཀྱི་མཛད་དེ། སེམས་ཅན་ཐམས་ཅད་ལ་ཡང་། གདུགས་རྒྱས་ཀྱི་རང་བཞིན་དུག་ཞིང་ཞེས་པའི་སེམས་པ་རེ་ཡོང་ དེ། སེམས་ནའི་ཉི་མ་འདོང་སྒྲུབ་ཀྱུང་ཁུས་པ་ལ་ལས་ཀྱུ་ལ་སྐྱེལ་ཐོག་མའི་མཛད་ཏི།① རྗེ་ནས་ཀྱུ་ཡོང་།② ནས་ཡོང་། །ཁར་ཀྱུན་ས།③ བའི་（ མ ）④ སྐྱེད་པར་ཡང་སྒྲིབ་ཀྱུར་རོ།⑤ །སེམས་དེས་དགོན་པ་རྒྱ་ཆེར་སྒྲུབ་ཏི། སེམས་ཅན་ཀུན་ལ་ལེགས་པ་ལ་ཞིང་⑥ དཀར་པའི་ཆོས་བྱིན་ཏ་བཞུ།

（2）སེམས་སྐྱམ་པར་སྤྱོད་པ་ལ་བ། གདགས་རྒྱད་དང་ཧྲུག་སེམས་པར་ཡང་།⑦ ནས་སྐྱེ་དང་རྒྱུད་དང་ ཞིག་ལས་ཀྱེན་བྱེད་ན་པའི་དེ⑧ སྐྱེ་བཅོན⑨ བོ། །སེམས་དེས་ལེགས་ཞེན་འདུན་པར⑩ སྡུག །ལྷ་དང་སྟོང་དག་ནས་སུ། སྐྱེན། ཁྱིག་དང་སྒྲི་དགོན་པའི་ལས་ཆེར་སྒྲུབ་པ། ཁྱིག་ཡུམ་སེམས་ཅན་དཔལ་ཡོན་རྒྱས་སྐྱོངས་ནི་སྦྱིག་ན་སྦྱུབ་པའི་ནད་རྒྱུད་བུད་འབོར་ར། དེ་བས་ནད་དག

（3）སེམས་བླ་ན་མེད་པའི་བྱང་ཆུབ་མས་བད་ཀྱུང་ཡོང་། སེམས་ཅན་དགའ་བའན（ཡན）⑪ ཅུད་ཀྱུ་ཡོང་འཡིན་རོ། དཀར་པའི་ཆོས་ཀྱི་བདུད་རྩི་ཆིང་

---

① 此处正确的写法应为"(རྒྱུ)"，但土呷原文中误抄为"(རྒྱུའི)"。马林和艾米·海勒的文中对其做了修订，采用（རྒྱུ）的正确写法。

② 笔者对实地的抄录中，此处文字当是"ཡོད་ནས་ཡོང་"。但土呷原文中认为是"ཡོད་ནས་ཡོང་"，恰白先生认为此处"ཡོད་ནས་ཡོང་"当是"ཡི་ནས་ཡོང་"。马林与土呷持同样观点，艾米引用了恰白先生的看法。

③ 土呷原文中写做"ཤིང་"，恰白先生和艾米与此相同。尽管马林与笔者的实地抄录"ཤི"相同，但原文的元音"ི"是反写"ུ"。

④ 此处"(མ)"为原题记文字，但仁达寺僧人每年用朱砂重新描绘原刻文时误写成了"ན"，上述其他引述者都采用了正确的写法"མ"。巴桑旺堆著文中，不见"མ"或"ན"。

⑤ 原文应为"ར"，与马林引用文字相同。但恰白和艾米采用吐呷抄本中的"ད"。

⑥ 笔者与恰白、艾米的抄本中为"ལེགས་པ་བྱས་ཞིང་"，但在马林中为"ལེགས་ལེགས་ཞིང་"。

⑦ 恰白文中将其写为"རྒྱུབ"，并在括弧中纠正为"རྒྱུར"。

⑧ 恰白、艾米与马林文中缺了"བདེན"中的后加字"ན"。

⑨ 恰白文中缺了"སྐྱེད་བཅོན"中的"བ"，马林、艾米文中与笔者的抄写相同，即"སྐྱེད་བ་བཅོན"。

⑩ 恰白、艾米文中将"འདུན་མ"的"འདུན"纠正为"འདིན"。马林文中为"འདུན་པར"。

⑪ 仁达拉康僧人用朱砂描绘成"ཡན"，括号中的"ཡན"为笔者的抄写。恰白、艾米原文中为"ཡན"，括号中纠正为"ཡན"。马林文中做"ཡན"。

ན།  ཕྱགལྦཞམསཅདལབརཔའིམཆོད (བྱེད)① དུ  ཡུནདུབདེ②  སྐྱིདཔའིནསྱུང (གུང)③  ཐོབཔའིཕྱིར④  དེབཞིནཤེགསུ ནཐམསཅད⑤  ལདཔའིཚོགསཆེསདེ།  མཆིགས་⑥ བྱེདདོ  ། མདོསྟོངཔརབད⑦  དེདགདངགཞནཡྱིནསྐྱདརྱིངཔོརད  ཆེད (ཆད)⑧ གའཆེནཔོརྟོགསའོ⑨ཞེསའདེདགའིའའིགཞེན⑩འདྱིས་ཤྱིག  །དགའའི⑪ ཆོས

（4） ཀྱྱིཡྱིགལཡངདགསགལགལབོལདུ  ༑ཀུདཔརའགྱུརཏོ⑫ །།༄༎ །སྦྲུག⑬ གིལོའིདབྱུར  བཙནཔོའིཞིལྔོང་  བཙནཔོལྷ་སྲསཀྱྱི་རྱིང་ལ། དགེའིསྦྱོང་ཆོས་དང་ཆབ་སྲྱིད་ཀྱི་བཀའི་ཆེན་པོ་བགྱིས་བཙན་ཕལ་ལགགསྟེ།  གཡེར་ཀྱི་བཀུགལབཀུམཤད་ཀྱི་བཞབསསྦོལ⑭  ཇོམོམཆྱིསྦྲུང⑮  ཤིགསམོབཙནལྷོནགསགས⑯ ༎པ།  རྗེལ⑰ འབངསམངཅོལྱིགཤར་པར་སྲོལ་བགའཆེནཔོལ།  གཏོགསཔའིདགེསྦྱོང་སྦུན་ཀ་ཡོན་ཏནདངསྟོདོརྟོ

（5）དས྄① དང་བློན་ཆེ་བཞེ་འབྲིང་ཞ྄ི② གཞུང་རས྄③ ཁགས྄་དང་ནང་བློན་དབས྄④ བློན་ཁྲི་སུམ་བཞེར྄⑤ མདོན་བཅན་ལ་རྩོགས་པ་ཆབ་སྲིད་ལ་བཀའ་སྩལ་ནས྄ རྒྱ་དང་མཇལ་དུས྄⑥ ཀྱི་མགོ་ནས་རྩམས་པའི་ཞལས྄ □⑦ མཁན་པོ་གོར྄⑧ ཡེ་ཤེས་དབྱངས་དང་། དགེ་འདུན་སྟག་ལོག་ཟན་ད྄ེ⑨ དང་ གག་ནམ་ཀའི⑩

———————

① 崖面上将 "དས྄" 字中的 "ད" 字，写的像 "ང"，其底部笔画不是很长。所以笔者于2009年的录文中，将其抄成了 "ངས྄"。但，原文应当为 "དས྄"。

② 恰白1988年藏文论文录文中，将 "ཞ྄ི" 写成了 "ཁྲ྄ི"。其后出版的两个文集中，也依从了 "ཁྲ྄ི"。但在恰白文章的汉译拉丁转写中，写作 "khri"。艾米文中，对她所参考的恰白录文的 "ཁྲ྄ི" 的写法，在括号中做了纠正为 "khri"。马林录文中写作 "ཁྲི"。凡写作 "ཁྲི" 者近原文，但其元音 "◌ི" 为反写。另外，"འབྲིང་" 字写法为崖面原文，但在恰白、艾米文中皆为 "འབྲོང་"，漏写了后加字 "ང"。马林录文中，写法正确。

③ 崖面上文字为 "རས྄"，因其上用朱砂涂成 "ང" 字，笔者最初抄录中也写成了 "ངས྄"。恰白文中误写成了 "དས྄"，并在括号中更正为 "རས྄"。但再次仔细观察后，的确可以判定正确的写法为 "རས྄"。马林、聂贡·贡觉才旦、巴桑旺堆录文皆为 "རས྄"。

④ 2009年笔者在实地抄录时，根据仁达拉康僧人朱砂涂绘的笔画，将 "དབས྄" 字当成了 "དང་ལས྄"，根据2014年的高清扫描图像再次确认时，僧人涂绘的笔画是错误的，其正确的文字当为 "དབས྄"。恰白、马林、艾米等人录文中，没能认读 "དབས྄" 字，用 "□" 来表示不能认读。但在聂贡·贡觉才旦的录文中正确地认读为 "ད[བ]ས྄"，后来巴桑旺堆依从之。今笔者也认为此处即为 "དབས྄" 字。

⑤ 此处 "ཁྲི་སུམ་བཞེར྄" 一段文字中，马林文中将 "ཁྲི" 的元音反写 "◌ི"，写成了顺写元音 "ཁྲི"。恰白、马林、艾米文中，将 "བཞེར྄" 写成了 "བཞེར྄"。2009年，笔者在实地抄录时，因仁达拉康僧人在 "བཞེར྄" 字上面朱砂涂绘误写成了 "བཞེར྄"，当时笔者也抄成了 "བཞེར྄"。聂贡·贡觉才旦1995年和2001年出版的书中，均正确抄录为 "ཁྲི་སུམ་བཞེར྄"。巴桑旺堆依从聂贡·贡觉才旦录文。今再次核对高清扫描照片，笔者也依从聂贡·贡觉才旦录文。

⑥ 恰白1988年藏文录文中写作 "དུས྄"，并在括号内更正为 "དུས྄"，而在1993年出版的文集中，括号内更正为 "དུས྄"。马林、聂贡·贡觉才旦录文中正确抄录为 "དུས྄"。2009年，笔者在实地抄录时，根据仁达拉康僧人朱砂涂绘的文字笔画，也抄录为 "དུས྄"，所以可以估计的是恰白采纳的由昌都地区文化局土呷先生抄录的录文中写作 "དུས྄"，有可能也是根据朱砂涂绘笔画。卡岗·扎西才让主编的《藏族古文献研究》中收录的文章因是1988年藏文论文，所以尽管这部书的出版时间是2003年，但也没有被更正为 "དུས྄" 字。

⑦ 此处似是有文字，但不清楚，所以用符号 "□" 来表示。

⑧ 恰白、马林文中误抄为 "མཁན་པོ་དགོར྄"，艾米从之。聂贡·贡觉才旦、巴桑旺堆2011年著作及笔者2009年的抄录皆为 "མཁན་པོ་དགོར྄"。但后经仔细对照高清数码照片，2014年底，笔者承担的国家社科基金项目《吐蕃碑刻铭文考古调查与研究》的待刊结项报告中，正确释读为 "མཁན་པོ་པ་གོར྄"。2017年，巴桑旺堆先生在撰写的《关于仁达吐蕃摩崖石刻的几个问题——仁达吐蕃摩崖石刻实地考察心得》一文（刊载于《中国藏学》2017年第2期）中，首次向学界纠正了多年以来对 "པ་གོར྄"（巴廓）一词的误录。

⑨ 聂贡·贡觉才旦将抄录为 "སྟག་ལོག་ཟན་ད྄ེ"，并将 "ལོག་ཟན་ད྄ེ" 更正为 "ཡོན་ཏན་སྡ྄ེ"，这一更正与崖面文字有极大相差。另外需指出的是，如何将 "སྟག་ལོག་ཟན་ད྄ེ" 断句方面存在不同意见。由于 "སྟག་ལོག་ཟན་ད྄ེ" 这句在崖面上乍看时，"ལོག" 与 "ཟན" 之间的隔字符像是不清楚，所以恰白、马林、艾米、巴桑旺堆将其抄录为 "སྟག་ལོག་ཟན་ད྄ེ"。尽管这是人名，但其中的 "སྟག་ལོག" 和 "སྟག་ལོག" 的含义完全不同。"སྟག་ལོ" 为 "虎年"之意，而 "སྟག་ལོག" 有 "回归之虎" 或 "叛逆之虎"等含义。笔者利用2014年的高清扫描照片再次确认时，崖面上的文字当为 "སྟག་ལོག་ཟན་ད྄ེ" 无疑。所以，1995年，聂贡·贡觉才旦公布的抄录是正确的。

⑩ 以往所有版本的抄录中，此处将 "གག་ནམ་ཀའི" 抄录为 "གད་ནམ་ཀའི"。但是，笔者根据2014年的高清扫描照片，此处正确的文字为 "གག་ནམ་ཀའི"。作为人名。完整的原文为 "གག་ནམ་ཀའི་སྙིང་པོ་དབྱངས྄"。

སྟེང་པོ་དབང་བས་ཀྱིས། །བཙན་པོའི① སྐུ་ཡོན② དང་སེམས་ཅན་ཐམས་ཅད་ཀྱི་བསོད་ནམས་སུ།

（6）ཀླུག་རྒྱགས་དང་[དར]མ③ འདི་རྣམས་བྱིས་ཏེ། བྲིའི་ཞལ④ དཔ་རྡོ་ཨོར་དུའི⑤ གནས་བཙན་ རྐང་མཆོག་པ་དང་། གཟི⑦ བཟང་པོ་དཔལ་གྱི

---

① 恰白1988年藏文录文中，将"བཙན་པོའི་"抄成了"བཅན་པོའི་"，其中"བཅན་"和"པོའི"的元音"ི"与原文不符。此篇汉译文中抄对了"btsan"，但"povi"的元音"i"不是反写，与原文不符。但此篇文章收录于1993年的文集时，又作"བཙན་པོའི"，肯定是后来做的"修订"，但与原文不符。艾米文中，对恰白1988年的藏文论文中"བཙན་"做了正确饿修正为"བཙན་"，但"པོའི"的后加字元音仍为顺写，不是反写"ི"。马林文中抄录为"བཙན་པོའི་"，其中"པོའི་"的后加字元音字母与艾米相同，没有抄对。仅聂贡·贡觉才旦的录文与崖面文字相符。

② 恰白1988年藏文论文中写作"སྐུ་མོན"，其中"མོན་"当为"ཡོན"。此篇的1988年汉译稿中，也被正确地抄录为"sku yon"。艾米文中，对"མོན"做了正确的纠正。其他几个版本的抄录与崖面一致。

③ 因此处"[དར]མ"二字在崖面上不是很清楚，括号内其填补工作由聂贡·贡觉才旦完成。马林录文中，此处抄录为"□□མ"，其中，"མ"前面的文字用方框符号表示不能认读。仁达拉康僧人对此处文字朱砂涂绘笔画的文字为"སྨོན་ལམ"。恰白、艾米及笔者于2009年抄录的文本皆为"སྨོན་ལམ"。今再次审查照片，笔者同意聂贡·贡觉才旦的意见，即此处正确文字当为"དརམ"。巴桑旺堆2011年著本中赞同聂贡·贡觉才旦的意见。

④ 恰白1988年藏文论文中，此处写作"ཞིང"，并在括号中更正为"ཞལ"，显然前者录文是土呷抄录的原文。此篇文章的汉译与此相同。但在1993年的文集中，估计是印刷的错误，将"ཞིང"写成了"ཞལ"，更正内容与前文相同。马林文中写作"ཞིང"，未见更正。艾米录文依从恰白录文。聂贡·贡觉才旦、巴桑旺堆与笔者录文与崖面文字相符。

⑤ 马林、聂贡·贡觉才旦、巴桑旺堆录文中，将"ཨོར་དུའི"写成了"ཨོར་དུའི"，与崖面原文不符。恰白录文写作"ཨོར་དུའི"，与原文一致，艾米从之，并在括号中更正为"ཨོར་དུ"。根据笔者考察，"ཨོར་དུ"是地名，从其他文献记载看，从仁达向南流过，至香堆镇范围的"俄欧曲"河流范围的区域，被称为"ཨོར་དུ"（俄欧）。香堆镇香堆拉康内的石雕弥勒像（实际为大日如来像），被当地早期文献记录为"俄欧弥勒"（ཨོར་དུའི་བྱམས་པ）。另外，需要说明的是，巴桑旺堆2011年著本的注解34中说，"ཨོར་དུའི"的抄录文是"根据夏格旺堆录文而为"。不过，笔者为巴桑旺堆老师提供的手抄本中写的是"ཨོར་དུའི"。对于"俄欧"地名，艾米根据留居海外并出生于察雅本地的学者尼玛多吉提供的信息做注解说，"俄欧"是8世纪时期，吐蕃翻译家白若匝那（Vairocana）翻译《阳光狮子注疏》（Nyi-vod seng-ge）和《本续秘密心要》（rGyud gSang-bavi snying-po）地方，位于南部康区地界内。

⑥ 崖面文字"བཙན"之后没有长隔字符"།"，但在恰白录文及2009年仁达拉康僧人朱砂涂绘笔画中写了长隔字符。

⑦ 恰白1988年藏文论文、1993年文集录文中，将"གཟི"均写作"གཟི"，艾米从之，与原文不符。但这篇文章的1988年汉译文中作"gzi"，与原文基本一致，只是元音字母"i"是顺写，不是反写。巴桑旺堆录文中将"གཟི"的元音字母"ི"写成了顺写"ི"。马林、聂贡·贡觉才旦及笔者与原文一致。

ས་བགྲིས། །ལག་①དཔོ་ནི་②དཔོ་ནི་③ཞེ་□འི་④དགོ་སློང་⑤ □□□□□□ད་⑥གསོང་པབ་ཤན་⑦དང་ཨེ་ནད་མཨེ་མ་⑧བགྲིས། རོ་མཁན་ནི་⑨ཡུལ་སིག་ཤག་བྱེད་ཁབ་⑩དང་། བོད་ལགས་གོང་⑪དང་། ཕུམ་མ་གས་དང་།

（7）རྒྱ་ཧུན་བོད་ཅེང་སླང་⑫དང་། དུ་ཧོ་འཇིན་རྣམས་ཀྱིས་བགྲིས་སོ། །འདི་ལ་ཟེས་སུ་རང་⑬བས་ཀྱང་། བསོང་ནམས་མཐའ་པར་ཐོབའོ། །༢

---

① 恰白1988年藏汉文、1993年藏文文集录文、马林、艾米录文中，将"ལག"写作"ལས"，与原文不符。聂贡·贡觉才旦、巴桑旺堆及笔者录文为"ལག"，与崖面原文一致。

② 恰白1988年藏文论文、1993年文集中的录文缺了"ནི་"字，用"□"来表示不能认读。但在其1988年的汉译文中抄录有"ni"字，尽管元音"i"字不是反写。马林、聂贡·贡觉才旦、巴桑旺堆均抄录有"ནི་"字。

③ 此处"སློང་"和"ཞེ"之间的间隔很大，可能因为这里的间隔空间底部刚好为一处不小的"岩窝"，没法在同一水平高度的文字行中刻字。

④ 此处"ཞེ□འི་"中，"འི་"前面的文字在崖面上并不清楚，所以笔者用"□"来表示。恰白1988年藏文录文、1993年文集、马林录文和艾米录文写作"ཞེ་ཧའི་"。聂贡·贡觉才旦录文中增补"ཞེ་"后完整录文为"ཞེ་ཧའི་"。巴桑旺堆录文中为"ཞེ་ཧའི་"。尽管笔者此处录文采取了"ཞེ□འི་"，但还是倾向于"ཞེ་ཧའི་"的意见。

⑤ 聂贡·贡觉才旦录文中，不见"སློང་"字，将其置于不能认读的内容。

⑥ 在"གསོང"之前，仅在聂贡·贡觉才旦录文中抄录有一个字，为"ད"。笔者在"ད"前面为不能认读的文字。

⑦ 此处"གསོང་པབ་ཤན་"在恰白1988年藏文录文中写作"གསེང་པབ་ཤིན་"，艾米从之。此篇文章的汉译本中作"gsong pab shin"（གསེང་པབ་ཞིན་），但在1993年文集中作"གསོང་པབ་ཤིན་"。马林录文作"གསོང་པབ་ཤིད་"。聂贡·贡觉才旦录文作"གསོང་པབ་ཤེན་"，并将"པབ"更正为"རབ"。巴桑旺堆著本认为是"གསོང་པབ་ཤིན་"。笔者于2009年录文中写作"གསོང་པབ་བཤན་"，但今再次审查2014年高清扫描照片，当为"གསོང་པབ་ཤན་"。

⑧ 恰白1988年藏文录文作"ཨེན་དན་ཨེམ"，艾米从之。同年发表的汉译文、1993年文集、马林录文中作"ཨེན་དམ་ཨེམ"。聂贡·贡觉才旦、巴桑旺堆和笔者录文和崖面原文一致。

⑨ 此处"རོ་མཁན་ནི་"在恰白1988年藏文论文中作"རོ་མཁན་□།"，并在括号中更正为"རོ་མཁན་□།"，"ནི"字没能认读，艾米从之。而在1993年的文集中作"རོ་(རོ་)མཁན་ནི་"。马林录文为"རོ་མཁན་ནི།"，与巴桑旺堆录文相同；聂贡·贡觉才旦录文做"[རོ་]མཁན་ནི་"。世纪崖面文字为"རོ་མཁན་ནི།"，需强调的是"ནི།"字后面有一个短点隔字符和一个长隔字符"ནི།"。

⑩ 恰白1988年藏文录文作"ཡུགས་གི་ཤག་ཁབ"，艾米录文依从之；同年发表的汉译稿为"ཡུགས་གི་ཤག་བྱེད་ཁབ"，马林录文与此相同；而收录于1993年文集的录文为"ཡུལ་ཤིག་ཤག་ཁབ"。聂贡·贡觉才旦录文作"ཡུལ་ཤི་ཤག་ཁབ"，巴桑旺堆从之，但两个版本的著书中，漏写了"ཤག"一词的前置字"ག"而写成了"ཤག"。根据笔者2009年现场的观察及2014年高清扫描照片，岩面原文当为"ཡུལ་ཤི་ཤག་བྱེད་ཁབ"。

⑪ 恰白1988年录文中按土呷原文录文作"བོད་ལགས་གོང"，但在括号内将"ལགས་གོང"纠正为"ལེགས་གོང"，艾米录文与恰白录文相同；同年发表的汉译稿文章亦如此，但1993年出版的文集中写作"ལགས་གོང"并将其纠正为"ལེགས་གོང"。马林1988年文中作"བོད་ལགས་གོང"，未见纠正内容。聂贡·贡觉才旦1995年录文作"བོད་ལགས་གོང"，与崖面原文一致，巴桑旺堆和笔者从之。

⑫ 恰白1988年藏文录文中作"ཧུན་བོད་ཅེང་སླང་"，但在括号内将"ཅེང་སླང"纠正为"ཅེང་སྡང"，同年发表的汉译稿、1993年出版的文集均与此相同，艾米与此相同。马林1988年录文作"ཧུན་བོད་ཅེང་ཡང་"。聂贡·贡觉才旦录文作"ཧུན་བོད་ཅེང་སྡང་"，似是吸纳了恰白纠正的意见。从崖面原文看，"ཅེང་སླང"一词的两个"ང"或"ད"的后加字本身的确不好认，书写壁画不好确定是"ང"或"ད"。所以，笔者暂且作"ཧུན་བོད་ཅེང་སླང་"。

⑬ 恰白1988年藏文原文中作"ཡི་རེང་"，当为土呷抄录原文，在括号内纠正为"ཡི་རང་"，同年发表的汉译稿和1993年文集中收录的录文与此相同。马林录文与恰白1988年藏文录文一致，但不见在括号内纠正的写法。聂贡·贡觉才旦、巴桑旺堆和笔者与崖面原文一致。

|ཡི་ཞེ①་དབུགས་ཀྱིས་ཡོལ་②དང་སྟོང་③་དང་འབོམ་དང་ཞེད་་□འབོའུ་དུ④་ཡང་རྒྱ་ཆེར་བྱས་སོ། །རྫོ་མཁན⑤་ཉིདག་སྟོང་རིང་རྫོ་རྗེས⑥

位于造像造像最左下角、地方神"鲁·米衮噶波（Klu Mi mgon dkar po）"右侧的题记：

（1）༄༅། །སྐུ་བླ་དང་། དར་མ་⑦ གཉན་པོ་འདི་ལ། ཕྱགའཚལཞིང⑧ མཆོད་པ་

（2）བྱས་ན། རྫོསྨོན་ཏོ་ཚོག⑨ འགྲུབ་ཅིང་ཚེ་ཕྱི་མ་ཡང་སྤྱུལ་ཏུ་སྨྲོན⑩ །ཁ་ནང་⑪ ནས་རྒྱལ་

（3）ག་བྱས་ན། འཕལ་དུ་ཡང་ནམས་སྟོགས་པ། ཞེས་པ་སྨྲ་ཚོགས་འདུལ་པ། །ཡུན་དུ་ཡང་ན་དག⑫ དུ་ལྱུང⑬་དོ། །

（4）བགད་ཁྲིམས་ལས་ཀྱིང་ཚོས་ལ་དན་དུ⑭ བྱས་ན་ཡང་སྐྱེལ་སྐྱེན⑮ ཚོར་ཅད་ནས་བཅེད⑯ གུན⑰ ཞེད་པ་བྱེད། ⑱

---

① 恰白1988年藏文论文、1993年文集录文，以及马林录文为"ཡི་ཞེས"。聂贡·贡觉才旦、巴桑旺堆录文与崖面文字一致。

② 聂贡·贡觉才旦录文中对"ཡོལ"一字，在括号内做出了可能为"ཡུལ"的推断。

③ 恰白和马林录文中不见"སྟོང"字，当为漏写。聂贡·贡觉才旦、巴桑旺堆录文与崖面原文一致。

④ 除了巴桑旺堆录文，其他的录文中将"ུ"写成了"ུ"。

⑤ 崖面上"མཁན"前面的文字有些模糊不清，但隐约可见元音字母"ོ"来看，此处当为"རྫོ་མཁན"，所以笔者补写了"རྫོ"字。恰白1988年藏文录文中作"མཁན"，1993年文集录文作"མཁེན"。马林录文中作"□མཁན"。聂贡·贡觉才旦文中在"མཁན"之前括号内补写了推测的"ཡི་གི"二字。

⑥ 恰白1988年、1993年录文，马林录文中作"རྗེས"，在"རྗེས"文后为长隔字符。聂贡·贡觉才旦文作"རྗེས[སོ]། །"。但字崖面上可以辨认的文字仅为"རྗེས"，既没有长隔字符，也不见"སོ།"。

⑦ 恰白1988年录文作"དང་མ"，但1993年录文中作"དར་མ"。

⑧ 马林录文中，将"ཞིང"写作"ཞང"。

⑨ 马林录文中"རྫོསྨོན་ཏོ་ཚོག"写成了"རྫི་སྨྲོད་ཚོག"，未能正确抄录。聂贡·贡觉才旦录文作"རྫོསྨོན་ཏོ་ཚོག"，将"ཚོག"写成了"ཚོག"。

⑩ 聂贡·贡觉才旦和巴桑旺堆认为此处"ཁ་ནང"为"ཁ་དང"。

⑪ 恰白1988年藏文录文将"རྒྱལ"误写成"རྒྱད"，但收录于1993年文集的录文中写对为"རྒྱལ"。

⑫ 恰白1988年藏文文章、1993年文集的录文作"དག"，但在括号内推测作"དན"。聂贡·贡觉才旦1995年、2001年著本中作"□ག"，仅认读了"ག"。巴桑旺堆作"དག"，笔者从之。但需要说明的是，"དག"字中的"ད"字特征没那么明显，酷似"ང"字，所以笔者也保留此处有可能为"ངག"的可能性意见。

⑬ 马林录文、聂贡·贡觉才旦录文作"ལྱུང"。

⑭ 恰白1988年藏文录文中将"ཧུ"作"ཧུ"，是在方框内补写推测的；而1993年文集中的录文直接写作"ཧུ"。马林录文中未能识读，用"□"替补。聂贡·贡觉才旦录文作"ཧུ"，但在括号内推测为"དབས་དག"。巴桑旺堆录文同作"ཧུ"，笔者也暂从之。需要说明的是，在崖面上，此处"ཧུ"字特征不明显，现仁达拉康僧人用朱砂涂绘的文字也是"ཧུ"。

⑮ 聂贡·贡觉才旦录文中作"སྐྱེན"，并在括号内纠正为"སྐྱེན"。

⑯ 恰白1988年藏文录文、1993年文集录文将"བཅེད"作"བཅད"。马林录文中未能识读，用方框补缺。聂贡录文作"བཅེད"，并在括号内纠正为"བཅས་པ་དེ"。巴桑旺堆录文作"བཅས"。笔者以为此处为"བཅེད"，但并不十分确定。

⑰ 恰白1988年录文、1993年文集录文作"གུན"，与目前仁达拉康僧人朱砂涂绘的文字一致。马林录文未能认读，用方框替补。聂贡录文作"གུན"，但在括号内纠正为"གུན"，巴桑旺堆和笔者从之。

⑱ 恰白文中将"བྱེད"皆作"བྱེད་དོ"。

（5）དེ་བས་ན་སུ་ཡང་ཕྱིར་ཀ་དང་རྒྱལ་ཀ་མ་བྱེད་ཅིག །།

སྐྱེ་ལོ་༢༠༠༧ བོད་ཟླ་༤ པའི་ཚེས། ཉིན་འདང་མི་ཡར་རྒན་དབང་འདུས་ཀྱིས་འད་བཤུས་བྱས་པ་དགོའོ།།

依笔者所见，仁达摩崖造像底部藏文题记录文及其研究者有昌都地区文化局土呷先生、恰白·次旦平措、马林、艾米·海勒、聂贡贡觉才旦、巴桑旺堆及笔者等人。就录文版本而言，土呷先生、恰白·次旦平措、马林、艾米·海勒可以看作是同一个版本，暂且称作"第一版"及其延伸。但在录文具体内容方面又略有不同。他们几位的录文为土呷先生提供的录文作为基础，结合自己的研究而形成的。"第二版"为聂贡·贡觉才旦先生录文，尽管也有可能以土呷先生录文作为基础而形成，但其中有许多内容是与上述几位有较大区别。"第三版"是巴桑旺堆先生的录文，这个版本是上述所有录文及笔者提供的原文录文作为基础形成。"第四版"是笔者的此篇录文，这个版本是实地抄录、后期高清照片及与上述所有录文作比较后形成的一个新的版本。

仁达摩崖造像底部录文及其研究相关的文献如下：

[1] 恰白·次旦平措：བཙན་པོའི་དུས་ཀྱི་བྲག་བརྐོས་ཡིག་རིས་གཅིག་གསར་དུ་མཚམས་སྦྱོར་ཞུས་པ། གུང་བོའི་བོད་ཀྱི་ཤེས་རིག 1988 ཚོའི་དེབ་1། (《简析新发现的吐蕃摩崖石文》，《中国藏学》1988年第1期)。

[2] 恰白·次旦平措撰文，郑堆、丹增译：《简析新发现的吐蕃摩崖石文》，《中国藏学》1988年第1期。

[3] 马林：《仁达摩崖刻石考证》，《青海民族学院学报》（社会科学版），1988年第1期。

[4] ཆབ་སྤེལ་ཚེ་བརྟན་ཕུན་ཚོགས། ཆབ་སྤེལ་ཚེ་བརྟན་ཕུན་ཚོགས་ཀྱི་གསུང་རྩོམ་ཕྱོགས་བསྒྲིགས། (恰白·次旦平措：《恰白次旦平措文集》)，中国藏学出版社，1993年。

[5] གནའ་བོའི་དཀོན་མཆོག་ཚེ་བརྟན། བོད་ཀྱི་བརྡ་རྙིང་ཡིག་ཆ་བདམས་བསྒྲིགས། (高瑞或聂贡·贡觉才旦：《吐蕃文献选读》)，中央民族大学出版社，1995年。

[6] གཉའ་བོང་དཀོན་མཆོག་ཚེ་བརྟན། བོད་ཀྱི་བརྡ་རྙིང་ཡིག་ཆ་ཁ་ཤས་འདམས་བསྒྲིགས་རྣམས་ཀྱི་ཚིག་དོན་རྒྱན་ནས་འགྲེལ་ བར་བྱས་པ་རབ་གསལ་མེ་ལོང་། (高瑞：《吐蕃古藏文文献诠释》) 甘肃民族出版社，2001年。

[7] ཆབ་སྤེལ་ཚེ་བརྟན་ཕུན་ཚོགས། བཙན་པོའི་དུས་ཀྱི་བྲག་བརྐོས་ཡིག་རིས་གཅིག་གསར་དུ་མཚམས་སྦྱོར་ཞུས་པའི་བསྐྱར་པ་ལ་སྣང་བ། ཞེས་པ་རིན་བོད་ཀྱི་ཡིག་རྙིང་ཞིབ་འཇུག་ཅེས་པ་བཏུས། མི་རིགས་དཔེ་སྐྲུན་ཁང་། 2003 ལོའི་སྤྱི་ཟླ་བར་མ། ཤོག་གྲངས་86-93 (《简析新发现的一处吐蕃摩崖石刻文》，辑录于卡岗·扎西才让编：《藏族古文献研究》，民族出版社，2003年，第86～93页。)

[8] Amy Heller. *Ninth Century Buddhist Images Carved at lDan Ma Brag to Commemorate Tibeto-Chinese Negotiations*. First published in Kværne, P. (ed.), Tibetan Studies: Proceedings of the 6th International Seminar of the International Association for Tibetan Studies, Fagernes 1992, Oslo(The Institute for Comparative Research in Human Culture), 1994 (1): 335-349 & Appendix to Volume 1, pp. 12-19. 〔法〕阿梅·海勒（著），张岩（译）：

《九世纪汉藏和盟的丹玛札佛教造像》,《西藏艺术研究》1996年第2期。

## 注　释

[ 1 ] Amy Heller. *Ninth Century Buddhist Images Carved at lDan Ma Brag to Commemorate Tibeto-Chinese Negotiations*. First published in Kværne, P. (ed.), Tibetan Studies: Proceedings of the 6th International Seminar of the International Association for Tibetan Studies, Fagernes 1992, Oslo (The Institute for Comparative Research in Human Culture), 1994 (1): 335-349 & Appendix to Volume 1, pp.12-19.〔瑞士〕艾米·海勒（著），张岩（译）:《九世纪汉藏和盟的丹玛札佛教造像》,《西藏艺术研究》1996年第2期，注释1。

[ 2 ] 图嘎:《察雅县简志》,《西藏日报》（汉文版）1987年7月17日第二版。

[ 3 ] 恰白·次旦平措:《介绍新发现吐蕃时期的一处石刻铭文》（བཙན་པོའི་དུས་ཀྱི་བྲག་བཀོས་ཡིག་རིགས་གཅིག་གསར་དུ་མཚམས་སྦྱོར་ཞུས་པ།）,《中国藏学》（藏文版）1988年第1期。

[ 4 ] 马林:《仁达摩崖刻石考证》,《青海民族学院学报》（社会科学版）1988年第1期。

[ 5 ] 中国藏传佛教艺术编委会（编），李翎、廖旸（主编）:《中国美术分类全集·中国藏传佛教雕塑全集·石雕》，北京美术摄影出版社，2006年。

[ 6 ] 同注解[1]Amy引文原文文章，以及〔瑞士〕艾米·海勒（著），张岩（译）:《九世纪汉藏和盟的丹玛札佛教造象》,《西藏艺术研究》1996年第2期，注释6。

[ 7 ] 〔英〕H. E. 理查德森（著），石应平（译）:《吐蕃摩崖石刻的研究札记》,《西藏考古》（第一辑），四川大学出版社，1994年。

[ 8 ] Amy Heller, Buddhist images and rock inscriptions from Eastern Tibet, VIIITH to X TH century, Part IV, in E. Steinkellner, et al, eds. Tibetan Studies, Austrian Academy of Science, Vienna, 1997: 385-403.

[ 9 ] Kazushi IWAO, Nathan HILL, Tsuguhito TAKEUCHI, Izumi HOSHI, Yoshiro IMAEDA. *Old Tibetan Inscriptions*, Old Tibetan Dcuments Online Monograph Series Vol. II, Published by Research Institute Languages and Culturels of Asia and Africa (ILCAA). Tokyo University of Foreign Studies, Tokyo, 2009: 60-63.（岩尾一史、Nathan HILL、武内绍人、星泉、今枝由郎编著:《古藏文碑铭》，古藏文文献在线丛刊，卷II，东京外国语大学亚非语言文化研究所，2009年。）

[10] 《吐蕃碑文与摩崖石刻考证》（藏文，བཙན་པོའི་དུས་ཀྱི་རྡོ་རིང་དང་བྲག་བརྐོས་ཀྱི་ཡི་གེའི་རྙིང་གི་དཔྱད་བཤེར་ཞིབ་འཇུག་ཅེས་བྱ་བ་ནས་གཅིག），西藏人民出版社，2013年，第92～103页。

# 西藏阿里普兰观音碑考略

夏格旺堆

（西藏自治区文物保护研究所）

## 一、概　　况

普兰观音碑位于阿里地区普兰县细德村①（གཞི་བདེ་གྲོང་ Zhi bde grong）觉如组（ཅོག་རོ་ Cog ro）属地、细德村北侧的一间保护房内，东侧为进出细德村的乡间路，周围环境基本为农田，石碑保护房修建在田垄边缘。石碑所在地点距离县城东南面7千米，地处孔雀河右岸（即西岸）。地理坐标北纬30°15′20.68″，东经81°10′31.02″，海拔3870米（图一）。

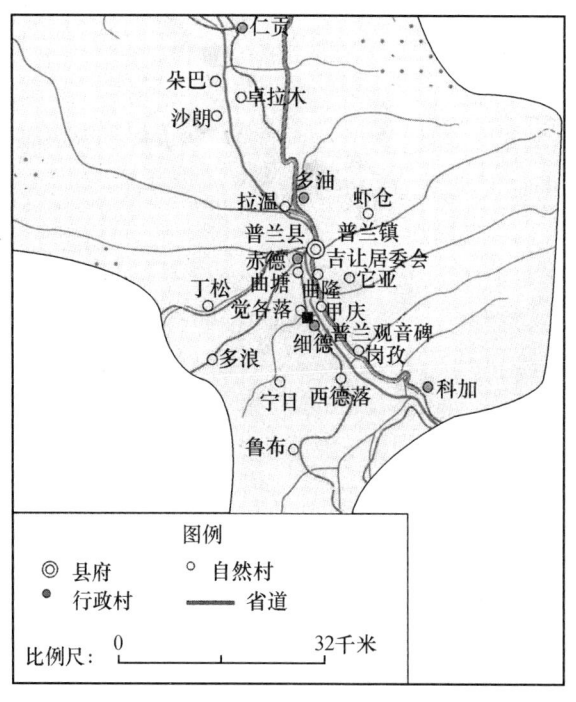

图一　普兰观音碑位置示意图

---

① 有些地图上汉译成"细德"，或写成西德、稀底等，实为一个地点。

现在石碑的保护房子是近年新建，碑前有高低不一的三块立石（图二）。据当地百姓的采访，包括石碑在内的立石都不是在原址上建立，而是已经有几次的搬迁移动。据说，原碑立于一座佛塔的一个侧面。但因世事变迁太多，目前连佛塔的废墟都无法见到。实地调查得知，现放置在房屋内的石碑，也是几经挪动，此地不再是最初立碑之地。2000年，陕西省考古研究所张建林研究员实地调查时，"地面露出的碑体高170厘米，顶部残，表面有当地百姓朝拜时涂抹的酥油。我们在碑前根部稍作清理，发现埋在土里的还有30厘米。经测量，碑高210、宽50、厚17~18厘米"[1]。

图二　石碑保护房外景（2014年）

20世纪90年代初，西藏自治区编译局藏语文考察团对普兰观音碑展开了调查，其成果据说发表于《藏语文工作》1994年总第11期[2]。这篇文章当为目前所知普兰碑最早公开发表的资料。1997年，西藏文联闫振中在《西藏民俗》上发了一篇记述普兰观音碑的考察经过文章，并提到了他与藏语文考察团同仁于1993年前往实地调查的事情[3]。从这一篇文章的插图可知，1994年时候的这通石碑没修建保护房，仅在旷野矗立。2000年出版的系列图册《宝藏——中国西藏历史文物》中发表了一张正面照片和左右两侧文字拓片照片，并认为"这是迄今为止在西藏阿里地区发现的唯一的吐蕃碑。从两侧的碑文来看，他是吐蕃大臣祥·卓贡布杰所立"[4]。2011年，巴桑旺堆先生《吐蕃碑文与摩崖石刻考证》一书中，公布了普兰观音碑全文，并对碑文内容进行了释读。2002年，常年在阿里进行文化考察的宗同昌先生在一篇考察文章中，对普兰观音碑也做了简单的介绍[5]。2012年，恰嘎·旦正在其

《藏文碑文研究》中，也公布了此碑内容及汉译[6]。2014年夏天，笔者前往实地进行调查，除了拍照记录外，对其碑文制作拓片，并绘制了一幅石碑的平剖面图。此时，这通碑已经搬迁到了细德村北侧的一间保护房内，保存环境与以前有了较大的变化。

## 二、石碑现状

现在石碑立在保护房内的一座水泥台座上，并将石碑底部0.25～0.3米长度的部位被压覆在水泥台子中，使得碑底莲座及其以下的莲茎装饰等部位无法得见。碑的正面朝向东，以正面朝向为参考，其左侧向北、右侧向南。从20世纪90年代初对普兰碑调查的叙述来看，碑的朝向当为北方，因为叙述中说19行文字的侧面即现在朝向南的这一侧面当时为东面，而现在朝向北的当时为西面。

现存石碑无碑帽，碑座因被水泥压覆不详。暴露于水泥的碑身正面通高1.85米，其他三个面暴露在外的通高仅有1.68米，其余三面的底部0.17米高度部位被水泥台子压覆包裹在内。石碑上、下部位的宽度基本一致，宽0.5米；厚度有些不均，为0.16～0.19米。碑身正面浮雕一尊莲花手观音菩萨立像，左右两侧镌古藏文数行。唯有背面保留凹凸不平的自然岩面，未做加工修正（图三、图四；图版一二，1）。

图三　普兰观音碑正、侧视图

图四　普兰观音碑正面（东面）

## （一）石碑正面莲花手观音菩萨立像

头顶束有高髻，戴一顶呈三角形三叶冠，头冠的三角中间与顶端饰小圆珠。面部椭圆，弯眉，长杏仁眼，大鼻且鼻尖宽扁，嘴唇紧闭，双耳戴耳环垂直近肩，头冠底部额间似有卷发排列。头部周围有长椭圆形头光，略似马蹄形，但顶端部位已经磨损遭毁；头光内缘饰火焰纹。上身袒露，颈部项圈、腹部腰带正中面饰有三个圆环，其整体形制似如意头纹样。双臂佩戴臂钏、手镯，钏和镯的装饰纹样似如意头纹样或花瓣形宝珠。右臂自然下垂，五指并拢，手心向前。左手屈置胸前，持一枝半开的莲花，花朵顶端部位可见四颗圆点表现的花蕊。下身穿一长裙裙裾内收，似裙裤。腰间系带，裙腰外翻的褶纹像花瓣，每条褶子纹路刻划逼真，腰带垂下，带端雕饰花纹。双脚外撇立于阳莲台座上，脚腕及脚背佩戴钏。莲台为仰莲，可见一排圆点花蕊和莲瓣，部分圆点花蕊受损。仰莲根部以下被水泥台子覆压，已经不见莲花底部的莲茎。仅菩萨像通高1.68米，与普通人的身高差不多，此为所谓"等身像"造像（图四、图五；图版一二，2）。

图五　普兰观音碑正面拓片
（东面）

## （二）碑　　文

碑的左右两侧皆有阴刻古藏文，属整齐划一的"乌金"（དབུ་ཅན། dBu chen）体。右侧（即南面）藏文19行，左侧（即北面）藏文24行。右侧藏文字体和行间距离要比左侧略大些，右侧藏文字体尺寸0.04～0.05米，行间距0.03～0.04米；左侧字体0.03～0.04米，行间距0.025～0.03米（图六～九；图版一二，3～6）。

左面碑文讲述了马年初秋，森格大舅卓氏赤赞轧贡布杰（སེང་གེ་ཞང་ཆེན་པོ་འབྲོ་ཁྲི་བཙན་སྒྲ་མགོན་བཤོ།）为了无数众生及共同的祈愿，修造了观音造像之事。右侧碑文讲述了向圣观音顶礼和虔敬供奉的功德，并祈愿众生解脱于二障（即烦恼障、所知障），圆满获得二资粮（善业，即福禄资粮和智慧资粮），最终不仅大舅赤赞轧贡布杰，而且众生一起成为无上佛陀。

右侧（南面）碑文原文抄录如下：

图六 右侧（南面）

图七 右侧（南面）拓片

༢ སྟོན་ཟླ་ར་བའི་ཚོ

༣ ག །ཞིང་གི་ཞིང་

༤ ཆེན་པོ་འབྲི་ཁྲི [7] བཙུན

༥ སྨ། །མགོན་པོ་རྒྱལ

༦ ཁྲིག །མཐུ་ཡས་པ

༧ དེ་མེས་ཅན་ཐིས

༨ ཀད་དག །ཐུན་མོང

༩ དུ་བསྒྲོས་ཏེ། །

༡༠ འཕགས་པ། །སྲུན

图八　左侧（北面）　　　图九　左侧（北面）拓片

11 རམས་གཟིགས།།
12 དབང་ཕྱུག་གི་སྐུ
13 གཟུགས་འདོ
14 འབུར་དུ་བགྱིས
15 ནས། །བཞེངས
16 གསོལ་པ།།
17 ༀ།།དགེ་བའི་རྩ་བ་འདི
18 སྐྱེ་འགྲོ་མ་ལུས་པ
19 ཀུན་གྱི་དོན་དུ་བསྔོ

左侧（北面）碑文抄录如下：

1. ༈ །དགེ་འཕགས།
2. པ་སྤྱན་རས་གཟིགས།
3. དབང་ཕྱུག་གི་སྐུ
4. ཡབ་ཁྲིག་པ་ཞིག
5. ཅད་ནི་འཁགས་སོ།
6. བསོད་ནམས་ཞིག
7. ཅད་ཀྱི་རྗེས་སུ་ཡི་རང་
8. དོ། །ཁོན་མོངས་པ༎
9. ཤེས་བྱའི་སྒྲིབ་པ
10. རྣམས་གཉིས་ནི་བྱད
11. བསོད་ནམས་དང་
12. ཡི་ཤེས་ཀྱི་ཚོགས
13. ཆེན་པོ་རྣམ་གཉིས
14. ནི། །ཡོངས་སུ
15. རྫོགས་ནས། །
16. བདག་ཞན་འགྲོ
17. སྲི[8] བཅུན་བླ་མགོན
18. པོ་རྒྱལ་དང་འདྲ
19. ཡས་པ་འི་སེམས
20. ཅན་ཐམས་ཅད། །
21. དུས་གཅིག་དུ།
22. བླ་ན་མེད་པ་འི་སངས
23. རྒྱས་སུ་གྱུར་པར
24. གྱུར་ཅིག །

## 三、结　　语

关于普兰观音碑何时立碑上，尽管有些不一样的看法。但多数学者认为，这通碑竖立于赞普赤德祖赞（或名赤热巴坚，815～838年在位[9]，或815～842年[10]，或815～836年[11]）。在位期间。根据马年的题记，巴桑旺堆先生认为当在这位赞普在位期间的火马826年或土马838年。有学者根据观音造像碑造型特征，建议立碑时间推定为9世纪至10世纪上半叶，并认为造像的风格非常接近于来自敦煌的吐蕃元素和塔波寺的早期塑像[12]。

另一种说法认为，普兰观音碑是由普兰王朝的缔造者吉德尼玛衮（10世纪）之属臣觉如列轧拉列（ཚོགས་ལེགས་སྲ་ལེགས།）及其下属从西藏中部之"卫藏"搬迁到了上部阿里。起初想搬迁至普兰南面的边境之地"协尔"（ཞེར།），但已经搬到普兰北部噶尔统（དཀར་དུང་）再往协尔路途中，至觉如时，因天亮未遂愿，就置于觉如[13]。若这一说法是事实，则可将观音碑立于普兰之地的时间推测为10世纪。尽管如此，我们也无法完全确认雕凿这通碑的准确时间。相比之下，刊立普兰观音碑的时间上，笔者更加倾向于巴桑旺堆先生的观点。

从石碑形式讲，普兰观音碑是一通典型的"造像碑"。作为吐蕃时期的第一座造像碑，在西藏境内我们没有更多的实物资料可以与普兰观音的形制进行比对。但就观音造像的特征而言，正如前文引述那样，其整体风格确实像敦煌艺术的吐蕃元素和塔波寺等地的克什米尔风格的结合。尽管这种形式的石碑仅有一座，但它证实了吐蕃王朝晚期，在西藏西部阿里开始出现了具有佛教造像的纪念碑。不仅如此，在造像题记的叙述中明确提出了造像碑的施主、目的及时间等。从历史文献的角度来说，这座石碑的刊立，说明了治理一方的首领、吐蕃王室外戚舅臣的引导下，崇信佛教和督促弘法的举措在西部阿里这块土地上已经实施了。

普兰观音碑是目前所知西藏最早的一通造像碑，其历史、艺术、文化价值的重要性是不言而喻的。尽管我们无法理清自此之后的15～17世纪时期西藏部分区域内出现的"造像碑"这一较为独特艺术形式的来龙去脉，但以"造像碑"形式出现的普兰观音碑，无疑为吐蕃碑刻文化增添了新内容。

## 注　释

[1]　张建林：《普兰观音碑——雪山下的千年祈愿》，《西藏人文地理》2009年第4期，第16～19页。

[2]　巴桑旺堆：《吐蕃碑文与摩崖石刻考证》，西藏人民出版社，2013年，第211页；"普兰碑"介绍，作者是次仁曲结、达瓦次仁等。另见《雪域文化（藏文）》，1994年第2期；转引于Kazushi Iwao, Nathan Hill, Tsuguhito Takeuchi, Izumi Hoshi, Yoshiro Imaeda. Old Tibetan Inscriptions//Old Tibetan Documents Online Monograph Series Vol. II. Research Institute Languages and Culturels of Asia and Africa (ILCAA). Tokyo University of Foreign Studies, Tokyo: 2009: xxxii.

[3]　闫振中：《普兰观音碑考察记》，《西藏民俗》1997年第4期。

[4]　达瓦次仁等：《宝藏——中国西藏历史文物》（第一册），朝华出版社，2000年，第173页，图版102。此处提到的"祥·卓贡布杰"的名称有误或不全，原文为"祥·卓·赤赞轧贡布杰（ཞང་འབྲོ་བཙན་སྒྲ་མགོན་པོ་རྒྱལ། Zhang 'Bo khri-brtsan-sgra mGon-po-rgyal）"。

[5]　宗同昌：《古格文明考察记》，《中国西藏》（中文版）2002年第3期。

[6]　恰嘎·旦正：《藏文碑文研究》（ཆབ་གངས་ཏ་མཁེན་གྱིས་བསྡེབས་པའི་བོད་ཡིག་རྡོ་རིང་ཞིབ་འཇུག），西藏人民出版

社，2012年，第73~76页。

[7] 原碑文中"འབྲི་ཁྲི་"的"ཁྲི་ཁྲི་"两个字被人为涂擦损毁，试图将"卓·赤"二字有意擦涂而不让将人名之前的姓氏出现在碑文中。显然，这是一件人为的有意破坏之举，在碑的左侧同样出现的"འབྲི་ཁྲི་"二字也遭到同样的破坏。幸亏，可根据尚存的字体某些特征与一定光线折射下，我们可以明确识读其中文字。

[8] 也是涂抹损毁了"འབྲི་ཁྲི་"二字。

[9] 〔美〕李方桂、柯蔚南（著），王启龙（译）：《古代西藏碑文研究》，西藏人民出版社，2006年。

[10] འབྲུག་གྱུང་སྐྱབས་མགོན་ཚེ་ཚང་དགོན་མཆོག་བསྐུལ་འཛིན་ཀུན་བཟང་འཕྲིན་ལས་སྦྱན་གྲུབ་ཀྱིས་རྩོམ་སྒྲིག་གནང་པའི་ཏུན་ཧོང་བོད་ཀྱི་ཡིག་རྙིང་ལས་བྱུང་བོད་བཙན་པོའི་རྒྱལ་རབས།（《吐蕃王朝史——源自敦煌吐蕃文书》）བོད་བཙན་པོའི་མཛོད་ཁང་གིས་༢༠༠༦་ལོའི་གསར་འགྱུར་བསྐུན་པའི་ཕྱགས་པར་མ།

[11] 王尧：《吐蕃金石录》，文物出版社，1982年。

[12] Papa-Kalantari Chistiane, Jahada Christiane. Early Buddhist Culture and Ideology in West Tibet: A New Perspetctive on a Stone Stele in Cogro, Purang. Orientations, 2010.

[13] 古格次仁加布：《阿里文明史》（藏文），西藏人民出版社，2006年，第142页。

［原载《西藏大学学报》（社会科学版）2017年第3期］

# 古格擦擦的发现与研究

## ——《梵天佛地》第一卷

### 张建林

（陕西省考古研究院）

西方学者最早关注西藏擦擦的虽然不是图齐[1]，但对西藏西部及拉达克地区古格王国时期擦擦最早展开调查和研究者，非图齐莫属。这位享誉国际藏学界的著名学者在1928~1948年前往西藏西部8次[2]，主要考察范围即阿里地区的札达、噶尔、普兰三县以及拉达克地区，其中阿里地区的上述三个县就是古格王国长达700年统辖的大体范围。考察过程中，图齐和他的团队曾经在阿里和拉达克各个寺院或遗址采集了数百件种类不同的擦擦标本。

1932~1941年，图齐撰写并陆续出版了四卷七册的皇皇巨著：*Indo-tibetica*，中译本作《梵天佛地》[3]。第一卷即以《西北印度和西藏西部的塔和擦擦——试论藏族宗教艺术及其意义》为书名。介绍和讨论擦擦的篇幅在书中超过半数，并将90%的图版用于刊布那些考察中采集的各类擦擦。

图齐首先讨论了擦擦的定义，并以通俗易懂的语言作如下表述："擦擦是一种小像，可以是塔形，也可以表现佛教天众，或含有总摄教法的陀罗尼。擦擦一般用土和水捏制（笔者按：此处表述或翻译的并不准确，应该是"压印或脱模制成"），有时也添加大喇嘛的身骨。因各种因缘而掺入青稞或小麦也不罕见：它们或用于开光，或用于祈求丰年，或用于还愿。"接着讨论了擦擦的起源及意义，他从文字学和佛教徒从圣地带回纪念物的角度揭示，印度是西藏擦擦的来源。

对于制作擦擦的意义，图齐则有如下论述：

> 制作擦擦不仅是对一次圆满朝圣的纪念，而更是甚深仪轨所描述和劝令信众的众多崇拜行为之一。可以为了压印总摄教法的陀罗尼而摹制擦擦，并将其装藏入塔，大乘论师传统称其为"心髓"。而如上所见，支提形制的擦擦或为供养世上一切支提而造，或由无力建造大塔者所造，或由徒步朝圣者为还愿而造，或作为其虔信的有相表达，是对途中偶像圣迹的谦卑供养[4]。

我们在汉译佛教典籍中可以找到更为直接的解释：与擦擦具有相同意义的脱佛、脱塔是佛教信徒在造像功德方面的一种最为简单易行的方式。提云般若译《造像功德经》云："丹土白灰，若泥若木，如是等物，随其力分，而作佛像。乃至极小，如一指大。能令见者，知是真容。其人福报，我今当说。"[5] 义净译《浴佛功德经》载："若男子、女子、苾刍五众应造佛像。若无力者，下至大如麦，造窣堵坡如枣许，刹杆如针，盖如麸片，舍利如芥子，或写法颂，安置其中。如上珍奇，而为供养。随己力能，至诚殷重。如我现身，等无有异。"[6] 两部经典说的都是一个意思，没有能力开窟造像、塑绘金身、营造佛塔的人，通过这种方式同样可以积累善业功德。

  图齐注意到大多数学者至今都忽略的一个问题——制作擦擦的仪轨。他在梵文、藏文经典中均找到擦擦制作的程序、仪轨及真言。几种经典所描述的程序稍有不同，一种（《初业者灯》《除灭恶见》）依次为：取土、成形、抹油、印模、压印、召请天众加持、使召请的天众安住擦擦、开光、恭送天众、酬谢天众；另一种（《佛说造塔延命功德经》）则为：挖土、取土、用水、净土、混揉、击打、成形、抹油、压印[7]。但从常理分析，以上两种程序都似乎不尽合乎加工的顺序，参照一般陶器的制作工艺流程，依次应为取土、和泥、淘洗澄泥、揉泥及醒泥、往印模上抹油、压印或将泥入模、脱模、加持、开光。虽然擦擦的制作是一种特殊的宗教行为，每道程序都被赋予一定的宗教含义，最后几项又属纯粹的宗教仪轨，但制作的程序如果不依照工艺流程则断难制成。笔者在数种汉译经典中也检阅到数则制作脱佛的仪轨，其中较为详细者有二。一种为天息灾译《一切如来大秘密王未曾有最上微妙大曼拏罗经卷第五》，程序依次为：取泥入手作团（念作团真言）、将泥团入印中（念入印真言）、出印（念出印真言）、庄严（念庄严真言）、安置（念安像真言）……在安置佛像后还有献香、献花、献花蔓、献灯、回向等道程序，每道程序皆需念不同真言，极为繁复。另一种为般若译《佛说造塔延命功德经》，程序依次为：采集妙华、埏埴作泥团、涂赤土、泥团入模、椎打、出模、安置塔座、安伞盖，每道程序均念相应真言。非常清楚，前者应为制作脱佛之仪轨，后者当指制作脱塔之仪轨[8]。两者的制作程序均较符合工艺流程，可以作为分析藏传佛教擦擦制作程序和仪轨的参考。

  作为考古研究者，笔者最关心的还是对于"擦擦的类型与年代"的讨论，这部分内容在书中仅有一页半的篇幅，显然并没有充分展开讨论，而且没有给出明确的答案。归纳起来，一是制作工艺：早期的擦擦是用印模压印在泥团表面，周围挤压出不均匀的边缘；晚期则使用模具，将泥团纳入模中，周边不再有挤出的泥沿。二是表现题材：早期天众较少见，多以窣堵坡和梵文、藏文陀罗尼为主要内容；晚期天众题材逐渐增多。由于书中收录的早期擦擦数量不多，种类有限，而且没有收录札达县一些重要寺院遗址的标本。以现在对古格擦擦的了解，早期擦擦中的天众题材远远超出图齐书中所说的6种（经笔者核对，实际上应为8种），仅托林寺采集到的标本中至少超过60种（包括同一题材的不同版别）。看得出来，图齐无意在晚期擦擦中再分辨其中的早晚。

书中介绍的擦擦标本共计156件，附有照片的只是其中的67种。这156件擦擦大多采集于拉达克，其中列城（Leh）最多，计43件；斯多克（Stok）居其次，23件；底克塞（Tikse）11件。其余分别采集自塔波（ta pho）、嘉地（Gya）、谢地（Sheh）、乌谷（Ugu）、雪韶（Shushat）、杰朗（Kyelang）、顿卡（Dankhar）、巴高（Basgo）、扎西岗（bkra shis sgang）、噶南（bka' nam）、那果（Nako）、弥如（Miru）、娘尔玛（myar ma）、如姆泽（Rumtse）、卡则（Kaje）、卡拉孜（Khalatse）、乌巴西（Upshi）、萨婆拉（Saspola）、朗杰（Namgyal）、姆拜（Mulbek）、邦吉（Pangi）等20余处。令人不解的是，扎达县境内较为重要的几处寺院或遗址如扎布让、托林寺、东嘎、皮央、玛囊、多香等处竟然没有一件。后来在阅读纳莱尼兹《朱塞佩·图齐的藏地游历和考察》一文才有了答案。

> 1931年4月，图齐回到意大利后，继续制订西藏西部考察计划。新的行程始于斯利那加，涵盖了整个拉达克、如休、拉胡尔和马纳里（Manali），他想从通往噶达克的印藏商道进入西藏，并且在途中参访具有重要历史价值的托林和扎布让等地，在噶达克和西藏地方当局磋商，继续朝冈底斯山和玛旁雍错前行，沿尼泊尔边境，经由普兰和阿尔莫拉返回印度[9]。

看来图齐此行并不顺利，游历了拉达克和如休后，又参访了贡德拉和斯索。之后，沿着萨特累季河（象泉河）穿越什布奇山口，10月2日才抵达底雅，继续前往噶达克已为时甚晚，不得不返回。也就是说，在图齐撰写并发表《梵天佛地》第一卷时，他还没有真正到过札达县古格王国遗址密布的区域。但我们仍然可以看出，拉达克地区的擦擦与札达县古格王朝时期遗址的擦擦有着几乎完全相同的制作工艺和题材选择，至今仍是我们研究古格擦擦不可或缺的重要资料。

图齐以其敏锐的学术眼光发现这些擦擦在制作技法和表现题材上的差异，将156件标本分为压印组、脱模组、塔形擦擦、苯教擦擦四大类。前两类是按照制作工艺来划分的，后两类则是造型和题材的不同。为了论述方便，图齐将第45、63、83、84、98、99等压印的天众身像擦擦放入脱模组一并讨论（据笔者观察，第68、87、121也同样是压印的天众）[10]。对于擦擦的描述是这一部分的重头戏，夹叙夹议，描述的过程也是考证的过程。其中在"脱模组"颇费笔墨，特别是对大日如来、"世间怙主"（轮王坐观音）、怒相金刚手、成就者等类擦擦均有缜密的考证。天众类单尊造像数量较多的有无量寿佛、不动佛、金刚座释迦牟尼、观音、十一面观音、弥勒、胜乐金刚等，金刚持、绿度母、白度母、大黑天、金刚空行、金刚萨埵、尊胜佛母则数量较少。天众组合有十佛、无量寿佛与十尊不动佛等，遗憾的是因不少标本表面磨损不清，描述中没有一一辨识。引起我们特别注意的是，图齐在标本中竟然找到一件本教擦擦。这件看似无量寿佛的擦擦，一侧有一个并不起眼的逆时针"雍仲"符号，正是由于这个符号，图齐将之定为本教擦擦。

可以说，图齐在这本著作中对于拉达克和西藏西部擦擦的介绍和研究，在长达数十年之后仍然无人可以企及。

图齐对擦擦研究的重视还体现在《西藏考古》一书。这本出版于1973年的著作先后以法、英、德、意文刊行[11]，1987年由向红笳翻译为中文。书中虽然在佛塔一节中只有3页用来论述擦擦[12]，但用了多达8页的图版公布了20个擦擦的照片。我们还注意到，此书中公布的擦擦多为《梵天佛地》所未收录的，特别是其中有5件出自托林寺、1件出自扎布让（古格故城），另有3件注明出自西藏西部（阿里地区），有2件则注明出自西藏西部的"昌"地（笔者至今尚未在札达县找出相应的地名）。对于书中擦擦的年代，图齐认为"根据文体形式，可以将这些'擦擦'断代在10世纪和13世纪之间"。"无论如何，这些'擦擦'都具有十分重大的意义，不仅仅因为它首创了在西藏依然尚存的一种习俗，而且也给藏人引进了各种肖像类型和具有多种艺术灵感的模式。……这将有可能大致确定在西藏佛教弘扬时期，西藏，特别是西藏西部和后藏与印度及邻国（包括吉尔吉特和阿富汗）之间接触的情况。"同时，图齐还注意到有些擦擦是当地人的仿制品："在西藏的擦擦上会发现拼写错误，这表明它们出自不大精通梵文的初学者之手。"[13]由此书来看，图齐在《梵天佛地》第一卷出版以后，没有再在擦擦研究上倾注更多的精力，对于擦擦的探讨基本没有超过30年前。

与国外学者相比，国内学术界对西藏的擦擦没有引起足够的重视，直到20世纪80年代才开始有所关注。在1990年出版的《古格故城》考古调查报告中，笔者曾经将1985、1987年在古格故城遗址和遗址东侧卡尔普遗址采集到的擦擦按照不同题材编排，逐一描述，并公布了这批擦擦的黑白图版，共计标本32件[14]。这是国内对古格擦擦的首次公布。通过对这批擦擦的初步观察，笔者已经注意到这些擦擦可以分为A、B两组，两组之间在制法、形制、表现题材上的均有明显差异，并且意识到这种差别很可能意味着年代上的先后：

> A组是古格故城以东的卡尔普遗址残塔KT1、KT2中采集；B组是古格故城洞窟、殿堂采集的。A组有如下特点：均为浅浮雕，按印较草率，周边多不规整，或有翻起的泥沿；有较多的塔图案，造像形体简单。B组恰相反，大多为高浮雕，外轮廓规整；没有塔图案；造像精细，服饰繁缛；题材丰富。两组差异如此之大，绝非同时代作品，A组较粗拙，具有较浓的印度、尼泊尔佛教艺术特征，年代较早；B组风格与西藏其他地区的明清作品大体相似，应为古格晚期。两者之间尚缺乏可以连接的典型作品[15]。

这与图齐在《梵天佛地》第一卷擦擦"压印组""脱模组"的分类方法不谋而合

（1989年，笔者编写《古格故城》考古报告时，尚无缘得见图齐Indo-tibetica一书）。A组共计6件，分别是"智慧勇识金刚""金刚""梵文单塔""藏文单塔""三塔""十塔"（依照报告中的名称），这些擦擦也均出现于托林寺的一些佛塔中，但限于报告体例，托林寺调查简报仅作为附录，并未收入托林寺采集的擦擦。B组则要丰富得多，出自古格故城遗址的不同殿堂和洞窟。这组擦擦时代也有早晚，题材和制作技法均有表现，报告中并未对此展开讨论。现在看来，这组擦擦多数属于15世纪前后，虽然采用脱模制法，但后背仍有不少呈圆凸状，周圈也还有挤出的泥沿，保留部分早期擦擦按印制作的习惯。题材有释迦牟尼成道像、无量寿佛、强巴佛、十一面观音菩萨、文殊菩萨、度母、佛母、密集金刚、胜乐金刚以及立体的小塔。

20世纪90年代，陆续出版数本介绍西藏擦擦的图录。张鹰编著的《西藏脱模泥塑》一书作为"西藏艺术丛书"之一种于1995年出版。书中有质量欠佳的黑白图版192页，共计收录各种擦擦214件[16]。虽未注明出处和年代，但其中至少有6件很可能来自札达县，而且属于古格王国早期遗物。书中有张鹰撰写的《西藏脱模泥塑艺术》一文，对古格擦擦有如下概述：

> 如古格、托林寺的擦擦显示了早期印度佛教艺术的影响，菩萨造型注重纤细曲扭的身姿，高耸的乳房等女性特征，而且不讲究画面的对称和规范，菩萨往往采用半侧身，周围密集的经文填补很少有大面积空白，有的完全印有藏文，以佛塔为主体的擦擦在这一时期也为数较多[17]。

这只是出于一个艺术家对于擦擦的概略观察。

2001年，张鹰在《西藏脱模泥塑》一书的基础上，又编辑出版了作为"西藏民间艺术丛书"之一的《脱模泥塑》图册。收录不同地区、不同时期擦擦224件，注明出自古格的擦擦共计16件。前有《微缩的神佛世界》一文介绍西藏擦擦，其中对古格早期擦擦有如下评述：

> 公元11世纪前后，擦擦一般多以佛塔、经咒为主要表现内容。也有观音等诸多菩萨造像，但周围多有密集的经咒或佛塔填补空间，这样做大概是与佛塔"语"与"法"的本意表达有关，有的干脆直接用密集的经文排列构成，具有明显的说教形式。这一时期的擦擦主要的阿里古格、托林等地多见。这时正处于西藏佛教复兴时期，受印度、尼泊尔等南亚诸国直接影响，菩萨形象着重体态娴雅，腰身纤细曲扭，追求女性特征，简洁生动自然，特别突出手臂的夸张。早期的擦擦最大的特点是菩萨造型特征多趋于人神之间，有的完全就是一幅淑女雕像的翻本[18]。

这本图录全部用彩版，每个图版下方标注出名称、尺寸、质地、时代、发现地区，信息量要更多些，印刷质量也明显优于前一本。排列依佛、菩萨、金刚、高僧活佛、佛塔分类为顺序，每一类中似乎是按照时代早晚排列，但又不十分严格。

天津收藏家刘栋编著的《擦擦——藏传佛教模制泥佛像》出版于2000年，收录擦擦152件，注明出自扎达古格遗址、托林寺者计7件[19]。概述中将所有擦擦统一分为四期：一期（7~9世纪）的仅有日喀则的1件红陶金刚手；二期或"暂定二期"（10世纪后半期~13世纪）的有25件，出自古格遗址、托林寺的7件全部划分在这一期；三期（14~17世纪）、四期（17世纪中叶以后）数量有100余件，占绝大多数[20]。分期依据似乎并没有考虑到制作方法和造像题材，如二期中既有按印（压印）的，也有脱模的，造像题材和风格也不统一。文中并未言及古格擦擦的地域特征和时代特征。

1997~1999年，笔者主持阿里地区文物抢救保护工程的托林寺考古调查和发掘工作，在托林寺佛塔和佛殿废墟中发现100余件擦擦。由此引发笔者对擦擦的再次关注。但2001年出版的《托林寺》图录中仅公布了8件。除了1件模制施彩的金刚手，其余均为按印（压印）的早期擦擦[21]，而且5件是以前所未公布过的。限于图录体例的限制，未对擦擦作描述。

2001年出版的《藏传佛教雕塑全集·4·擦擦》是截至当时公布西藏擦擦资料最为丰富者。书中收录擦擦计323件（组），绝大多数为西藏自治区各地所出，个别出自青海、内蒙古、甘肃以及流散海外的藏品。其中标明出自扎达县或阿里地区的共计145件，几占半壁江山。由于此套全集属于中国美术全集之一种，开本较大，印刷质量亦较好，给擦擦研究提供了丰富的参考资料[22]。卷首有笔者撰写的《藏传佛教擦擦概论》，就擦擦名称、擦擦的早期流传情况、擦擦的制作过程及用途与功能、擦擦的分期及时代特征、擦擦的类别、研究擦擦的意义做了初步探讨。擦擦的分期综合参照出土擦擦的佛寺遗址建筑年代、已有大体年代序列的其他造像风格以及考古类型学，大致分为四期。第一期为吐蕃时期，主要是青海都兰吐蕃墓地出土的数件；第二期为藏传佛教后弘期初期，以古格擦擦为主；第三期为13~15世纪，古格和卫藏地区均较多；第四期为16世纪以后，除了西藏还有不少藏传佛教流传的其他地区。对每一期擦擦的主要特征都做了概略的总结。

2003年之后，李逸之陆续发表一系列古格擦擦的介绍文章[23]，公布了数十件阿里地区不同时期的擦擦照片，并提出"古格擦擦"的概念。认为在藏传佛教擦擦中，古格王朝时期（10~17世纪）西藏西部的擦擦有着不同于其他藏区的地域特征，"地域特征凸显，前后造像风格演变连贯，成为能展现一个区域造像史的风格例证"[24]。其中《古格古代擦擦考察报告》一文将其考察的12处遗址所采集到的古格擦擦分为三期：古格早期（10~12世纪）、古格中期（13~14世纪）、古格晚期（15~17世纪）。李逸之认为，从制作技法、造像题材、造像风格综合分析，早期擦擦受印度、克什米尔风格影响极大；中期擦擦风格开始转变，"受本土主观意识对擦擦这一舶来形式的影响",数量很少;晚期擦擦造像"风格走向显示出开始受汉藏与域外佛教造像融合的影响",仍能与其他地域擦擦造像区别开来[25]。随着上述文章的发表,李逸之成为专事收集和研究古格擦擦的专家,为学界所瞩目。

这一时期还有马军、黄莉编著的《西藏擦擦艺术》出版[26],书中图版公布西藏各地擦擦206件(组),出自阿里地区的共计26件。其中出自札达县的17件,日土、噶尔、普兰、革吉各1件,未标明县名的5件。

2008年,由四川大学和西藏自治区文物事业管理局编著的《皮央·东嘎遗址考古报告》出版,报告第七章第五节公布"模制小泥塑"即擦擦标本42件,另有擦擦铜模具1件[27]。这是继《古格故城》考古报告之后又一次对古格时期单个遗址发现擦擦资料的完整公布。报告中对擦擦标本做了较为详细的描述,插图中也公布了所有标本的小幅照片,但没有讨论其年代和制作工艺。对插图照片的观察可以看出,属于11~12世纪的至少有12件,包括释迦牟尼成道像、文殊菩萨、莲花手观音、金刚手、单塔或多塔附有梵文、藏文经咒的擦擦,这些均曾见于托林寺。唯有两件按印制成擦擦甚为罕见,一件是似犬的动物,一件是骑马或骡的地方神[28]。

2011年笔者发表《藏传佛教后弘期早期擦擦的特征——兼谈吐蕃擦擦》一文[29],专门讨论古格11~12世纪的擦擦。所选取的标本主要出自托林寺。总结出这一时期古格擦擦较为明显的几个特征:

(1)首先是制作方法。除了立体小塔使用脱模法,其他浮雕效果的造像、小塔、经咒等均使用按印法制成;正面周缘多因按印用力形成向上翻起的泥沿,不加修整;背面弧凸,留有清晰的掌印纹;造像浮雕多较低平,高浮雕效果的少见;个别造像擦擦的下部捏制出可以把握的柄。有别于后弘期中后期边沿轮廓规整、脱模制作的擦擦。

(2)造像擦擦的题材不很丰富。佛、观音、菩萨、金刚等虽都有数种变体,但每一类还都未形成造像体系;数尊、多尊组合造像仅有佛与两菩萨一种,13世纪以后的佛与二弟子、七佛、十佛、三十五佛、依怙三尊、长寿三尊等题材均未出现;金刚系列题材更少,不超过5种;没有出现拥抱明妃的双身造像,也没有出现上师造像。

(3)造像中的佛、菩萨造型身躯略显修长,宽肩细腰,袈裟或衣裙轻薄贴体;度母坐姿随意舒展,带有明显的女性妩媚神态,双乳圆而高挺,腹部显示出腹肌;各种金刚、护法姿态均有较强的动感,体格也健硕勇武;各种造像尚未完全定型,同一类造像有数种变体;头光多呈上大下小的卵圆形,头光边饰多为联珠纹,许多金刚、护法甚至没有头光;不少佛和菩萨两侧有一至数个小塔;莲座的莲瓣大而简洁,仰覆莲座的束腰部分较深。

(4)浅浮雕效果的塔擦擦数量、种类较多,出现各种多塔组合的形式;

立体塔擦擦数量多而种类少，具有较大覆钵形塔身的擦擦不见于此后。

（5）大量布满多行梵文、藏文经咒的擦擦是这一时期擦擦的一个重要特点，此后不再出现。[30]

文中特别提到制作早期擦擦的印模，一件出自托林寺，红陶质地，残存不足一半，底面呈圆形，有九行用母范印出的梵文经咒，背面原有柄，已残损[31]。一件出自萨迦北寺遗址，青铜铸造，椭圆形，中间是凹入的轮王坐金刚手形象，右侧上方有6行阴刻的梵文经咒；背面有椭圆形的短把手[32]。近年，笔者又见到两件属于这一时期的擦擦印模，分别见于陕西神木县的一位收藏家和西藏拉萨的一位收藏家的收藏物。神木收藏家手中的擦擦印模整体铸造，呈卵圆形，长径约10厘米，印面是凹入的定印坐佛，菩萨装，两侧有阴刻的梵文经咒；背面是凸起的把手（图一；图版一三，1、2）。拉萨收藏家的一件体量较小，长径仅3厘米，铸造，印面是一凹入的佛塔，两侧分别有6行阴刻梵文经咒，背面周缘凸起，形成可以捉拿的把手（图二；图版一三，3、4）。这两件印模的来源均不详。这几件印模的发现为研究古格早期擦擦的制作工艺提供了不可多得的资料。

1　　　　　　　　　　　　2

图一　神木擦擦印模

1. 正面　2. 背面

2011年汤绍波出版《藏传佛教脱模泥塑"擦擦"研究》一书[33]，涉及擦擦起源、制作工艺、分类、功能、审美、符号系统、文化仪式、发展与保护诸方面，内容丰富，面面俱到。书中插图和图版中标明出自古格或阿里的擦擦仅有7件。在第三章"擦擦的分类"中专设一节讨论阿里擦擦，特别引用了李逸之对古格擦擦的分期[34]。

纵观古格擦擦发现与研究的简史可以看出，随着田野调查工作的不断推进，发现标本的日益丰富，对于古格擦擦的认识也在不断加深，特别是对擦擦年代和题材的辨

图二　拉萨擦擦印模
1. 正面　2. 背面

识逐渐变得清晰。但仍有不少问题尚不明晰，如直接由印度、克什米尔传入的擦擦与古格仿制擦擦如何区别？古格早期（11～12世纪）擦擦是否有一个完整体系？15世纪之前及之后的擦擦是否体现出不同教派的特征？造像擦擦是否可以作为一种造像粉本在造像题材和风格传播中发挥作用？

近来编辑的《古格擦擦》图录计划在藏学出版社出版，其中收录擦擦标本近400种（其中包括同一类题材的不同版别），几乎囊括了迄今发现的古格王国不同时期所有种类，其中有数十种为以往所未见。全部标本均经藏传佛教艺术史专家逐一定名，判定年代，又由廖旸博士将擦擦上的梵文、藏文逐一辨识、转写、翻译，无疑为研究古格时期擦擦提供了更为丰富的重要资料，必将进一步推进此项研究的深入。

## 注　释

［1］　〔意〕图齐（著），魏正中、萨尔吉（主编）：《梵天佛地》（第一卷）《西北印度和西藏西部的塔和擦擦——试论藏宗教艺术及其意义》，上海古籍出版社、意大利亚非研究院，2009年。图齐在第32页提到杰斯开（Jäschke）、德格定斯（Desgodins）、达斯（Das）、瓦德尔（Waddell）、施拉根韦特（Schlagintweit）诸位，均对擦擦有所研究。

［2］　伯戴克（L. Petech）：《朱塞佩·图齐简历》，《探寻西藏的心灵——图齐及其西藏行迹》，上海古籍出版社、意大利亚非研究院，2009年，第1页。

［3］　a. 同注［1］，第33页。
　　　b. 〔意〕G. 图齐（著），向红笳（译）：《西藏考古》，西藏人民出版社，1987年。

[4] 同注［1］，第35页。

[5] 《大正藏》十六册。

[6] 同注［5］。

[7] 同注［1］，第35~37页。

[8] 均见于《大正新修大藏经》第一九册。除了上述两种经典，第十九册还收录有不空译《无量寿如来观行供养仪轨》和不空译《一切如来大秘密王未曾有最上微妙大曼拏罗经》提及印佛、印塔的制作。

[9] 纳莱尼兹：《朱塞佩·图齐的藏地游历和考察》，《探寻西藏的心灵——图齐及其西藏行迹》，上海古籍出版社、意大利亚非研究院，2009年，第37、38页。1933、1935年的两次考察才是图齐对于扎达古格遗址最为详尽的考察。

[10] 同注［1］，第49页。

[11] 伯戴克、夏勒皮：《朱塞佩·图齐著作年谱》，《探寻西藏的心灵——图齐及其西藏行迹》，上海古籍出版社、意大利亚非研究院，2009年，第110、111页。

[12] 〔意〕G·杜齐（著），向红笳（译）：《西藏考古》，西藏人民出版社，2004年，第42~44页。

[13] 同注［12］，第43页。

[14] 西藏自治区文物管理委员会：《古格故城》上卷，文物出版社，1991年，第303~309页。

[15] 同注［14］，第309页。

[16] 张鹰编著：《西藏脱模泥塑》，人民美术出版社，1995年。

[17] 同注［16］，第5、6页。

[18] 张鹰：《脱模泥塑》，重庆出版社，2001年，第6页。

[19] 刘栋：《擦擦——藏传佛教模制泥佛像》，天津人民美术出版社，2000年。

[20] 同注［19］，第31~36页。

[21] 西藏自治区文物管理局：《托林寺》，中国大百科全书出版社，2001年，第146、147页。

[22] 张建林：《中国藏传佛教雕塑全集·4·擦擦》，北京美术摄影出版社，2002年，第45页。

[23] 李逸之：《西藏阿里地区早期擦擦——古格遗址10~12世纪模制泥佛造像》，《西藏民俗》2003年第3期；《古格模制佛像——擦擦》，《中国西藏》（中文版）2005年第2期；李逸之：《古格古代"擦擦"》，《中华文化画报》2006年第7期；《古格古代擦擦考察报告》，《汉藏佛教艺术研究》，中国藏学出版社，2006年；《阿里古格擦擦》，《西藏人文地理》2009年7月刊。

[24] 李逸之：《古格古代"擦擦"》，《中华文化画报》2006年第7期，第122页。

[25] 李逸之：《古格古代擦擦考察报告》，《汉藏佛教艺术研究》，中国藏学出版社，2006年，第513~534页。

[26] 马军、黄莉：《西藏擦擦艺术》，西藏人民出版社，2008年。

[27] 四川大学中国藏学研究所、四川大学历史文化学院考古学系、西藏自治区文物事业管理局：

《皮央·东嘎遗址考古报告》，四川出版集团、四川人民出版社，2008年，第171～177页。

[28] 同注［27］，第177页。

[29] 张建林：《藏传佛教后弘期早期擦擦的特征——兼谈吐蕃擦擦》，《中国藏学》2010年第1期增刊，第23～31页。

[30] 同注［29］。

[31] 张建林：《中国藏传佛教雕塑全集·4·擦擦》，北京美术摄影出版社，2002年，第45页。

[32] 张建林、田有前：《西藏萨迦寺考古发掘与调查》，《2007中国重要考古发现》，文物出版社，2008年。

[33] 汤绍波：《藏传佛教脱模泥塑"擦擦"研究》，重庆出版集团、重庆出版社，2011年。

[34] 同注［33］，第41～44页。

（原载熊文彬、李逸之主编：《西藏古格擦擦艺术》，中国藏学出版社，2016年）

# 古格故城和托林寺壁画中的上师图像布局探讨

郭 萌

(陕西省文物保护研究院)

上师又称祖师，藏语ཨ་, 意为上人，梵语为guru，指师匠、师范，为古印度对师父之尊称。藏传佛教中，上师是具足德学修证，能传佛法的修行者。在唐卡和壁画等艺术形式中作为常见形象出现，也被作为主尊来供养。

古格王国建立于10世纪中叶，灭亡于17世纪，以古格故城和托林寺为代表的佛殿壁画中，有大量的上师像，其中有作为小像布局在整个画面中，也有作为主尊大像出现，大多数像下方都有题名，由此可知这些上师的身份。借由这些上师像的研究，可以了解上师这一形象在藏传佛教的地位、艺术形象等，其次对古格壁画的内容有助于进一步的探索。

本文收集了在古格故城和托林寺壁画中所出现的数百尊上师像，从其在整个壁画中的图像布局出发，用类型学的方法来分析、探讨这一图像在古格壁画中的发展和变化，以及其背后所反映的佛教教法与传承的信息。

## 一、古格故城和托林寺壁画中的上师图像

### （一）古格故城壁画中的上师图像

古格故城是古格王国都城的遗址，旧称札布兰（Tsa parang），现译札布让，遗址区的佛教建筑内分布有大量壁画，其中上师图像主要分布在白殿（拉康嘎波）、红殿（拉康玛波）、坛城殿（金科拉康）、大威德殿（杰吉拉康）、度母殿（卓玛拉康）这五座佛殿，有些供佛洞中也有。

（1）白殿：殿内原有23尊塑像，各个壁面均有壁画，《古格故城》报告将这些壁画分为了26组，其中有上师像的共有13组。

（2）红殿：平面呈长方形，四壁都有壁画。每组以中央大像为主尊，上部绘有小像，下层则自成体系。上师图像主要分布在中层和下层的部分内容中，仅个别没有题名。壁画共21组，有上师的共14组，还有的上师分布在下层的礼佛图中。

（3）坛城殿：四壁均有壁画，最上层（第一层）为垂帐；第二层绘一周上师、金刚等小像，均有题名；第三层为一周主体大像；第四层绘说法图、礼佛图和各类佛、菩萨、佛母等小像，均有题名；第五层为装饰条带。上师壁画主要分布在第二层，个别在第四层，包括印度上师和西藏上师。

（4）大威德殿：由一"凸"字形正殿和一长方形前厅组成，壁画最上层为垂帐，最下层为装饰条带，中间主体部分有佛、菩萨、高僧等大像，四周排列诸多小像，都有题名。报告中从南壁东侧起，顺时针分为18组，有上师的共14组。

（5）度母殿：壁画第一层为垂帐；第二层为佛、高僧、金刚等主尊大像，四周整齐排列各种小像；第三层为佛传及众僧像；第四层为装饰条带。

（6）供佛洞：Y35供佛洞中，在北壁的两组大像间，分四行绘制众多小像，其中有高僧、译师等。Y126供佛洞中，上师像共45尊，东壁正中主尊为宗喀巴，两侧有二弟子，身侧整齐排列四排小像，有佛、文殊、俗装弟子，其余均为上师。

## （二）托林寺壁画中的上师图像

托林寺的上师像与古格故城相比数量较少，主要分布在红殿、白殿、罗汉殿（乃举拉康）、色康殿以及迦萨殿的部分小殿中。

（1）迦萨殿：此殿是托林寺最早的一组建筑，其中文殊殿东壁有早期上师图像，被后期所塑造的台座打破并已残损。可分辨的有6位上师，有题记框但题记已不见。

（2）罗汉殿：由前后两殿组成，前殿东壁有9尊上师像，多模糊不清。

（3）白殿：此殿四壁壁画最上层为垂帐，中间一层为大像，周围排列小像，大多有题名，最下层为条带装饰。上师像在每个壁面都有分布。

（4）红殿：殿堂分为前后殿，壁画最上层为垂帐，中间为主尊大像以及两侧的成排小像，最下层为条带装饰。上师像集中在前殿的西壁两侧，其他壁有零星分布。

（5）色康殿：此殿分前后殿，前殿上师图像较多，成排排列；后殿仅在曼荼罗中有两尊上师。

# 二、上师图像布局的类型学研究

据前文的上师像在各个殿堂布局情况的统计，可以看出，古格故城的殿堂多，壁画内容丰富，其中上师图像的数量和类型也较托林寺多。

## （一）上师图像的布局类型

从图像布局角度，按照上师像排列方式，将上师图像可以分为二型。

A型　成排排列式，即在主尊四周成排排列的小像中存在上师图像，其中有些整排均为上师图像，有些则穿插在其他内容的小像中。根据排列的具体情况又可分为三亚型。

Aa型　多排型，即在一组壁画中，上师小像成排排列。分为两种情况：一种是上师像分布于主尊周围成排的各类像中，这种布局在好几个殿的壁画中都有体现。例如，古格故城大威德殿南壁，主尊四周共有11排小像，而上师在其中穿插分布（图一）；古格的白殿第八组壁画中，主尊像最上方两排大都为上师像（图二）。另一种是特定场景中出现，如礼佛图中的上师成排依次而坐。

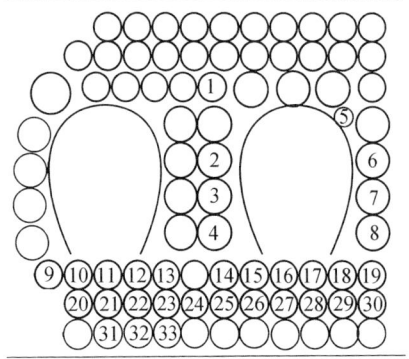

图一　Aa型壁画布局示意图
1~33.上师像

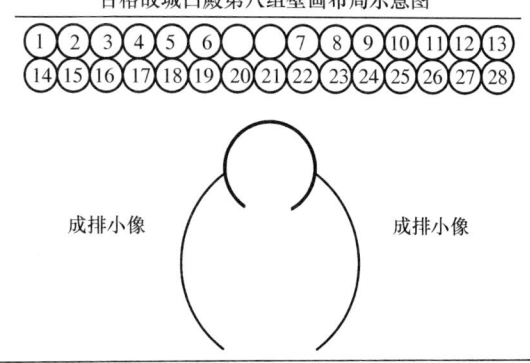

图二　Aa型壁画布局示意图
1~28.上师像

Ab型　单排型，即一组壁画中间为主尊大像，主尊头部上仅有一排小像，且大多为上师像。典型的如在古格坛城殿中，主尊上方的一排像为印度成就者和西藏高僧（图三）。

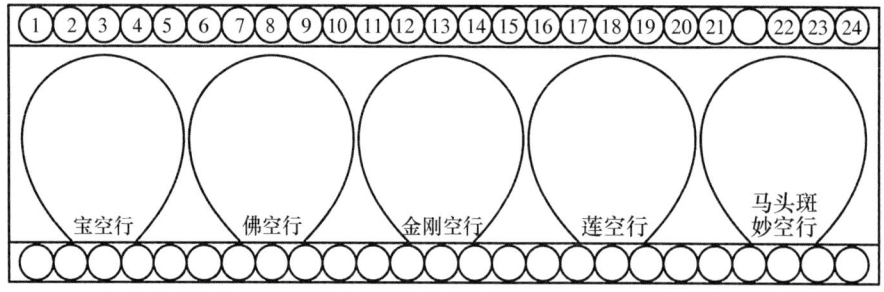

图三　Ab型壁画布局示意图
1、2、22~24.印度成就者　3~21.西藏上师

Ac型　周围（排列）式，即上师像排列在主尊身两侧。有三种情况：最常见的是在主尊的头部两侧各有一尊上师小像，其次是仅头部一侧有一尊或者一铺三尊的上师小像，第三种为在主尊身侧竖向排列几尊上师像（图四）。

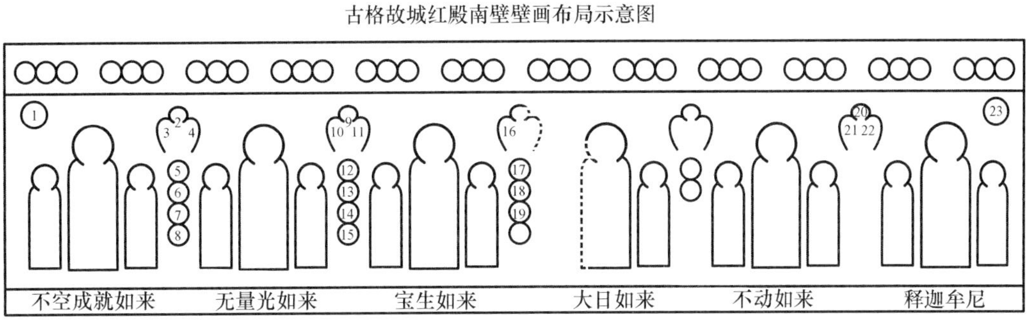

**古格故城红殿南壁壁画布局示意图**

图四 Ac型壁画布局示意图

1~23.上师像（佛陀名号参考《西藏壁画全集·阿里卷》之定名）

**B型** 主尊式，上师图像作为一组壁画的主尊出现。有些上师两侧有二弟子，有些没有。在此类上师图像的周围，也有其他上师的小像。根据排列情况，可分为二亚型。

**Ba型** 主尊式与成排式结合，作主尊的上师居中，其周围小像呈单排、多排或分居左右两侧排列，小像数量不一。需要说明的是，这布局中的主尊是用这种类型呈现，而主尊周围成排的小像的排列情况则属于A型（图五）。

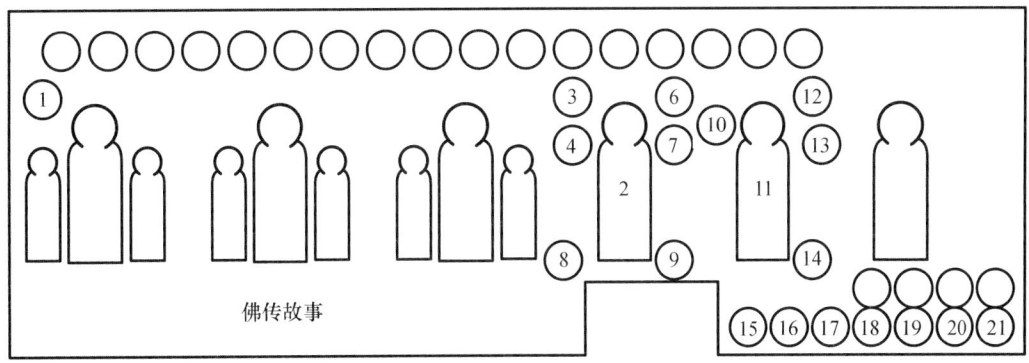

图五 Ba型壁画布局示意图

1~21.上师像 2.小译师雷比喜绕 11.仁钦桑布

**Bb型** 主尊式和四周围绕式结合，作主尊的上师居中，四周整齐地排列一圈上师小像，这些小像与上师之间可能有教法上的相关性，视为一组壁画对待。典型的如古格故城度母殿南壁第二组壁画，主尊为宗喀巴及二弟子，其左、右和下方都排列上师小像（图六）。托林寺白殿的东、西壁也是此布局，不同的是，做主尊的两位上师并排出现，小像排列在两位上师三周（图七）。

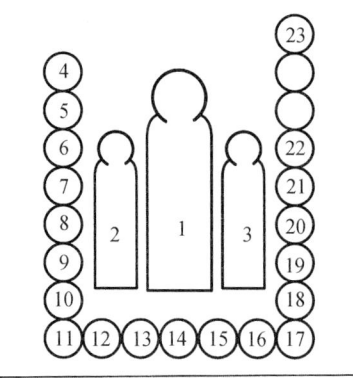
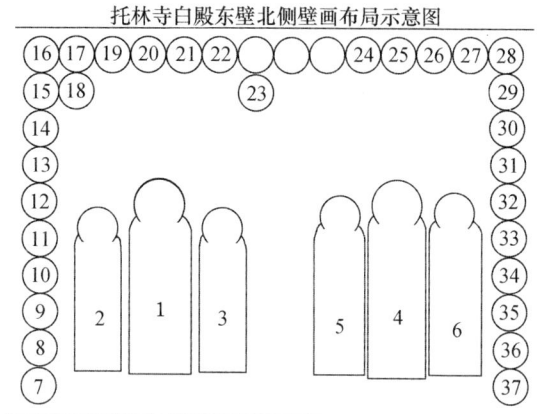

图六　Bb型壁画布局示意图
1.宗喀巴　2、3.弟子　4~23.上师像

图七　Bb型壁画布局示意图
1~3.宗喀巴及二弟子　4~6.觉巴·吉丹贡布仁钦贝及二弟子　7~37.上师像

结合上师像下方的题记可对其身份进行考证，A类图像中，Ab型主要分布在古格故城的大坛城殿，上师有印度祖师和西藏各派高僧；Aa型中，又可分为两种情况，第一种最常见，即成排的上师小像中，各个教派高僧同时出现。如古格故城白殿的第八组壁画，同时出现的就有萨迦五祖的贡嘎宁布、竹巴噶举上师益西多吉、帕巴维、宗喀巴（题名为杰·罗桑扎巴）及其弟子克珠格来贝桑布等。又如第十七组中，同时出现的有贡嘎宁布、印度祖师梅智巴、恰译师、布顿大师等。这些祖师所生活的时代不同，分属教派不同，顺序排列上没有明确的尊卑关系，仅按照大致的时间先后来排，没有明确表现某一教派信仰及尊崇。第二种情况是在特定的场景中，一般为礼佛图等画面。例如，托林寺红殿西壁的壁画，在两侧主尊下方均有礼佛图，两位高僧为释迦沃和拉德达玛巴尔拔，均为与古格王室关系密切的上师。又如有以一铺三尊方式出现的三位拉喇嘛，这种情况下成组出现的上师，所属教派及身份情况基本相似。

Bb型中，从图像的整体布局来看，小像在作为主尊的上师四周，均面向主尊，大部分有题名，与主尊应是存在传承关系。例如，古格故城的大威德殿中，西壁南侧有宗喀巴及二弟子作主尊出现，四周分布了一圈小像，上下侧小像有两行。结合题名，有色林巴、阿底峡、仲敦巴、雄努坚赞这几位早期噶当派祖师。格鲁派是宗喀巴大师在噶当派教义基础上发展的，亦被称为"新噶当派"，这种图像布局反映了两者之间的传承关系以及认同。再者从小像的形象来看，或头戴黄帽，或剃发，也说明了与格鲁派有一定的关系。

而从上师图像在殿堂中的整体布局来看，分布上各有特点，数量上也不同。下表可以反映出上师壁画布局类型的分布情况（表一）。

表一 各个殿堂的上师布局类型

| 殿名 | 东壁 | 西壁 | 南壁 | 北壁 |
| --- | --- | --- | --- | --- |
| 古格故城白殿 | Aa型、Ac型 | Aa型、Ac型 | Aa型 | Aa型、Ac型 |
| 古格故城红殿 | Aa型、Ac型 | Ac型 | Ac型 | Ac型 |
| 古格故城坛城殿 | Ab型、Ac型 | Ab型 | Ab型 | Ab型 |
| 古格故城大威德殿 | Aa型 | Aa型、Bb型 | Aa型、Ba型 | Aa型 |
| 古格故城度母殿 | Aa型、Ba型 | — | Aa型、Bb型 | — |
| 贡康洞 | Ab型 | Ab型 | — | Ab型、Ac型 |
| 古格ⅣY35供佛洞 | — | Aa型 | | Ac型 |
| 古格Ⅳ126供佛洞 | Aa型、Bb型 | | | |
| 托林寺罗汉殿 | Aa型 | | | |
| 托林寺迦萨殿 | Aa型 | | | |
| 托林寺红殿前殿 | — | Aa型、Ba型 | Ac型 | Ac型 |
| 托林寺红殿后殿 | | Ac型 | | |
| 托林寺白殿 | Bb型 | Bb型 | Ac型 | |
| 托林寺色康前殿 | | Aa型 | | |
| 托林寺色康后殿 | — | Aa型 | — | |

## （二）上师图像的分期

对上师图像进行时代的判断，首先要确定古格故城、托林寺诸殿堂内壁画的年代，壁画年代虽然与建筑的年代有密切关系，但二者时代并不完全一致。目前对古格故城壁画的研究中，大致认为，红殿是1470～1480年前后由古格王洛桑饶丹的妻子、王后顿珠玛所建[1]。白殿为洛桑饶丹的三个孙子季丹旺久白噶德、甲央巴、恰多尔时期所建，修建时间约在16世纪上半叶。坛城殿的建设时间当在1449～1480年[2]。

托林寺的壁画中，最早的是迦萨殿，其中文殊殿的上师图像，其人物绘画风格不够生动，也没有明确的教派身份。其次是罗汉殿和色康殿，壁画残损严重，上师图像均为成排式，色康殿有前后两殿，后殿为曼荼罗，风格与前殿不同，故推测后殿的年代要稍晚一些。而红殿据殿内题记和壁画内容判断，于1449～1481年，由古格王赤·南卡旺波平措德主持重建[3]。白殿最晚，其壁画的风格、内容已经具有格鲁派信仰因素，约为15世纪末至16世纪初[4]。

结合上师图像的题名来看，在古格故城的壁画中，可以考证的有古格初期的一些高僧，如仁钦桑布（958～1055年）、阿底峡尊者（982～1054年）、仲敦巴（阿底峡弟子，1005～1064年）、萨迦祖师贡嘎宁布（1092～1158年）、玛尔巴（1012～1057

年)等,以及古格中晚期,即15世纪以后,如宗喀巴(1357~1419年)及其弟子杰曹达玛仁钦、克珠格来贝桑布(1385~1438年)等。在古格故城的白殿、红殿等五座主要殿堂中,均出现了宗喀巴的题名,把这些殿的时间上限卡在了15世纪。但是在这些殿中,宗喀巴的图像和题名有所不同,有以下三种情况。

(1)仅有小像:在古格故城的白殿中,宗喀巴作为小像出现,题名为"杰·罗桑扎巴(རྗེ་བློ་བཟང་གྲགས་པ་ལ་ན་མོ)",为3/4侧面形象,与其他教派的高僧同在一组壁画中,同排壁画中还有其弟子克珠格来贝桑布,并无明显的身份高低之分。

(2)与二弟子同时出现:古格故城红殿中,出现了宗喀巴师徒三尊小像。位于主尊大像头侧,宗喀巴题名为"皈依罗桑扎巴法王(ཆོས་ཀྱི་རྒྱལ་པོ་བློ་བཟང་གྲགས་པའི་ཞབས་ལ་ན་མོ་རྒྱལ་བ་མཆོག)",身侧为剃发的二弟子杰曹达玛仁钦、克珠格来贝桑布,形式为一铺三尊。坛城殿中题名也为"罗桑扎巴法王(ཆོས་རྗེ་བློ་བཟང་གྲགས་པ་ལ་ན་མོ)",形象为正面跏趺坐,虽不是一铺三尊形式,但宗喀巴与有明确题名的二弟子共同出现在一排中。

(3)宗喀巴大像:古格故城的度母殿、大威德殿,古格Ⅳ126供佛洞和托林寺的白殿、红殿都出现了宗喀巴大像,身边有二弟子侍立。

故宗喀巴像的变化情况可作为一个判断的参考,上师像的变化情况与殿堂整体风格基本一致又稍有不同,结合壁画内容分析可分为以下四个时期。

初期:15世纪以前,这一时期,在托林寺较早的殿堂中已经出现了上师像,由于壁画保留情况较差,难以判断具体身份。但无论从绘画风格上、上师服饰上都能看出与后期差别较大。布局情况为Aa型,属于这一时期的有托林寺的迦萨殿、色康殿和罗汉殿,其中迦萨殿最早。

早期:15世纪中期至晚期,格鲁派创立后逐渐广传,宗喀巴的弟子古格·阿旺扎巴在阿里弘扬格鲁派,使阿里地区也成为格鲁派教法所传播的地区之一。这一时期,上师像大多为小像,成排排列在诸主尊大像四周,各教派上师同时出现,无明显的地位差异。宗喀巴像题名有"罗桑扎巴法王",有与二弟子同时出现的形式,或是与二弟子在同一排且顺序依次,或是一铺三尊的小像。说明这一时期格鲁派传至古格,反映在图像上将宗喀巴作为一位著名上师看待。图像排列形式以Ac型为多,少量Aa、Ab型,一处Ba型,这一时期殿堂有古格故城的红殿、坛城殿,托林寺红殿。其中托林寺红殿最早出现宗喀巴作为主尊在一个壁面上。

中期:15世纪末期至16世纪初叶。这一时期格鲁派的影响逐渐加大,在古格故城白殿中,宗喀巴的题名为"杰·罗桑扎巴",与其他上师同时出现在成排小像中,图像排列类型主要有Ac、Aa型。上师身份上,除了西藏上师之外,还有印度成就者。托林寺的白殿出现了Bb型的双主尊大像,布局上也与晚期单人主尊的类似。

晚期:约为16世纪中叶前后,除之前就有的一些布局外,上师作为主尊的布局更常见。属于这一时期的殿堂,有古格故城的大威德殿、度母殿,布局为Aa、Ac型和B型的两种。古格供佛洞Ⅳ126为Aa型和Bb型这两种,周围成排的小像均面向中间的宗喀巴，呈现出集体听法的姿态，有明显的格鲁派崇拜特征。

根据分期可以得出不同类型所流行的时间（表二）。

表二 上师壁画类型分期表

|  | Aa型 | Ab型 | Ac型 | Ba型 | Bb型 |
|---|---|---|---|---|---|
| 初期 | √ |  |  |  |  |
| 早期 | √ | √ | √ | √ |  |
| 中期 | √ |  | √ |  | √ |
| 晚期 | √ |  | √ | √ | √ |

根据以上分期可以看出，上师图像的发展规律是从成排小像到主尊大像的过程，Aa型成排小像贯穿了整个变化时期，而Ab型仅有一排的小像的则少见，仅有古格故城的坛城殿和贡康洞的少量上师像，可能与整个殿堂的内容配置相关。Ac型虽分布时期也广，但这一类型在唐卡中早已出现，与藏传佛教重视修法传承的因素有关。

上师壁画的变化具体又表现在三个方面：首先，宗喀巴作为主尊大像出现在壁画中，并且身边有二侍立弟子。其次，除了宗喀巴外，其他古格历史中重要的上师的如益西沃、阿底峡、仁钦桑布等均有作为主尊出现。最后，是上师作主尊这一布局成熟，即在主尊上师的四周，围绕一圈其他上师小像，且多与主尊上师有传承关系。

值得注意的是，在主尊大像的出现上，托林寺早于古格故城，托林寺的红殿中最早出现，而与此同时期的古格故城佛殿中，宗喀巴仍是作为小像排列，包括古格故城稍晚的白殿中，也没有体现出宗喀巴的特别性，直到晚期的度母殿中才作为主尊出现。而据对托林寺红殿殿内壁画的研究，其可视作一座"文殊殿"，图像文本主要来自萨迦派的传承[5]。由此，推测大像较早出现是出于对宗喀巴个人的尊崇，可能与15世纪以后由格鲁派僧人主导寺院有关，到了由格鲁派堪布主持修建的白殿时，宗喀巴作主尊大像的布局系统就更为完整。

一方面，宗喀巴上师像是由小像逐渐到大像，题名由原名到尊称，配置由单尊或与二弟子（或之一）同时出现到一铺三尊，最后到主尊大像，二弟子侍立，如古格故城的坛城殿北壁，宗喀巴与二弟子于同排，而白殿中与弟子克珠格来贝桑布同排。地位由与各教派上师等同到单独供奉，也表明了出于对宗喀巴的崇敬而绘大像。

另一方面，供奉上师像一直是藏传佛教的传统，早期的唐卡就有单独的上师唐卡，也有上师造像，但直到宗喀巴主尊大像之前，古格故城与托林寺壁画中尚未见到更早的上师大像。而与宗喀巴大像同时出现的，还有仁钦桑布、阿底峡、益西沃等人物，都是对古格佛教发展有重要意义的上师，与宗喀巴大像配置方式也相同，正说明在古格时期，上师做主尊并非一开始就存在，而是格鲁派传播后，上师崇拜的观念进一步加深，才将这些与古格佛教息息相关的上师也作为主尊供奉，图像配置上比照宗喀巴主尊像。

## 三、上师图像的布局意义

在上师图像的布局分类中,早期即Aa型为主的布局中,上师图像成排排列,噶举、萨迦、格鲁的上师均有出现,宁玛上师较少,这与古格统治者不认可旧密的修法有关[6]。不同教派上师排列在一起,位置上没有特定的含义,只是出于对各教派高僧的尊崇。Ab型的配置少见,推测是与其殿堂的内容相关。Ac型布局中,本尊头部两侧出现的上师,多是与此修法传承有关的。

壁画中出现的礼佛图,有两种情况:上师、大臣和王宫贵族共同礼佛;古格王室迎请高僧的场景。古格故城红殿殿门左侧的礼佛图即属于第一种,藏学家图齐认为是古格王公贵族出席寺院的开光殿礼。佛左手侧的三排僧人为主持开光仪式者。在本文中被定义为上师的,与其他僧人距离明显、具头光且衣着严饰者或为寺院首座,且具王室血统,这可能是古格王朝延续其开创者的传统,即王子之一出家主持僧团[7]。

到了中晚期,出现明显的教派传承影响下,上师图像赋予了更多的意义。结合前人的研究进一步作以探讨。

根据藏传佛教的传统,主尊头部两侧出现的上师,大都代表的都是与此主尊修法传承有关的上师,这与唐卡中的配置相似。例如,在大威德殿中的第七组壁画中,所出现的位于几尊护法上的一排上师,就被认为是与此护法的传承有关。图齐在《梵天佛地》中提出,这些上师代表的是金刚怖畏(Vajrabhairava)灌顶传承次第,在灌顶时,上师不仅仅是传授经义,而是怛特罗成就法之所依[8],这些上师应都是此法的传承上师。图齐列举了格鲁派中此法传承上师的名单及顺序,但与本壁画并不完全一致,能对应的几位上师有杰·罗桑扎巴、益西贝尊者、热·益西森格等。

与教派传承相关的还有Bb型,即主尊上师周围之上师,大都与此上师所属教派有关,前文已做过分析。在托林寺的白殿中,出现了双人上师像,从整体的布局类型上亦归纳为Bb型(图七)。而此类双人上师像在其他藏传佛教寺院中也有见到,如14世纪青海乐都瞿昙寺中,就有两组双人上师像壁画[9]。此类壁画也是唐卡的题材之一(图八;图版一三,5)。对于此类唐卡,有学者认为这是典型的表现藏传佛教教派传承的祖师唐卡,早期流行于12~13世纪,以达陇噶举派所见最多。例如,12~13世纪的达陇噶举高僧唐卡,以双人上师为主尊,四周围绕一圈小像[10]。在构图上,此类唐卡一般是同样身量的两位高僧并坐于法座上,背后是波罗式的神龛。表现的是师徒之间的传承关系,师长一般居于左侧……在藏传佛教早期的各教派创立、发展阶段,这类像是对教派传承、发展谱系的记录[11]。

托林寺白殿的也为双人上师像,与唐卡类似,小像整齐排列在两位上师周围。但也有不同之处,上师身侧有二弟子,且周围小像多为传承相关诸上师,且两位上师均为正面坐。而唐卡的传承图中,上师则是3/4侧面坐,少见二弟子,呈面对而坐之姿,周围小像多为菩萨等。

图八　唐卡　布顿与弟子仁钦南杰[12]

西壁的上师为仁钦桑布与益西沃，从历史来看，仁钦桑布是被益西沃派出学习，归来于托林寺译经，并被尊为后弘期祖师之一，益西沃等王室成员，应该是追随其学习并尊崇他，那么图像中，他位于益西沃左侧也是有一定意义，但当时并无明确的教派关系，故代表的未必是教派发展传承。

东壁北侧的两位上师，其一黄帽者为宗喀巴及二弟子，另一戴红色莲花帽、手持莲花上置有金刚铃和金刚杵的上师，一直以来被视作阿底峡或者仁钦桑布（图九；图版一三，6）。后有学者认为，其所戴帽子为直贡噶举和竹巴噶举的宽沿扇形莲花帽，又据古格故城红殿中类似上师形象之题名，提出应为直贡噶举祖师觉巴·吉丹贡布仁钦贝（图一〇）。此像的出现，说明这一时期除格鲁派外，早期其他教派仍存在，一方面

图九　托林寺白殿红帽上师

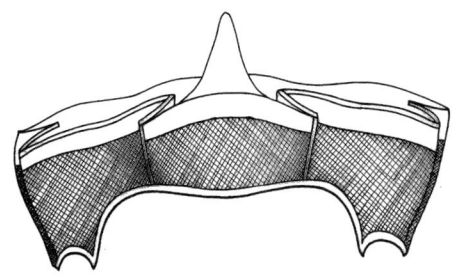

图一〇　觉巴·吉旦贡布仁钦贝之莲花帽

与当时格鲁派为主导，其他教派并存的选择有关，另一方面与习得过直贡噶举或萨迦教法的僧人担任王室职务有关[13]。这两位上师在教法上无直接的传承关系，但在图像配置上，也是呈双人大像并围一圈小像的模式，小像的题名也为进一步补充教法传承信息提供了资料。

综上，托林寺和古格故城上师图像布局的发展，是由成排小像到出现作主尊的大像，尤以宗喀巴上师像的变化最为明显，这与格鲁派在阿里的发展并逐渐占主导有关。在16世纪前后出现的上师大像，可以认为是受唐卡中祖师像的影响，同时也侧重表现与寺院历史息息相关的上师。而上师像的大量出现，以及其布局模式上，一方面体现了对诸教派重要上师的尊崇，另一方面，出现在主尊周围的上师，是对教法传承谱系的记录，但托林寺的双人上师大像，也未必是体现两位上师之间有明确的教法传承关系。

## 注　释

[1]　米夏埃尔·亨斯（著），张长虹（译）：《西藏西部壁画——古格王国的艺术（1000~1500年）》，《越过喜马拉雅——西藏西部佛教艺术与考古译文集》，四川大学出版社，2007年，第96~114页。

[2]　张蕊侠、张建林、夏格旺堆：《西藏阿里壁画线图集》，西藏人民出版社，2011年，第5、6页。

[3]　王瑞雷：《托林寺红殿的建造者及年代考》，《世界宗教研究》2018年第3期。

[4]　王瑞雷、贾维维：《西藏阿里托林寺白殿壁画配置与殿堂功能》，《考古与文物》2019年第1期。

[5]　王瑞雷：《托林寺红殿经堂壁画所据文本与图像传承关系》，《中国藏学》2018年第2期。

[6]　谢继胜主编：《藏传佛教艺术发展史》，上海书画出版社，2010年，第67页。

[7]　〔意〕图齐（著），魏正中、萨尔吉（主编）：《梵天佛地》（第三卷），上海古籍出版社，2009年，第82、83页。

[8]　同注[7]，第59页。

[9]　金萍：《瞿昙寺壁画的艺术考古研究》，西安美术学院，2012年，第42~45页。

[10]　张亚莎：《西藏美术史》，中央民族大学出版社，2018年，第176页。

[11]　张亚莎：《热振寺的早期唐卡》，《汉藏佛教艺术研究·第二届西藏考古与艺术国际学术研讨会论文集》，中国藏学出版社，2006年，第491~500页。

[12]　〔瑞士〕艾米·海勒（著），赵能、廖旸（译）：《西藏佛教艺术》，文化艺术出版社，2008年，第113页。

[13]　同注[4]。

# 略谈布达拉宫德瓦坚寝宫壁画及其相关意义

## 扎西才旦

(布达拉宫管理所)

## 一、引 言

布达拉宫在1300多年的不断建筑中,形成了其宏伟壮观的建筑群落、各殿堂聚集了数量庞大的各类文物,尤其是一幅幅精美的壁画布满了各大殿堂的四壁,壁画作为独特文物,包含丰富的历史文化及艺术精华,也承载着布达拉宫建筑演变轨迹。壁画遍布在主要殿堂和寝宫,门庭及回廊等处,总面积达3400平方米。对于布达拉宫壁画研究,前人将布达拉宫整体壁画做了些概要性的描述外,尚未对局部殿堂壁画做过专门研究,在此选择德瓦坚寝宫壁画作为研究对象,旨在从局部壁画研究入手,推进整体壁画研究,挖掘这座寝宫所蕴含的文化意义及壁画内涵,力求进一步研究布达拉宫壁画作前期铺垫。

## 二、德瓦坚寝宫建筑渊源、风格及功能

德瓦坚寝宫位于布达拉宫白宫第二层(图一),从德阳厦森贵宫阙(入布达拉宫白宫第一道门三排梯口)蹬18级阶梯至白宫二层回廊口,再往西50米通往红宫小门西南角,白宫和红宫接壤处。"这是一间二柱小室,内壁上绘满壁画,其面积大约53平方米。"[1]从布达拉宫整体建筑成型布局分析,德瓦坚寝宫和白宫应同为1645年修建。东波土登坚赞先生所编藏文版布达拉宫旅游指南中指出,"噶厦办公机构原为德瓦坚寝宫,七世达赖喇嘛晚年建立三俗一僧噶伦内阁制,在此定为举行内阁办公会议的专门机构'噶厦'"[2]。可以看出,噶厦初建时的办公机构就是现在的德瓦坚寝宫。这是一间商议行政事务的殿堂,又是达赖喇嘛及经师生活起居的寝宫,是现今布达拉宫诸多殿堂中对游客没有开放参观的殿堂之一。

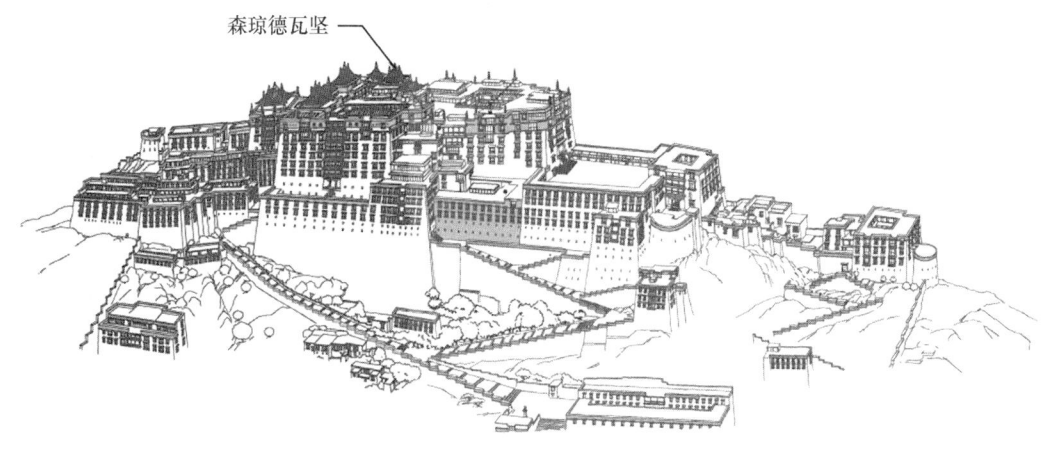

图一 德瓦坚寝宫位置图

## 三、德瓦坚寝宫壁画绘制时间刍议

德瓦坚寝宫虽然处在白宫建筑腹地，但是，仅以白宫整体建筑修建年代断定其四壁壁画成型时间略微显得有点不妥。相关文献资料中也没有确切记载其壁画绘制年代及其相关内容，因此，德瓦坚寝宫内四壁壁画具体绘制于哪一年，这对进一步研究壁画风格及殿堂本身的文化含义尤为重要。东波土登坚赞在《布达拉宫旅游指南》中明确表述，七世达赖喇嘛格桑嘉措时期"噶厦"办公机构成立在德瓦坚寝宫，这能说明成立"噶厦"机构之前德瓦坚寝宫已经在布达拉宫内存在了。然而，仅凭此据，很难准确地判定德瓦坚寝宫设定为"噶厦"办公机构之前其寝宫功能和名称都已经约定俗成，即便是七世达赖喇嘛晚年将德瓦坚寝宫设为噶厦办公机构，也不能排除德瓦坚寝宫预设立"噶厦"机构之前将原有寝宫内的壁画重绘或改写修复，因此，限于原始资料，很难准确地断定德瓦坚寝宫的这组壁画到底绘制于七世达赖喇嘛格桑嘉措执政早年还是晚年时期。

八世达赖喇嘛江白嘉措在其经师永增益喜坚赞传记《开启佛法莲花大日》中记载，"6月1日，下榻布达拉宫德瓦坚寝宫，为缓解疲劳，多日歇息在此"[3]。这里记载的是，接任八世达赖喇嘛经师的永增益喜坚赞从日喀则扎什伦布寺初到布达拉宫的时间为1775年6月1日。当时八世达赖喇嘛刚满17岁，永增益喜坚赞62岁。这里清楚地记载了益喜坚赞委任达赖喇嘛的经师，初次来到布达拉宫时所下榻的寓所为德瓦坚寝宫。这是相关文献确切记载有关德瓦坚寝宫的一个重要内容，由此，完全可以断定德瓦坚寝宫在八世达赖喇嘛时期以寝宫功能存在于白宫，不再作为"噶厦"办公机构。值得进一步推敲的是，八世达赖喇嘛江白嘉措5岁时正式在布达拉宫进行登基，直到17岁迎请益喜坚赞为经师，这十二年时间里完全可以将布达拉宫内的任何一座殿堂完全改变其用途或改造扩建，德瓦坚寝宫也不例外，因此，尚未找到描述德瓦坚寝宫壁画是否绘制于八世达赖喇嘛时期的相关可信资料前，断定壁画成型年代极易走入褊狭的境地。

综上所述，可将德瓦坚寝宫壁画绘制年代做如下总结归纳。

第一，德瓦坚寝宫处于白宫最底层部分，从建筑构造布局看，基本断定其与白宫为同一年修建的，壁画应绘制在1645～1648年修建白宫时间段内。

第二，壁画绘制时间为1708～1754年七世达赖喇嘛诞生到圆寂期间，主要倾向于七世达赖喇嘛格桑嘉措晚年时间。

第三，壁画绘制于公元1758～1775年期间，依据是这期间为八世达赖喇嘛5岁正式在布达拉宫内登基到17岁迎请永增益喜坚赞为经师的这一段时期。

综上而述，德瓦坚寝宫处于白宫建筑腹地，基于布达拉宫白宫建筑结构布局特征，完全不能断定其壁画绘制确切时间，但是，毋庸置疑其建筑成形年代在公元1645～1648年，加上七世、八世达赖喇嘛时期与德瓦坚寝宫相关的历史记载描述，虽然无法正确断定德瓦坚寝宫壁画绘制的年份，以及认定壁画绘制的画师等具体因素，但是，五世达赖喇嘛阿旺洛桑嘉措主持修建白宫时新勉唐派绘画风格成为宫廷首选的画法，其自传里头记载，"布达拉宫东大殿四壁绘画从更顿珠巴生平开始，由曲英嘉措等卫藏多名画师共同绘制完成，钦则派画师绘制完成密宗乐园殿新旧秘法祖师及本尊壁画"[4]。由此可以看出，布达拉宫壁画风格融合了新发展的勉唐派和庆则派画法，新勉唐派的绘画风格基本成为布达拉宫固定的画派模式，已经成为一种"标准样式"延续下来。但是，这种绘画风格"在后来的200多年里他们的界限变得越发模糊不清，加上'标准样式'使其进一步简单化和通俗化，从而造成西藏绘画千篇一律的印象"[5]。布达拉宫壁画风格也不例外，虽然在细节和艺术特色上有不同的眉目，有不同的绘画师所创造的时代烙印，但在其整体绘画风格和表现手法上有一脉相承之风，依然推崇新勉唐派画风。因此，从文献材料无法正确考证德瓦坚寝宫壁画绘制的具体年份及绘画师，但是，为求叙述德瓦坚寝宫内的壁画内容及艺术内涵，将其定格在五世达赖喇嘛建立噶丹颇章政权后，在红山之巅大兴修建布达拉宫白宫建筑初期的1645年至第八世达赖喇嘛迎请益喜坚赞经师的1762年的一百多年里，置入新勉唐派绘画风格大熔炉中，并对实物壁画进行微观分析，探讨德瓦坚寝宫壁画的内容、艺术风格以及寝宫所蕴含的文化意义。

## 四、德瓦坚寝宫壁画内容及其艺术风格

德瓦坚寝宫，顾名思义，德瓦坚为藏文音译，直译成汉文为"极乐界寝宫"，特指修行阿弥陀佛的境界西方极乐世界为主要内涵的殿堂。因此，西面墙壁画重点描绘阿弥陀佛及西方极乐世界境界。为了便于表达，在此以东、南、西、北四面墙顺序依

图二 宗喀巴师徒三尊

次论述四壁壁画内容。

东面墙描绘的是宗喀巴大师八十大业绩（图二；图版一四，1）。壁画内容完整，但壁画表层污迹面较广，起甲及脱落等受损现象比较普遍而导致壁画表面原有的120个题记里有些内容模糊不清，一部分甚至连序号都看不清，有些题记虽能看清序号，但无法阅读其内容，对欣赏壁画内容及学术研究造成很大的不便。纵览东面墙整片壁画题记内容，能看得清楚的部分是用整齐的藏文楷书"聂志体"所撰写，基本不存在有悖于文法和错漏字的现象。从题记的语言叙述风格来看，贴近藏文高僧生平传记中"rtoks frqod"的特色，也就是倾向于叙述高僧大德内修功德为主要叙述内容的传记。这些题记的内容和语言风格跟宗喀巴大师早期的生平传记进行比较研究，虽有其高徒克珠格列巴桑（第一世班禅）为宗喀巴大师所立传记《信德之岸》之风格烙印，但也不是对其进行简单模仿，这个题记不乏自身特色和创新之风，显然，绘制壁画的艺人对宗喀巴大师传记有其独到的理解或有可能受专人指点。东面墙整片壁画中，绘制在中间的宗喀巴大师师徒三尊像占据整篇壁画多达1/3的面积，这和其四周的细微描绘宗喀巴大师生平八十大业绩的壁画画面不同，画面清晰、色泽亮丽，保存得也较为完整，可以讲，是一幅用浓墨重笔绘制而成的宗喀巴大师师徒三尊的巨幅肖像。这尊肖像画面内容基本吻合宗喀巴大师师徒三尊的常见绘制风格，"宗喀巴大师面色和肌肤白里透红，在胸前呈说法相印的双手指间分别向双耳正侧盛开的青莲花枝叶中间左边托起智慧宝剑，右边撑起般若经书。头上顶着金黄色高高耸起的通冠帽，身披三法衣（祖衣、七衣、五衣），呈金刚跏趺坐，左边贾曹杰徒弟头微微前倾、面相和善谦恭的姿态，右边克朱杰徒弟面相威严呈威猛姿态守卫在宗喀巴大师座侧两边，他们同样呈金刚跏趺坐和披三法衣，右手持说法印左手禅定印托起经书。"[6]但是，这面壁画中绘制的宗喀巴师徒风格独有其特点，宗喀巴面相端庄，师徒三尊面相一致呈现年轻的神态，宗喀巴大师额头两侧和前额顶上绘有黑色的毛发真切可触，质感准确。同样，俩徒弟除了面相呈年轻神态，耳后头发呈乌黑亮丽色泽，左边的贾曹杰右手呈说法印外，左手托起的经书呈现两边下垂状态，右边的克珠格勒巴桑用双手托起一件嵌有红珊瑚和绿松石的精美法轮。两位高徒将通冠帽侧平顶在头顶，显得更为谦恭而安详，更加自然；另外，两位高徒的背光颜色迥异，贾曹杰背光呈浅绿色，克朱杰背光呈鲜红色。从宗喀巴师徒三尊的总的神情看，神态安详，面容呈佛菩萨慈悲之相，手指看似很有动感和极强的柔韧性。尤其是能明显看到宗喀巴大师金刚跏趺坐左脚大拇指和其他并排的四指有明显紧柔之分和动感状态，从这一细节可以体会出画工精湛的人体写实能力，人物刻画精微，敏感而真实。尤为明显地领略到人体写实风格特色的追求是新勉唐派绘画独有的一个特色。新勉萨派的鼻祖"曲英嘉措是一位造型能力极强，写实技艺很高的大师，在他肖像作品中尤为突出的是画中人的形象特征，进而再现人物的灵魂世界。"[7]果不其然，这位画师确实学到了本派祖师最精彩的传神之艺，因而也可断定这幅壁画更加倾向于白宫早期的绘画作品也不为过失。师徒三尊镶嵌在绿玉葱葱的奇花异草中，显得格外宁静。牡丹花的花瓣色彩的搭配和树叶的折枝交错接线都勾勒得很到位。从宗喀巴师徒体型的描绘到周围的花丛和树叶的描绘，以及奇花异草中枝繁叶茂的马兰花上展翅起落的彩蝶栩栩如生，这些都将淋漓精致地展现了新勉唐派写实绘画风格的技艺在壁画绘制中的实际运用。

南面墙壁画占据面小，分布在靠南的窗户左侧。中间主供像为十三尊大威德怖畏金刚菩萨；从顶上左侧分别为胜乐金刚、文殊菩萨、密集金刚；中间左侧为白色文殊菩萨、右侧为绿度母。下边左侧为马头明王、右边为白伞盖佛母（图三；图版一四，2）。主供佛大威德金刚神态呈现极为威猛形象，乍一看给人无限的震慑之感。"乌黑的体色一幅震怒的水牛相，接天地之大张开的巨嘴流淌着血滴，锋利的双角尖燃烧朝上的烈焰；圆溜溜的三眼珠布满血丝变幻如闪电，黄褐色的头发朝背卷起形成遮云蔽日之势；黄褐色的眉毛和胡子像劫末之火焰，头发、胡子、眉毛等所有毛孔溅起阵阵烈光，鼻孔像烈火烧红的红铜管深深发红，而且从鼻孔和嘴里时不时发出劫末之火吹动风暴之象；如雪山并排的牙齿上下交错四颗虎牙，吐舌之势如闪电，眉心和鼻根布满怒纹，所有肢体粗壮而且腹部超大，手和脚心如被鲜血染红，指甲

图三　十三尊大威德怖畏金刚菩萨

长而弯曲如锋利的铁钩，胸前交叉的双臂右手持弯刀，左手托起盛满鲜血的头盖骨。右腿举起一尺之高呈弯曲状，左腿伸直款款落地。头顶托起八幅骨轮，中心饰有八节或九节宝石直立撑起五瓣金刚杵，八幅骨轮间隔配有八串骨珠，双耳佩戴中间配饰三瓣金刚杵的耳环。颈项配有每块三叶瓣金刚杵交错悬挂八件骨头串珠的项链，同样的

饰件悬挂在下体中心和双脚,并且配有多个小铃珠,以及将数目和长短不一的同样饰件挂在双肩膀,脚串和手串等交错相应。头顶正前方悬在上下并排金刚珠里三十五幅头骨顶上供奉五方佛由吉祥结骨饰环绕,下方的金刚杵连着骨饰金刚结下垂到膝盖部位,胸部正前后配有每块三叶瓣金刚杵交错悬挂八件骨头串珠的项链交错相应配饰,全身涂满人骨灰。项链手串,耳坠,头顶宝饰,络腋,人骨灰被称为六大骨饰。主供佛怀里的金刚起尸母所配的饰件与主尊佛一同,只是体型稍小,神态呈怒相而紧拥主尊佛站立在如火星四溅的劫末火团中。"[8]环绕在主供佛上下和左右两侧的佛像比起主供佛像比较小,但是,都按照佛像画法度量仪轨严格绘制而成,从佛像仪容到色彩的搭配都是依照表现佛菩萨主题思想而精心调制完成。画面中以白色、绿色、深红色为主色,色彩的渲染和调制搭配极为精妙,表现出本尊怒相菩萨应有的威猛和震慑形象,"画面极富动感,火焰翻卷升腾,长发虚灵飞飘,鬼头珠串,足下众妖都有肖像式的写实意味"[9]。这幅壁画跟布达拉宫所藏约13世纪创作的尼泊尔风格大威德怖畏金刚唐卡和由钦则派开山鼻祖钦则大师所绘西藏山南贡嘎多吉丹寺密宗殿大威德怖畏金刚壁画比较,其形象完全吻合七世达赖喇嘛格桑嘉措所叙述内容,这跟前两幅大威德怖畏金刚形象有很大的区别,显然,这幅壁画所采用的是新勉派手法绘制而成的本尊神系列壁画。

图四　护法神吉祥天母及诸菩萨像

北面壁画按照门的两侧方位绘制,门左侧主供佛为吉祥天母,两边配饰狮子和鲸鱼;顶上从左依次为文殊菩萨,四臂观音,持金刚菩萨,也就是常说的三大怙主;底层左边为俱力多吉扎丹护法神,右边为乃琼多吉扎丹护法神,是多吉扎丹护法神的两种形象。主供佛吉祥天母为护佑藏区的女护法神之主(图四;图版一四,3),这尊护法神形象遍布全藏区各大庙宇壁画和现有保存的各种唐卡中,"是相传由古印度修行高僧桑巴耶西或红衣班钦三度来藏区传法时第二度迎请到藏区的一种特具神通的护法神"[10]。门右侧主供佛为六臂怙主及其部分侍从。中间左侧为阿尼玛卿山神、四臂怙主;右边为白色如意怙主、财神。顶上左侧为阎罗王、白拉姆女护法神;右边为财宝天母、詹斯怙主。西藏造像学文献根据各种分类方法,认为有七十二或七十五种大黑护法的身形。其中,六臂怙主、四臂怙主、詹斯怙主都是七十二或七十十五种大黑护法神的分支。右下方左边依次为四大天王,即增长天王、持国天王、多闻天王、广目天王,中间还加有百梓姊妹护法神。北面壁画以护法神题材为主,诸神以忿怒相为主。纵观西藏佛教绘画内容,除了佛和上师、菩萨像外护法神形象占据相当大的比例,这也是藏传佛教绘画的一大特色,也是一大亮点。"随着佛教在藏地达到了鼎盛,形成了百花齐放的各门派,各派又从当时的天竺迎请本门的护法神,或是把藏地原有的本地各神祇降服归位,让其成为自己的护法之神,意在担任各自的正法,驱除邪恶之职。"[11]

勉萨派和钦则派是藏传佛教绘画史上最具影响力的两大派别,其中钦则派以擅长画怒相而著称,因此,从绘画史的理论角度分析,这一面壁画应分在钦则派的画派范畴内。然而,勉、钦两大画法派开创画师系均出自同一个师傅多巴扎西杰布门下,除了在细枝末节上有所区别外,基本上属同一派。尤其是布达拉宫白宫初建时以曲英嘉措为代表的新勉萨派绘制各殿堂壁画,五世达赖喇嘛阿旺洛桑嘉措本人对绘画艺术造诣极高,并对派系特色有其独到的见解,"在密宗乐园内召集钦则派画师绘制新旧秘法祖师及本尊护法神像"[12]。原则上讲,五世达赖喇嘛欣赏钦则派画师绘制本尊及护法神的绘画风格。但是,成为布达拉宫壁画开山鼻祖的曲英嘉措在"勉萨派的基础上大量学习和融入了更具汉族特色的绘画类型——噶赤派艺术风格,同时也吸收了青孜艺术的有益成分"[13]。因此,从壁画表面观察,这一组壁画除了主供神吉祥天母和六臂护法神等神像表现应有的极其威猛怒相外,整个画面以熊熊生辉的烈火衬托而淋漓精致地表现本尊佛及护法神威猛形象,这一表现手法是钦则派的一大优势。

西边壁画面积较大,和东面墙壁画对称,面积大小基本一致。这面壁画是德瓦坚寝宫壁画的核心部分,也是以表现阿弥陀佛西方极乐世界为中心的壁画内容,壁画从总体上讲堪称完美,但是由于年久失修,烟熏和起鼓脱落现象遍布,影响到壁画题记的阅读和欣赏,有些区域还有修复补绘的痕迹,从而可以假设这面墙很有可能为红宫新建时所修补。

西面墙壁画可以分左右两边和中间三个大的区域。左边主供佛为无量光佛(图五;图版一四,4),左右两侧为观世音和持金刚菩萨。无量光佛仪容呈安详平静姿色,面色和裸露的右臂,外露的前胸呈现红色,右手触地印,左手禅定印托起蓝色的钵。正黄色的三衣搭配极其合理匀称,衣角褶皱自然对错,左边站立的观世音菩萨体色洁白如玉,右手托起莲花,盛开的花朵齐至耳垂,飘带状垂落的围裙衬托三色旋纹式左右不齐的裤边和右边站立的持金刚对齐,除了持金刚的体色呈蓝色和头顶所托的宝物不一致外,手势、仪容、穿戴风格基本一致。

中间主供佛为世尊释迦牟尼,左右两侧为二胜徒弟舍利子和目犍连(图六;图版一四,5)。释迦牟尼佛像整体端庄、自然,三层重叠的背光,里二层分别用蓝色和红色为底色,再用锯齿形和具动感的波浪纹的金粉绘制,外一层背光用金线传引龙纹的丝质状设计而成。另外,外围的三层背光两侧绘有一对立体的珍珠纹青龙,右边龙

图五　主供佛无量光佛　　　　　　　图六　世尊二徒像

嘴大张，栩栩如生，很有活力而呈年轻龙形态，两边龙嘴几乎遮盖里二层背光一半厚度，双龙威猛活力的慈悲形象与中间主供佛安详平静的姿态形成鲜明的对比，使主供佛释迦牟尼的无与伦比形象得到升华。两边站立的二胜弟子舍利子和目犍连形态基本一致，但也对于细微之处形象确有刻画的相当精准的部分。譬如，左边的舍利子面部表情凝重而不失慈悲，悲悯而智慧；右边的目犍连相对于左边的舍利子面相更显得年轻，"人物毛发有虚实变化，形象边线的节奏十分明显"[14]。同样左手托起钵，右手举起禅杖，在主供佛左右两边执行各自不同的任务，基本相同的形态在画法角度上恰好相反，因此，乍一看给人一种人物形态不一致的感觉，这恰恰表现了画师精湛的艺术表现手法。细究画面表现手法，不管是主供佛还是侍从二胜弟子，都绘制得极其细致，尤其是佛祖释迦牟尼背光的精心描绘，周围龙纹的配饰等突出描绘的笔工，加上周围莲花、草木、花卉丫枝等细节的把握都精准地表现了释迦牟尼的"法身"是通过无数个生命轮回精修双福，最终达至佛果应有的无与伦比的美妙境界的情景。

从布达拉宫壁画绘制的历史渊源或者现场壁画观摩分析，这是一组由勉唐派衍生的新勉唐派"勉萨"绘制而成壁画。"特别是公元17世纪后的新勉势力更是势不可挡，终成唯一正宗的宫廷风格，从而成为画坛霸主。"[15]

五世达赖喇嘛初建布达拉宫时邀请新勉萨派鼻祖曲英嘉措及徒弟开始绘制白宫东大殿壁画，由此延续了布达拉宫壁画风格遵循"新勉萨"风格为主流的壁画特色。从整体壁画风格分析，"布局活跃多变，宝座有向里透视的侧面，立体感强，背光中卷草图案和虹状彩纹变成了波浪式放射的金线，卷草变宽异兽变马，加进大量的花卉，祥云"[16]。处处展现出勉唐派绘画风格特点。

右边主供佛依然为世尊释迦牟尼，但是和中间的主供佛释迦牟尼佛的画法有很大区别，身体背光为双重，少了一层外围的光圈，而且没有龙纹和其他动物之类的配饰；面相和法衣基本一致。头部背光外围画成一圈镶嵌宝石的雕纹，比起中间的释迦牟尼像绘制风格，这点却遗留了13～15世纪西藏早期的绘画风格特点。明显觉察到画法归于简单化，力求表现世尊释迦牟尼另一种功德，即佛祖释迦牟尼"身语意"三大功德里头"语"和"意"的功德，这是从画面最大的不同之处侍从菩萨的换位转换表现出来，和中间的主供佛不同左右两边画的侍从分别是立像的观世音和文殊菩萨，象征性地刻画佛的慈悲和智慧。两大菩萨侍从正前方左右两边有两位比丘僧，左边的向佛敬献曼陀罗，右边的高举一尊硕大的海螺敬献给佛，这些都预示佛祖释迦牟尼正法将要得到发扬光大。绘画师的这点意图还从周围绘制的世间六庄严践行正法的栩栩如生的六幅局部画面中也有所体会。

这面墙除了左、中、右三大块壁画占据相当大的比例外，整片壁画中穿插佛祖释迦牟尼最经典的百种生平里的最具典型部分画面，虽然壁画年代弥久，受损普遍，但是，所绘制记载的佛传记里的60个题记中大约一半的文字还能清晰地阅读。其中，较清晰的题记描述与生平画面结合比较欣赏时，独特的艺术表现手法使画面人物活灵活现，壁画绘制年代弥久而画面色泽呈现暗淡而古色使之文物所具有的独特魅力让人浮想联翩，比如，佛祖释迦牟尼穿着从垃圾堆里捡来的废弃衣；预示佛祖将要涅槃进入卧床调养；佛祖涅槃后被亲友四方抬举供奉法体的担架前往火化的场景等场面时，观赏者心底不由产生很大的触动，画面中佛祖在菩提树下苦修时有位放牛娃把木棉塞进佛祖耳孔滋扰精心禅定的场景，以及爱外相美的三个妖女照神奇镜子查看到各个老朽的面孔而黯然伤神的滑稽场景等画面，因为画工活跃的艺术思维和精湛的绘画技巧巧妙地表达而让人叹为观止。

## 五、德瓦坚寝宫及壁画主题意义

德瓦坚寝宫除了因保留完整、内容丰富和具较高艺术价值的壁画而在布达拉宫壁画群中占有举足轻重的分量外，其所蕴含的历史文化内涵也值得深入研究。

（1）建筑布局独特，壁画年代弥久。

德瓦坚寝宫位于布达拉宫白宫东大殿二层，和红宫接壤之处，是白宫的基础建筑部分。白宫和红宫两大建筑之中，白宫建筑成型年代相对较早，因此，德瓦坚寝宫是布达拉宫早期的建筑，承载着布达拉宫建筑所蕴含的历史文化元素。

德瓦坚寝宫现有的壁画绘制在1645～1762年的一百多年里。虽然尚无客观的资料引证德瓦坚寝宫壁画绘制的具体年份，但是基本能确定这组壁画距今已有接近三百年的历史，是在一定的历史积淀下的文化产物。从壁画内涵上分析，对研究布达拉宫建筑演变、殿堂功能的变化和转换、壁画艺术风格都有不可替代的作用。"随着时空转换,布达拉宫内的部分殿堂称谓、性质和功能等发生改观已经成为不可争辩的事实。譬如,从原来的寝宫改观为殿堂的有,八世达赖喇嘛的寝宫如意轮转变为次巴拉康(长寿殿),以及其寝宫甘丹平措变为强康(弥勒殿)。七世达赖喇嘛格桑嘉措寝宫平措果巴(吉祥殿)变为轮朗康,以及其寝宫诺杰边觉(旺财福运殿)变为图旺拉康。还有六世达赖喇嘛仓央嘉措寝宫齐美德丹变为甘丹拉康等,有些传记材料叙述这些寝宫后来变为殿堂的原因,主要缘于避讳藏历规程反映在任达赖喇嘛生命年灾或宫殿扩建需求为转换变动的主要原因。"[17] 这些寝宫在转变功能的时候随之将原有的称谓一同改变,佛龛等原有陈设基本上发生了变化,但是,其中有个文化符号基本未发生大的改观而被固定延续下来,那就是原寝宫或殿堂内的壁画。这些壁画除非殿堂扩建或主观原因上务必需要改动外,壁画作为唯一用客观物证来考证建筑功能是否发生变化或了解延续建筑渊源的第一手材料被留下了。据相关文字材料反映,布达拉宫甘珠尔拉康在七世达赖喇嘛格桑嘉措晚年将其开辟为"义仓"(秘书处),在五世达赖喇嘛阿旺洛桑嘉措的传记中对这一殿堂的壁画有所描述和交代,如果用文字叙述来引证殿堂前后转变改动的实际情况显得苍白无力,那么用文字记录和现存的壁画来引证殿堂的前后变化和建筑渊源,就显得锦上添花,达到满意的效果。因此,研究壁画本身及其艺术价值固然重要,对于殿堂文化内涵的研究同样不能忽视,这将有助于全面了解研究布达拉宫更有意义。

(2)德瓦坚寝宫具有深厚的历史文化内涵。

从整个布达拉宫历史文化角度分析,布达拉宫的殿堂基本上与历代达赖喇嘛有直接的联系,然而,德瓦坚寝宫作为布达拉宫白宫的一处重要的分支建筑,它曾长期作为达赖喇嘛的经师在布达拉宫内的寓所,有其独特的文化含义,于1720年,五世班禅洛桑益西到布达拉宫对七世达赖喇嘛授予沙弥戒,起法名洛桑格桑嘉措,理应第四世班禅在主持七世达赖喇嘛格桑嘉措授受沙弥戒时,在布达拉宫需要一处固定的寓所,虽然缺乏可靠的文字记载,但可以推断四世班禅洛桑益西在布达拉宫时当时起居的固定寓所理应安排在德瓦坚寝宫。1745年,七世达赖喇嘛格桑嘉措为六世班禅班典益西在布达拉宫授受沙弥戒,七世达赖喇嘛圆寂后,六世班禅洛桑益西又在布达拉宫主持修建七世达赖喇嘛灵塔扎西伟巴,并为其举行开光典礼。修建灵塔并非能在短时间内完成,主持修建灵塔举办开光典礼,六世班禅班典益西必须要在布达拉宫内有一处固定的寓所,"由于第巴桑杰嘉措在任期间扩建时轮殿而德瓦坚寝宫面积变小,六世班禅班典益西曾在此居住。"[18] 很显然德瓦坚寝宫又作为六世班禅在布达拉宫内固定寓所,并顺利完成灵塔开光和举办典礼,成为见证布达拉宫建筑及传承历史文化脉络的一处独特建筑。另外,"水虎年1782年,永增益喜坚赞七十高龄时被任命为八世达赖喇嘛经师,直到去世为止,利用12年时间为达赖喇嘛讲授一切显密要义及灌授灌顶"[19]。八世达赖喇嘛时期德瓦坚寝宫作为八世达赖喇嘛经师在布达拉宫内的长期寓所。两辈班禅喇嘛曾居住在德瓦坚寝宫主持认定七世、八世达赖喇嘛登基典礼,收受相关仪轨戒律，完成重要的活动，加上八世达赖喇嘛经师永增益喜坚赞接任经师直至去世居住在德瓦坚寝宫，因此，德瓦坚寝宫也跟布达拉宫内的多处殿堂一样改扩建而不断转换功能，包括名称。然而，其寝宫名称始终未变，并一直存在于布达拉宫悠久的建筑历史长卷中。

（3）德瓦坚寝宫具有一定的政治文化意义。

布达拉宫白宫作为甘丹颇章政权（履行公务）的重要场所，在七世达赖喇嘛格桑嘉措晚年即1751年成立三俗一僧的"噶厦"办公机构设在布达拉宫德瓦坚寝宫，因此，从政治文化上讲，从某一历史时空在此处理地方政府日常政务工作，在布达拉宫殿堂建筑中又具一定政治象征意义。

# 六、结　语

布达拉宫在三百多年的建筑史中，不断地增修殿堂建筑，充盈文物，浩如烟海的内藏文物和巧夺天工的精美壁画，俨然成为包罗万象的博物馆，显然，短时间无法促成对其进行全面研究，本文选择其中德瓦坚寝宫作为研究对象，重点对其壁画内容、艺术风格以及主题意义作尝试性探讨，以求找到一个突破口，进而推动布达拉宫研究全面发展。

## 注　释

[1] 西藏布达拉宫维修工程施工办公室、中国文物研究所、姜怀英、噶苏·彭措朗杰、王明星：《西藏布达拉宫修缮工程报告》，文物出版社，1994年，第14页。

[2] 东波土登坚赞：《布达拉宫旅游指南》（藏文版），布达拉宫内部资料，第58页。

[3] 八世达赖喇嘛：《永增益喜坚赞传记佛法莲花开启明日》，中国藏学出版社，2010年，第182页。

[4] 五世达赖喇嘛阿旺洛桑嘉措：《五世达赖传》，西藏人民出版社，1991年。

[5] 于小冬：《藏传佛教绘画史》，江苏美术出版社，2006年，第264页。

[6] 七世达赖喇嘛格桑嘉措：《格桑嘉措文集》（第一卷），色昭古籍出版社，2010年，第562页。

[7] 同注[5]，第265页。

[8] 同注[6]。

[9] 同注[5]，第269页。

[10] 同注[6]，第624页。

[11] 多吉平措：《浅析宝帐怙主护法神的由来及其艺术特点》，《布达拉宫藏品保护与研究》，四川民族出版社，2014年，第82页。

［12］ 同注［4］，第287页。
［13］ 同注［5］，第265页。
［14］ 同注［5］，第265页。
［15］ 同注［5］，第231页。
［16］ 同注［5］，第225页。
［17］ 扎西才旦：《略论布达拉宫德瓦坚寝宫壁画》（藏文），《布达拉宫馆刊》第3期，第87页。
［18］ 次仁占堆：《布达拉宫部分殿堂及建筑物称谓》（藏文），《布达拉宫馆刊》第1期，第58页。
［19］ 东嘎·洛桑赤列：《东嘎藏学大辞典》，中国藏学出版社，2002年，第128、129页。

# 清朝第一次驱逐准噶尔兵败那曲营地遗址考

赵书彬[1]  达 娃[2]

（1. 西藏日报社；2. 那曲市文物局）

1717年（康熙五十六年），蒙古准噶尔部落攻入西藏拉萨，烧杀劫掠，给西藏社会、人民生活和生产秩序带来了极大的灾难和混乱。西藏人民迫切希望中央政府迅速出兵驱逐准噶尔势力，重建家园。康熙帝遂于1718年（康熙五十七年）3月，派额伦特和色愣统领官兵分道进剿。这是清朝以来中央政府第一次在西藏用兵。由于对西藏高原的地理、气候及有关情况缺乏应有的了解，进军前的准备也不够充分，加之分道行军的两支军队指挥官关系不和、战术配合失当、轻敌大意等因素，最终以失败告终，全军于当年9月覆没在喀喇乌苏（现那曲）地方自设的防御工事内。

额伦特、色愣兵败那曲的防御工事地点现在何处？近300年来无人问寻，也不知其何在。那曲市文物局通过开展第三次全国文物普查过程中，发现色尼区那么切乡年扎自然村西南约1千米处的尼热山有一大型工事遗址，初步认定为清朝时期战场遗址。这一战场遗址又涉及哪次事件？目前也无定论。年扎遗址是否为额伦特、色愣兵败藏北的防御工事地点？笔者拟在实地考察、文献考证的基础上进行一番论证，以请教于方家。

## 一、年扎遗址实地考

年扎遗址位于西藏自治区那曲市色尼区那么切乡年扎自然村背靠的尼热山（意为鱼山）。北距班戈大桥约5千米，青藏公路从遗址东北约7千米处穿过。遗址距离那曲镇所在地约40千米。年扎遗址所在的尼热山平均海拔4580米，由南北两座山丘组成，南山高，北山低，相对高度约50米。尼热山东面为那曲河及河滩草地，南面为开阔的山间草地，西边沿山体有一条季节性小河流，那曲至班戈县公路从山体北面边缘穿过，四周开阔。

在第三次全国文物普查田野实地调查阶段，本文作者之一和那曲普查人员在年扎遗址南山坡发现少量的铁制盔甲残片、箭镞、陶片、瓷片、铅弹以及2个铁质拴马桩等实物（图版一五），同时在一处暴露的耕土层断面发现马骨骸堆积。另在南山坡顶发现一处宽1~2.5米的石圈遗迹，南山山体边缘及山脚有大小不一类似墙体残核泥沙混合的石块。根据这些发现，普查人员初步推测该遗址为一战场遗址，年代初步定为清代，与自治区文物局专家实地考察断定年代相同。

沿着初步线索，作者于2011年7月16日对年扎遗址再次进行了实地考察，并有了进一步的发现。除拾捡到盔甲残片和马具残件外，主要在年扎遗址所在的尼热山南北两座山头和山鞍部发现7处大型壕沟遗址，其中南山头3处、山鞍部靠西1处、北山头3处；2个呈方形，5个呈圆形。通过测量，最大的一处壕沟遗迹（位于南山最高处）周长约620米，最小的（位于北山）周长约228米。同时发现在壕沟遗迹内布满平均面积为50平方米左右的半地穴式圆形坑，形制规整，在壕沟外则没有发现。这些壕沟和圆形坑大多北面清晰，南面模糊，通过测量北面深度大约为20厘米。

综合第三次全国文物普查时的发现和这次调查的发现来分析，年扎遗址应该是一处大型的军事营地遗址，营地周围修筑较为坚固的防御工事。

该遗址经西藏自治区文物局专家初步认定为清代。在年扎村和自日村（离遗址西北2千米）走访时，不少群众反映说这里发生过战争，自日村的村主任布尼玛告诉笔者还曾在南山坡捡到过炮、铅弹，还见到过人骨，但发生战争的两方并不清楚。年扎村次仁旺扎（时年80岁）则告诉作者，是准噶尔军在此打的仗，而对阵的另一方则不清楚。而当地则传说原来没有尼热山，发生战争后，人和马的尸体堆积成现在的山。

当地牧民的说法中唯一涉及年代的就是准噶尔战争说，但牧民的说法并不能作为确定年代的主要证据。考古学还主要靠遗留的实物来判断。2008年，在位于尼热山对岸那曲河畔的一处采沙场，施工人员发现6门铁质炮，炮身长160厘米，分为炮管、炮膛、炮尾三部分，口径3.2厘米，重约35千克。炮膛位置安装有瞄准用的照门和固定子炮的铁销口，炮管口部安装准星，但现场未发现木质柄托和载荷用具。由于锈蚀较为严重，未发现铭文。经西藏博物馆专家初步鉴定为清代康熙年间铸造的子母炮[1]。而这种炮，当地群众也曾捡到过，但此次调查并没有看到。

子母炮的发现再一次认定了该遗址的年代为清朝时期，并与当地流传"准噶尔打的仗"说法初步形成了对应。那该营地亦是战场遗址是否与额伦特、色楞兵败有关，下面从历史学的角度加以考证。

## 二、清朝时期那曲兵事简述

查阅汉藏史料，清朝时期在色尼区（原那曲县）一带发生的较大兵事只有三件。一件就是额伦特、色楞兵败那曲之事，另两件分别是1720年（康熙五十九年）平逆将军延信率军经那曲反击准噶尔军袭扰和1911年陈渠珍返湘途经那曲驱袭藏兵。

第一次在藏用兵失败后，康熙帝力排众议，于1719年派十四子胤禵为抚远大将军坐镇青海，分兵新疆、青海、四川三路，第二次用兵西藏驱逐准噶尔势力。

延信领兵从青海经由那曲进藏。1720年，"平逆将军延信等率领大兵于八月十五日驻扎卜克河,是夜,策零敦多卜等率众来犯,击败之,夺其马匹器械。十九日,自卜克河启程。二十日,驻扎齐嫩郭尔,三更时有贼兵两千余人,来袭我师。我师严整备御,贼众久持不能抵,敌遂奔北。二十一日,自齐嫩郭尔启程。二十二日,驻扎绰马喇,是夜五更,又有贼兵千余劫营,因营中四面哨兵枪炮矢石齐发,贼兵被伤身死者甚多,余贼望风而遁。延信等随领兵于九月初八日,自达穆启程,送新封达赖喇嘛进藏"[2]。

延信经过藏北反击袭击和行进的地点依次是:扎卜克河、齐嫩郭尔和达穆,其中扎卜克河为现聂荣县的下秋曲,齐嫩郭尔靠近聂荣县城,绰马喇在今那曲镇错莫绒湖一带,达穆为现拉萨市当雄县一带[3]。这些地点没有一处在喀喇乌苏也就是那曲河边,也就是说这些地点不可能是现在的年扎遗址所在地。同时延信率部进军较为迅速,也不可能修筑较为费时费力的大型防御工事。

陈渠珍返湘途经那曲驱袭藏兵发生在1911年,也就是武昌起义那一年。武昌起义的消息传到西藏后,陈渠珍出于多方面考虑,决定弃职东归。他偕湖南同乡士兵及亲信115人,取道青海回中原,途径那曲时与尾随藏兵发生过一场战事。

战事发生在今那曲镇北10余千米的一处草原上,陈渠珍的回忆录《艽野尘梦》中如此记载:"余乃分部队为三队,兴武率一队攻其前,余自率一队攻其左,余一队守护行李辎重,兼为后应。时右侧大平原中,帐房甚多,番骑皆下马入帐房中休息。兴武直前攻入。番众出,倚倭墙迎战。我军且战且进,逼近墙边。番众仍顽强抵抗。余乃绕出番兵左侧猛攻之。番众不支,始上马奔逃。我两路猛追,乱枪扫射,番人纷纷落死。追逐三里许,番骑去远。不敢深追,始收队回。番兵死伤三百余人,我军均无伤亡。搜索帐房,已空无一人,惟余粮食甚多。余急驱驮牛至,尽量捆载。整旅急行,不敢久留。"[4]

以陈渠珍对这次战斗的详细记载比照年扎遗址,可以发现两处战场地形不一致,营地不一致,离那曲镇的距离也不一致。并且陈渠珍大胜,不可能遗留下子母炮等重军火。

通过对清代那曲战事史料的分析,基本可以排除延信和陈渠珍在年扎遗址发生战事的可能。

## 三、额伦特、色楞进军及兵败经过

色楞与额伦特两军分道前进。色楞带领满洲、绿旗、土司之兵以及从西宁调来之兵共2400名一路从都岭先行。色楞于1718年(康熙五十七年)5月13日到达穆鲁斯乌苏(现通天河),此前,额伦特送来书信商议"遣人将准噶尔之兵诱来,俟所遣之人回信,然后进兵",[5]色楞考虑到"准噶尔残财害西藏、彼处人民悬望我师如望云霓""准噶尔兵众散处无纪""器械坚锐,马肥饷足"[6],便没有采纳在穆鲁斯乌苏等待额伦特的建议，心切地渡河经拜图向喀喇乌苏进军。途中，台吉卓里克图之子博音马松、台吉丹津绰音达克等率众依附到色楞的队伍中，本就"兵强马壮"，加之又有"来降"之众，色楞按理应该一路猛进，但色楞这时派出新满洲侍卫诺里尔达等，令投诚之沙克扎寨桑为向导，前往侦探额伦特信息，并决定在喀喇乌苏等候额伦特，希望"合兵一处前进达穆地方"[7]。7月20日，色楞"统兵至喀喇乌苏安营"，安营次日，色楞带兵驱逐了准噶尔的一次袭扰[8]。色楞急切进军的脚步为何此时停顿下来，这一点从汉文史料中不得而知。

准噶尔入侵西藏时，恰逢有一位西方的传教士德西迪利在拉萨传教，他后来的著作中提及了此次事件的前前后后，作为经历者的记录颇为可信。他是这样述说色楞的进军的：因为军队的人数众多，在完全孤立无援的情况下，行军道路又这么漫长，所以在他们到达拉萨北边的达木之前，给养已经开始缺乏了。但是他们在那里可以补充一定的给养。他们选择合适的地点，用石头垒墙，围起了相当大的一块地方，以抵抗敌人的攻击[9]。德西迪利没有提及事件的发生地点，但写到色楞是由于给养的缺乏，加之遇敌，进而择地修起了大的防御工事。

额伦特6月18日率兵自穆鲁斯乌苏启程[10]，经图尔哈图、七叉河、门赞西里克一路追赶色楞。7月16日，至齐诺郭尔安营，次日四更遭到准噶尔"冲逼营盘"[11]，额伦特遣将率兵击退来犯之敌后，率兵追击，连败准噶尔，并从俘获敌军中得知"贼酋拖布齐杜喀儿二人率兵四千由喀喇乌苏河西小路而来"[12]截击，色楞一面通知公策旺诺尔布前来接应，一面当机立断渡过喀喇乌苏绕开准噶尔前来截击的大军，向北朝狼腊岭（唐古拉山口）进发，希望"与色楞相遇，则会兵前进"[13]，如果没有相遇，就依狼腊岭之险抗敌。

额伦特渡过那曲河向北行军与安营防御的色楞相遇后，遇到了准噶尔的围攻。对于这战败的过程，《清实录》记载非常简略，仅是"九月甲辰，先是总督额伦特同侍卫色楞统兵至喀喇乌苏，与贼众遇，屡败贼众，相持月余。至是复率兵进击，射死贼人甚众。矢尽，额伦特犹力战殁于阵，色楞旋亦败殁"[14]数语，两军相会的场面和战败的详细经过都是一语带过。

对于这些内容，《平定准噶尔方略》一书中则有比较详细的记载："臣（额伦特奏折自称）于七月十八日至齐诺郭勒，击贼败之，二十八日抵喀喇乌苏河，与色楞军相及。臣阅其近河设营处仅据小山，四面受敌，不如还军渡河，营于对面山上。色楞不听臣言。二十九日，贼众，据山抗拒。而我军所调公策旺诺尔布兵未到。八月二十日，贼兵退八十里。臣又与色楞急议移营，色楞以为然，既又不可。闰八月初一至初七日，贼众大至，筑垒放枪以范我军，我军粮乏，与贼固守，事在危急，此皆有色楞冒险急进，臣不能与之协心，以至军出失援，惟有竭力杀贼，以图报效。"[15]这份奏折是额伦特在喀喇乌苏军营被困时，遣千总柳时昌等上奏的，同时柳时昌奏言额伦特是"额中鸟枪殁于阵"[16]。

《圣武记》言："贼胁从番众数万，以其半据河拒我前，而分兵潜出我后，截饷道，相持月余，粮尽矢竭，九月我师覆焉。"[17]

《平定准噶尔方略》和《圣武记》两书比较清晰地点出了营地和战场的基本信息，这将在下面进行对比分析。从两书的记载来看，额伦特、色愣最后的失败主要是因为敌众我寡、将领失和、补给不足和营地选择不当，加之进军时的抢攻冒进、轻敌、准备不足，最终造成清朝第一次在藏用兵的失败。

## 四、资料记载兵败地点与年扎遗址的对比分析

前文已从考古学的角度确定了年扎遗址为清代时期的一处营地兼战场遗址，又从历史学的角度排除了延信和陈渠珍两次兵事与年扎遗址有关的可能。那么年扎遗址是否就是额伦特和色愣兵败之地？现就资料记载对营地工事、地理位置、地形地貌的描述与年扎遗址进行对比论证。

营地工事。年扎遗址是一处营地，外设防御工事遗址，分南北两个区域，从工事的周长、面积来看，规模较为庞大。《清实录》《平定准噶尔方略》中皆记载色愣和额伦特安营扎寨。清康熙年间的军队营地一般为半地穴式，这种半地穴式的营地在蒙古国西部阿德根哈里雅尔遗址也有发现，根据考古挖掘，内蒙古文物考古研究所与蒙古国游牧文化研究国际学院、蒙古国国立博物馆联合组成考古队确定阿德根哈里雅尔遗址为清代屯兵遗址[18]。可见年扎遗址发现的半地穴式遗迹是为清军营地无疑。至于防御工事，德西迪利描述"他们选择合适的地点，用石头垒墙，围起了相当大的一块地方"，年扎遗址除有少部分的石头工事遗存外，绝大部分为壕沟遗址。年扎村一带多为山丘或草原，基本没有大型石块，牧民建房也多为土坯，可见当时用石头垒墙的记载颇为不准。

地理位置。前文已经谈及年扎的地点在那曲镇以北，东靠那曲河。兵败事件的发生地点是在哈喇乌苏，也就是现那曲镇附近，这与年扎所在区域相符。那曲河从地图上看，在流经那曲镇之前是南北走向。额伦特是先涉过那曲河，然后沿河朝狼腊岭亦即唐古拉山口方向走进而与色愣会合。额伦特从东面而来，涉过那曲河也就是说到了河的西面，往狼腊岭方向也就是向北方向走，这也就是说色愣的营地在今那曲镇以北，那曲河的西面，这与年扎的地理位置完全相符合。

地形地貌。年扎遗址为一处小山，绝对高度50米左右，靠近那曲河，四周开阔。额伦特初见营地时描述"近河设营处仅据小山，四面受敌，不如还军渡河，营于对面山上"，小山、近河的描述与年扎遗址所在的尼热山完全相符，并且该山和那曲河的对面正是一处山，这座山较高，并且连成一体，面敌设营不会四面受敌，符合额伦特的标准。《圣武记》也言准噶尔以河为屏障，可见这一战场遗址不仅包括年扎遗址所在的山，同时山四周和那曲河对岸也包括在内。

综合前文和上文的分析，本文确定年扎遗址就是清康熙年间额伦特、色楞率部抵抗准噶尔军进攻的营地遗址，同时也是一处反复拉锯战斗的战场遗址。

## 五、余　　论

论定年扎遗址的性质和事件后，额伦特、色楞军队人员组成、死亡人数、官兵的最后结局等还需进行简单的论证。官兵的组成包括多民族。色楞所率之兵中就有"满洲、绿旗、土司之兵以及从西宁调来之兵"[19]，约翰·麦格雷格言军队由"当地的穆斯林组成"[20]，可见官兵中包括满、汉、藏和回等多个民族。

至于死亡人数和官兵的最后结局，清官方的说法是全军覆没，伯戴克言"大约七千人的军队全军覆没"[21]，而据《颇罗鼐传》中载"有的将领被游放到我们准噶尔的领地去了。大部分军队被杀死在战场上。有的无食充饥，活活饿死；有的无衣御寒，活活冻毙；有的被捉，然而，为了班禅活佛长寿，放他们各自回家。"[22]由此可见，这支队伍中存活下来的只是少数。

该遗址是那曲市唯一有史可查的古战场遗迹，反映了清朝中央政府对西藏地方进行有效治理的重要历史进程，对于研究清代安藏、治藏的历史具有重要学术价值。同时，清朝第一次在藏用兵的官兵中包括满、汉、藏、回等多个民族，反映了各民族团结一心，维护西藏地方安宁的历史。建议对该遗址进行考古发掘，进行原址保护。

附记：原文发表于《西藏研究》2012年第4期，原文标题为《康熙五十七年额伦特、色楞兵败那曲营地遗址考》。

## 注　释

[1]　《那曲发现清代康熙年间铸造的子母炮》，《西藏日报》2008年11月7日。
[2]　张其勤（原著），吴丰培（增辑）：《清代藏事辑要》，西藏人民出版社，1983年，第80、81页。
[3]　参考西藏自治区交通厅、西藏社会科学院：《西藏古近代交通史》，人民交通出版社，2001年。书中第七章《清代时期的西藏驿道运输》提到青海至拉萨驿道经过地点，可做对比参考。
[4]　陈渠珍：《艽野尘梦》，西藏人民出版社，2009年，第174、175页。
[5]　《清实录》（第六册），中华书局影印本，1986年，第736页。
[6]　同注[5]，第736页。
[7]　同注[5]，第745页。
[8]　同注[5]，第745页。

[9] 依波利多·德西迪利（著），杨民（译）：《德西迪利西藏纪行》，西藏人民出版社，2004年，第145页。

[10] 另有一说是六月十六日启程。张其勤原稿、吴丰培增辑的《清代藏事辑要》一书中载"六月十六日，臣统兵自穆鲁斯乌苏起程"。与《清实录》的记载只是时间不一，其他皆相同，应是誊抄之误。

[11] 同注［5］，第744页。

[12] 同注［5］，第744页。

[13] 同注［5］，第744页。

[14] 同注［5］，第748页。

[15] 西藏社会科学院西藏学汉文文献编辑室：《平定准噶尔方略》，1990年，第119页。

[16] 同注［15］。

[17] 魏源：《圣武记》，中华书局，1984年，第205页。

[18] 《蒙古国境内发现清军抗击准噶尔部驻扎营地遗址》，http://www.northnews.cn/2011/0104/270945.shtml，［2019-5-12］。

[19] 同注［15］。

[20] 〔美〕约翰·麦格雷格（著），向红笳（译）：《西藏探险》，西藏人民出版社，1985年，第79页。

[21] 〔意〕伯戴克（著），周秋有（译）：《十八世纪前期的中原和西藏》，西藏人民出版社，1987年，第88页。

[22] 多卡夏仲·策仁旺杰（著），汤池安（译）：《颇罗鼐传》，西藏人民出版社，2002年，第168页。

（原载《西藏研究》2012年第4期，原题目为
《康熙五十七年额伦特、色楞兵败那曲营地遗址考》）

# 拉萨《札什城关帝庙碑》考释

陈祖军

(西藏自治区文物保护研究所)

札什城原址位于今拉萨市城北色拉寺与大昭寺之间名叫札什的地方,为清政府在拉萨驻军之所。

雍正十一年(1733年)春,都统青保、副将张可才等奉旨于色拉寺、大昭寺之间名为札什的地方兴建城垣,八月建成。九月初四日,防兵移驻扎什新城[1]147。

在札什城之南,原建有关帝庙。乾隆五十七年正月二十日,奉旨征讨廓尔喀的福康安抵达拉萨,"谒札什城关帝庙,见其堂皇湫隘,不可以瞻礼缅神,御灾捍患。"[1]98-99遂另选址于磨盘山建关帝庙。平定廓尔喀之后,驻藏大臣和琳与四川总督惠龄主持重修札什城关帝庙,和琳亲撰碑文记其事,此即《札什城关帝庙碑》。

## 一、《札什城关帝庙碑》简释

原碑无存。据《拉萨市文物志》所载《札什城关帝庙碑》一文称:"大昭寺有数通残碑,考其碑文,乃属《札什城关帝庙碑》。此数通残碑石质为砂岩,表面较粗。碑文皆汉字,阴镌,楷书,字迹工整,然多已漫漶不清。仅三通存留字数较多,可确认为该关帝庙碑。"[2]121考其所录文字,与《卫藏通志》卷六所载该碑文字基本相同,且并无缺漏文字,可知其录自《卫藏通志》。惜原碑今已不见,不知碑文与《卫藏通志》所录文字有无相异之处。

《卫藏通志》卷六"关帝庙"条目下"关帝庙旧建在札什城之南,钦差驻藏工部尚书和琳重葺庙宇、撰碑文,其辞曰"[1]97等31字之题头文字,为原碑所无。

碑文共562字,均以《卫藏通志》卷六所载原文以楷体字录出并句读、简释于下:

> 恭維我國家撫有區夏,東至朝鮮,西窮大漠,南極于交趾,北抵于庫倫,暨海外西洋諸國,罔不輸職貢、奉正朔,幅員之廣,千古罕有。舉凡王師所向,靡不誠服,關聖帝君實默佑焉。唐古忒在勝朝為烏斯藏,自聖祖仁皇帝時歸入版圖。駐兵札什城,舊建有帝君廟,靈應異常,僧俗無不敬禮。乾隆辛亥[1]秋,廓爾喀部落惑於逆僧沙瑪爾巴[2]遊說,潛師侵掠後藏。賊

眾我寡，憑高固守。賊屯林中，每夜數驚，自相蹂躪，以為大兵且至，懼而引去。皇帝赫斯震怒，命大學士、忠銳嘉勇公福康安為大將軍<sup>(3)</sup>，超勇公海蘭察<sup>(4)</sup>、四川總督惠齡為參贊大臣<sup>(5)</sup>，統領索倫漢、土官兵，聲罪致討。副都統、賽尚阿巴圖魯成德<sup>(6)</sup>分率偏師，由聶拉木牽綴賊勢；琳<sup>(7)</sup>同大學士毅<sup>(8)</sup>籌畫軍儲，往來策應。大將軍等由濟嚨進鳥道羊腸，賊人負嵎據險，我兵出奇奮勇，七戰七捷，直偪賊巢。廓酋舉國慴怖，哀懇乞降。我皇上如天之仁，不忍覆其巢穴，詔許歸誠。自進師至凱旋，凡三越月，固由聖主廟謨廣運，指示機先；大將軍運籌帷幄，靡堅不破；然究屬帝君威靈呵護之所致也。大將軍回藏，度地磨盤山，刱立神祠，以答靈貺<sup>(9)</sup>。僉議札什城舊廟為春秋禋祀之所，廢而不葺，良用缺然。爰是琳與制府惠齡捐資庀材，諏吉鳩工，命同知李經文<sup>(10)</sup>董其役。卑者崇之，隘者拓之，有廡有堂<sup>(11)</sup>，有嚴有翼<sup>(12)</sup>。閱月<sup>(13)</sup>而竣事，神之憑依於是乎在。蓋國家聲教之所及，無非神威之所記，自非真氣盤礴，塞乎天地之間，輔詡景運，安能彌綸中外，靈威異彰若此乎！不敏職司邊寄，凡所以整飭戎行，挽回風俗，敢不怵惕惟屬，上報主知。於展謁之次，敬進官吏而勵之曰：帝君有云，心在人中，如日在天上。吾等益當激昂自奮矣。是為記。

（1）乾隆辛亥為乾隆五十六年，1791年。

（2）沙瑪爾巴，噶举派红帽系活佛。乾隆四十五年（1780年），六世班禅额尔德尼在北京圆寂。其兄仲巴呼图克图将朝廷赏赐、王公供养的无数珍宝、财物皆为据为己有，其弟沙瑪尔巴遂生怨愤，乃以朝拜佛塔为名出走至尼泊尔，唆使与其关系密切的廓尔喀入藏劫掠<sup>[3]列传三百十二·藩部八·西藏</sup>。廓尔喀人遂于乾隆五十三年、五十六年先后两次侵藏，并劫掠札什伦布寺。经成德、鄂辉等征剿，廓尔喀人退守济咙、聂拉木一带<sup>[3]列传三百十六·属国四·廓尔喀</sup>。五十七年，福康安大将军奉旨征剿并击败廓尔喀。沙瑪尔巴于是年五月病故于廓尔喀<sup>[4]627</sup>。九月初，乾隆命以和珅奏言所请将沙瑪尔巴之主寺羊八井寺百余僧众改奉格鲁派<sup>[4]635-637</sup>。噶举派红帽系活佛传承就此终结。

（3）福康安，字瑤林，富察氏，满洲镶黄旗人，傅恒之子<sup>[3]列传一百十七·福康安</sup>。乾隆五十七年三月十五日谕令福康安大将军衔<sup>[4]404</sup>。八月，谕旨授武英殿大学士<sup>[5]卷1411</sup>。乾隆五十八年五月二十日谕旨授予福康安忠锐嘉勇公<sup>[4]795</sup>。从碑文所用福康安的爵位可知，碑文当撰写于乾隆五十八年五月二十日之后。

（4）海兰察，满洲镶黄旗人<sup>[3]列传一百十八·海兰察</sup>。乾隆五十七年九月初三日谕令晋封为一等公<sup>[4]633-634</sup>。乾隆五十八年三月卒<sup>[3]列传一百十八·海兰察</sup>。

（5）惠龄，字椿亭，蒙古正白旗人。据对《磨盘山新建关帝庙碑》及《卫藏通志》卷首《校字记》所载"福康安《关帝庙碑》于惠龄、和琳、孙士毅皆书号于体，未协，皆易之。后营官寨《关帝庙碑》亦同，均更正"的文字考证，原碑文此处的"惠龄"当为"惠瑶圃龄"[6]73。五十六年擢为四川总督。征廓尔喀时被任命为参赞，督治粮运[3]列传一百三十二·惠龄。

（6）成德何时授予赛尚阿巴图鲁不详。《平定廓尔喀十五功臣图赞》作"副都统衔、驻扎西藏协办事务大臣、赛尚阿巴图鲁成德。"[4]72乾隆五十九年四月，谕令成德以副都统衔署理杭州将军，并明言"现在杭州将军员缺，一时简用乏人，若即将伊补授，未免稍优，著仍以副都统衔前往署理。"[5]卷1451可见，至迟乾隆五十九年四月时，成德仍未实授副都统。且《清史稿》《清实录》等史料并未记载其实授副都统事。嘉庆四年冬十月，"杭州将军成德以年老休致"[7]卷53。碑文此处称"副都统"，或为录文缺一"衔"字所致。

（7）和琳，字希斋，和珅胞弟[8]82。乾隆五十七年二月己巳，谕令和琳赴藏管理藏务[5]卷1397。八月初七日，谕令补授和琳为工部尚书[4]591。

（8）孙士毅，字智冶，一字补山，浙江仁和人[3]列传一百十七·孙士毅。原碑文此处的"毅"当为"补山士毅"[6]74。乾隆五十七年八月二十三日，谕旨授孙士毅为文渊阁大学士[5]卷1411。

（9）此处误。据福康安所撰《磨盘山新建关帝庙碑》载："某于五十七年夏，由宗喀、济咙整旅遄进。先是，驻军前藏，征兵筹饷。谒札什城关帝庙，见其堂皇湫隘，不可以瞻礼缅神，御灾捍患，所以佑我朝者，屡著孚格。于是度地磨盘山，鸠工庀材，命所司董其役。"该碑后文言道"凯旋之日，庙适落成"；又据《钦定廓尔喀纪略》乾隆五十七年四月初三日所载福康安、惠龄奏言称"臣等于十七日自前藏起程……"往攻廓尔喀[4]418，此处十七日为三月十七日，即1792年4月8日。乾隆五十七年十一月十七日所载福康安、惠龄奏言称班师行程曰"臣等于十五日行至前藏，……"[4]694此处的十五日为十月十五日，即1792年11月28日。由此可知，所谓"度地磨盘山，创立神祠"之事应在福康安于1792年4月8日离开拉萨前，而非1792年11月28日回到拉萨后[6]79-80。

（10）李经文，生卒无考。据乾隆五十七年二月十一日孙士毅奏言可知，至迟在乾隆五十六年冬，李经文已为同知："孙士毅奏言：'臣于去冬续派候补道承勋及同知李经文等，令兼程赴藏听候差委。'"[4]335-336除主持修葺札什城关帝庙外，李经文还以监修身份参与了磨盘山关帝庙铜钟铸成及福康安撰写的《双忠祠碑记》刊立之事[6]74。

（11）《说文》："庑，堂周屋也。"指建筑群高堂周围之廊房。又《说文》："堂，殿也。"指建筑群之主殿或正房。

（12）有严有翼出自《诗·小雅·六月》："有严有翼，共武之服。"毛传："严，威严也；翼，敬也。"孔颖达疏："其严者威敌厉众，其敬者抚和上下。"意指恩威并重，镇绥一方，以保平安。

(13) 阅月者，经过一月也。

## 二、《卫藏通志》疑为《札什城关帝庙碑》碑阴文字校释

《卫藏通志》卷六之末收录了据作者考证疑为《札什城关帝庙碑》碑阴所载文字："右衔名原书载在诗文类'查西藏公爵、台吉各敕覆呈'之后，今诗文类已删。再三展读，因悟末幅'监修：同知李经文'一人曾见于前《札什城关帝庙碑》云：'命同知李经文董其役'，即监修也。是此衔名可定为《札什城关帝庙碑》碑阴人名无疑，然不敢径羼入，今附在寺庙门之后。"[1]105-109

碑阴文字为164人的职衔与姓名，共1288字。其中有81人的职衔及任职的情况见于拉萨磨盘山关帝庙铜钟铭文中[6]71-80，本文对其中职衔及任职的情况有变化的附注于其名下，仅仅是音同字异而无变化者不再附注。其余83人则根据史料记载对其生平、职衔、任职地等情况做简单考释，附注于其名之下。

现依《卫藏通志》卷六所载原文排列，以楷体字录出并简释于后：

御前侍衛正藍旗滿洲副都統和隆武巴圖魯領隊大臣額勒登保(1)
乾清門侍衛正黃旗蒙古副都統布隆巴圖魯領隊大臣岱森保
乾清門侍衛副都統職銜西里巴圖魯領隊大臣珠爾杭阿
乾清門二等侍衛伊昌阿巴圖魯永德
　　　　　多托禮巴圖魯阿尼雅布
　　　　　哈西巴巴圖魯安祿
　　　　　雜勒丹巴巴圖魯桑吉斯塔爾
通政使司副使加三品卿銜軍機處行走方維甸(2)
理藩院柔遠清吏司員外郎軍機處行走長齡(3)
戶部堂主事兼貴州陝西清吏司候補員外郎軍機處行走巴哈布(4)
內閣侍讀軍機處行走楊揆
鑲黃旗蒙古副都統法福禮巴圖魯領隊大臣烏什哈達
鑲藍旗蒙古副都統西郎阿巴圖魯領隊大臣德楞泰
頭等侍衛索倫總管加副都統職銜能登額巴圖魯領隊阿木勒塔(5)
頭等侍衛加副都統職銜額騰額巴圖魯果爾海(6)
頭等侍衛努塔巴圖魯五紹
　　　　　楊桑阿巴圖魯顏太(7)
頭等侍衛蒙興保(8)
二等侍衛德吉巴圖魯納丹保(9)
　　　　　額爾克巴圖魯薩宵阿

錫特洪巴圖魯阿哈保<sup>(10)</sup>
　　　呼東阿巴圖魯定西鼐
　　　額騰伊巴圖魯克興額
二等侍衛德勒琿　　阿納保
　　　德勒克依　　阿吉
　　　烏勒呼訥　　色玉慎
　　　德全　　　　籌保
　　　巴哈　　　　博依保<sup>(11)</sup>
三等侍衛繃僧額巴圖魯吹札布<sup>(12)</sup>
　　　喀勒崇伊巴圖魯達爾精阿
　　　托莫爾渾巴圖魯多隆武
　　　碩隆武巴圖魯捫撒木保
　　　色莫爾亨巴圖魯綸布春
三等侍衛傅昇　　　穆克登布
　　　噶爾第　　　溫保
　　　諾托保　　　富罕
　　　額勒金泰　　定札
　　　富永　　　　巴蘭
　　　莫爾渾保　　富蘭
　　　化品　　　　克色保
　　　札保　　　　溫春
　　　阿達　　　　烏勒哈鼐
　　　三布鼐<sup>(13)</sup>
藍翎侍衛折克　　　雙福
　　　亨昆　　　　巴顏察
　　　諾穆起　　　明喜
　　　噶拉　　　　寶班
　　　綽倫保　　　莫新
　　　鄂爾哲依　　賓德爾
　　　色克通阿　　格勒登徹
　　　富僧德　　　德繼特
　　　江鼎　　　　花山保
　　　烏福納　　　舒靈阿<sup>(14)</sup>
甘肅永固協副將烏爾固勒濟巴圖魯達音泰<sup>(15)</sup>
四川懋功協副將世襲一等子王承勳<sup>(16)</sup>

　　　　維州協副將五十一[17]
甘肅寧夏府知府隆興[18]
四川雅州府知府姚令儀[19]
　　　寧遠府知府李憲宜[20]
　　　前任龍安府知府重光[21]
甘肅甘州城守營參將劉懷仁[22]
四川漳臘營參將呂玫[23]
　　　越巂營參將徐南鵬[24]
陝甘督標前營遊擊楊宗澤
陝西鞏昌營遊擊雷仁[25]
四川督標左營遊擊長春[26]
　　提標左營遊擊王錫章
　　提標右營遊擊蒲益章
　　峩邊營遊擊李芝榮
　　綏靖營遊擊胡尚賢
　　崇化營遊擊額爾亨額[27]
　　川北鎮標中營遊擊烏爾公阿
　　　左營遊擊王咸寧
　　　　　　楞格　富體[28]
前鋒章京哈布齊顯巴圖魯七十五[29]
護軍參領覺多觀巴圖魯額勒金保[30]
　　葉布墾額巴圖魯彥吉保[31]　吉勒彰阿[32]
副護軍參領常善
前鋒侍衛察靈阿[33]
委護軍參領德通　雅爾哈善[34]
前鋒校索多巴　特依順保　武章阿
親軍校哲爾金保　和成額　台斐音阿[35]
護軍校噶塔鼐　音德　墨爾根額
　　體布克蘇　巴桑
甘肅布政使司布政使景安[36]
四川按察使司按察使林儁[37]
　　松茂兵備道倭什布[38]
前任福建延建邵道四川候補道承勳[39]
四川川北鎮總兵官朱射斗[40]
　　重慶鎮總兵官堅勇巴圖魯袁國璜

松潘鎮總兵官諸神保
建昌鎮總兵官奮圖里巴圖魯穆克登阿
川北鎮總兵官彭承堯<sup>(41)</sup>
松潘鎮標中營遊擊張志林<sup>(42)</sup>
建昌鎮標中營遊擊什格
　　　　左營遊擊谷廷棟
會鹽營遊擊德勝保
靖遠營遊擊七格<sup>(43)</sup>
直隸石柱廳同知湯健業<sup>(44)</sup>
順慶府同知范栩<sup>(45)</sup>
候補同知李經文<sup>(46)</sup>
雷坡通判蔡廷保
順慶府通判蔡廷弼
候補通判楊開泰<sup>(47)</sup>
綿州直隸州知州施鑒<sup>(48)</sup>
忠州直隸州知州吉興<sup>(49)</sup>
巴州知州常發祥<sup>(50)</sup>
合州知州劉印全<sup>(51)</sup>
湖北宜昌府興山縣知縣鄭人慶<sup>(52)</sup>
四川成都府成都縣知縣周明德
　　　　雙流縣知縣鐘逢太
　　　　灌縣知縣徐鼎
保寧府通江縣知縣鐘蟠雲
重慶府巴縣知縣吳桂<sup>(53)</sup>
瀘州合江縣知縣張天爵<sup>(54)</sup>
潼川府中江縣知縣毛大瀛
　　樂至縣知縣魏守曾<sup>(55)</sup>
嘉定府峨嵋縣知縣王贊武
　　　　夾江縣知縣谷暄<sup>(56)</sup>
綿州安縣知縣黃為琳<sup>(57)</sup>
重慶府綦江縣知縣常天佑<sup>(58)</sup>
原任資州資陽縣知縣張熙賡
資州井研縣知縣湛夢蛟<sup>(59)</sup>
夔州府奉節縣知縣沈達<sup>(60)</sup>
原任達州東鄉縣知縣蔣曾煌<sup>(61)</sup>

候補知縣張楷
　　　　　馬敦詩[62]
　監修同知李經文
　　　把總趙國泰
　　　　　單大雄[63]

（1）额勒登保于乾隆五十九年十月十九日调为正蓝旗满洲副都统[5]卷1463。

（2）至迟在乾隆五十八年十一月初二日之前，方维甸已任通政司副使[5]卷1440。

（3）在磨盘山关帝庙铜钟铭文中长龄的职衔为"候补郎中、兼军机处行走"，其被授予"理藩院柔远清吏司员外郎"职衔应在乾隆五十八年正月之后。

（4）在磨盘山关帝庙铜钟铭文中巴哈布的职衔为"候补员外郎、兼军机处行走"，其被授予"户部堂主事、兼贵州陕西清吏司候补员外郎"职衔应在乾隆五十八年正月之后。

（5）乾隆五十七年六月十二日谕旨授予阿木勒塔额外总管："此次进剿廓尔喀之官员、兵丁于擦木、玛噶尔辖尔甲及济咙官寨攻夺要隘，奋勇杀贼，甚属可嘉。……三等侍卫……吹扎普赏给绷增额巴图鲁。……头等侍卫佐领阿穆勒塔著作为额外总管。……三等侍卫克昇额、阿那保著补授二等侍卫，……以示鼓励。"[4]534

乾隆五十七年八月二十一日谕旨赏给阿木勒塔副都统职衔："总管兼头等侍卫阿木勒塔著赏给副都统衔。……三等侍卫萨宁阿、阿哈保、德勒克依、色裕慎、武勒呼纳、朝保俱授为二等侍卫。蓝翎侍卫温保、纶布春，前锋校巴兰俱著授为三等侍卫。……副护军参领吉尔章阿授为护军参领。委前锋侍卫察凌阿授为前锋侍卫。……以示鼓励。"[4]613-614

（6）果尔海，史书作翁果尔海。原书此处当有脱字。

（7）颜太事迹不详。

（8）乾隆五十七年八月初九日谕旨，升五绍为头等侍卫："福康安等奏请将热索桥、协布噜、博尔东拉、东觉等处打仗奋勉官兵加恩鼓励一摺。此次攻克热索桥等处，巴图鲁侍卫官兵冒雨涉险，逾越山梁，夺取碉卡，实为奋勇可嘉。……护军参领额勒津保著赏给觉多欢巴图鲁。甘肃副将达音泰著赏给武尔古勒吉巴图鲁。……四川候补游击长春……俱著赏戴花翎。……二等侍卫武韶、副护军参领孟新保著升为头等侍卫。……三等侍卫德全、阿结、绰勒浑，委护军参领巴哈俱著升为二等侍卫。蓝翎侍卫额勒津泰、诺托保、定扎、木克登布，亲军校那尔布善、莫尔欢保，护军校福兰著升为三等侍卫。云骑校司辔富提，亲军蓝翎长恒昆、双福，委亲军校诺穆齐、布特哈、拜唐阿明喜，司辔绰伦保，亲军宾德尔、格勒登彻、福僧德、色克通阿，前锋花喜保，护军舒凌阿、五福纳著升为蓝翎侍卫。……前锋蓝翎长特衣顺保，前锋乌彰阿，护军达斯哈那、巴桑著授为护军校。"[4]593-596

（9）乾隆五十七年七月十四日谕旨，升纳丹保为二等侍卫："其中枪之三等侍卫纳丹保、鄂尼保俱著升为二等侍卫，富永升为三等侍卫，以示鼓励。"[4] 564-565

（10）阿哈保从征台湾获得锡特洪巴图鲁名号，后从征廓尔喀，擢升二等侍卫[3] 列传一百三十五·阿哈保。

乾隆五十七年八月二十一日，阿哈保被授为二等侍卫，参见（5）引文。

（11）德勒珲、博依保事迹不详。

乾隆五十七年六月十二日，阿纳保补授为二等侍卫，参见（5）引文。

德勒克依、筹保二人授二等侍卫事参见（5）引文。

乾隆五十七年八月初九日，德全、阿吉、巴哈等升为二等侍卫，参见（8）引文。

（12）乾隆五十七年六月十二日，吹札布被授予绷增额巴图鲁名号，参见（5）引文。

（13）乾隆五十七年八月二十一日，温保、巴兰被授为三等侍卫，参见（5）引文。

额勒金泰，史书又作额勒津泰，乾隆五十七年八月初九日升三等侍卫，参见（8）引文。

富永，哲森保之子，参见（9）引文。又，乾隆五十七年七月十四日福康安等奏："惟乾清门侍卫哲森保枪中左膝损骨，枪子未出；伊子侍卫富永亦枪中左足骨出，受伤俱重，现已派人妥为照看，送回济咙调养。"[4] 558

扎保的记载见于乾隆五十七年八月二十一日所载福康安奏言："臣等亲率台斐英阿……扎保、富罕……等奋勇冲杀，贼稍退却。"[4] 609

（14）花山保、舒灵阿，史书分别作花喜保、舒凌阿。

乾隆五十七年八月初九日，宾德尔、花山保、舒灵阿等升为蓝翎侍卫，参见（8）引文。

鄂尔哲依事迹不详。

（15）永固协全称"永固城守协"，甘肃提督统辖[3] 志一百三十六·兵二·绿营。

达音泰，又名达三泰，满洲镶黄旗人。历任甘肃永固协副将，署西宁镇。从征廓尔喀有功，赐号常勇巴图鲁，授四川松潘镇总兵[3] 列传一百三十六·达三泰。

乾隆五十七年八月初九日，达音泰获得乌尔固勒济巴图鲁称号，参见（8）引文。

（16）懋功协属四川提督统辖[3] 志一百三十六·兵二·绿营。

从乾隆五十六年九月十五日成德的奏言可知，王承勋此时已为懋功协副将[4] 92。

（17）维州协属松潘镇总兵统辖[3] 志一百三十六·兵二·绿营。

据乾隆五十六年九月十二日鄂辉等奏言可知，五十一此时已任维州协副将[4] 86-88。

（18）宁夏府，宁夏道治所[3] 志三十九·地理十一·甘肃，治今宁夏回族自治区首府银川市。

据乾隆五十六年十一月二十四日勒保奏言，隆兴此时已任宁夏府知府[4] 214-215。

（19）雅州府，建昌道治所[3] 志四十四·地理十六·四川，治今四川省雅安市。

从乾隆五十七年十二月二十日谕令可知，此时姚令仪已擢升知府[5]卷1415。

（20）宁远府，隶建昌道，建昌镇总兵驻[3]志四十四·地理十六·四川。今四川省西昌市。李宪宜为山东海阳县人，乾隆五十八年署宁远府知府[9]职官。

据乾隆五十八年五月三十日所载福康安等奏言可知，李宪宜此时已任宁远府知府："奉旨依议，臣等查议驳六员内，请补宁远府知府李宪宜于前年军务初兴，即承办察木多以西一带转运事宜，甚属实心出力，嗣因该员办有成效，复调至前藏督办凯旋兵差，该员往来前后藏，实能事事认真，不辞劳瘁。巴县知县吴桂，系五十六年即派在定日边界办理三路军营粮运，毫无贻误，均属到军营得力之人。……其保宁知府石作瑞、眉州知州赵秉渊、原任资阳县知县张熙廖三员，虽俱奋勇任事，始终不懈，然人数既多，不敢再行渎请，合无仰恳圣恩，给予升衔顶戴，以示鼓励。……"奏入。上谕内阁曰："……吴桂著加恩赏戴蓝翎。赵秉渊、张熙廖二员著照所请，准其给予升衔顶戴，以示奖励。"[4]800-801

（21）龙安府，隶成绵龙茂道[3]志四十四·地理十六·四川，治今四川省江油市。

据《龙安府志》卷六记载："重光，调赴西藏，未任。"也就是说，重光被任命为龙安府知府后，尚未到任就被饬令赶赴西藏，从征廓尔喀[10]职官。

出征廓尔喀期间，重光任噶喀地方粮石、军火转运之职。据乾隆五十七年八月初五日所载福康安奏言，以玩忽职守，被奏请革职，仍令办理粮运，效力赎罪："臣福康安确切查明，候补道承勋自抵宗喀以来一筹莫展，粮石、军火不能随到随运，……知府重光在噶喀地方办运尤属怠玩，全不以事为事，积压较多，实非寻常贻误可比。相应请旨，将候补道承勋、龙安府知府重光均即革职，仍令办理粮运，效力赎罪，俟大功告竣再行核办。"[4]581-582

乾隆五十八年三月二十七日谕旨，重光因效力赎罪期间办理粮运出力，被降职为通判职衔："至承勋、重光因办粮迟误，特予革职效力，以赎前愆。此后粮运迅速，该员等亦不过随同办理，与始终出力者不同，承勋著降等赏给知府职衔，重光亦著降等赏给通判职衔，以昭公允。"[4]781

（22）甘州城守营属甘肃提督统辖[3]志一百三十六·兵二·绿营。

从乾隆五十六年九月十五日所载鄂辉的奏言中可知刘怀仁仅为游击职衔："鄂辉又奏言：'臣复续派游击刘怀仁、都司谷廷栋、守备富住分起照料，亦足以资管束。'"[4]92

（23）漳腊营属松潘镇总兵统辖，驻扎漳腊城[3]志一百三十六·兵二·绿营，今四川省松潘县川主寺镇东北。

吕玫于乾隆五十六年任漳腊营参将[11]官师。

（24）越巂营属建昌镇总兵统辖[3]志一百三十六·兵二·绿营。

乾隆五十六年，廓尔喀兵第二次侵入后藏，抢掠扎什伦布寺。都司徐南鹏率领所部官兵固守日喀则宗城堡坚守17昼夜，谕令升赏[5]卷1338。

（25）陕甘督标前营属陕甘总督统辖，陕西巩昌营属陕甘总督节制之河州镇总兵统辖[3]志一百三十六·兵二·绿营。

至迟在乾隆五十七年二月二十七日福康安的奏言中，杨宗泽、雷仁已为游击职衔[4]363。

（26）四川督标左营属四川总督统辖[3]志一百三十六·兵二·绿营。

至迟在乾隆五十七年八月初九日，长春的职衔为四川候补游击，参见（8）引文。

（27）提标左营、提标右营、峨边营、绥靖营、崇化营，均隶四川提督统辖[3]志一百三十六·兵二·绿营。

王锡章、胡尚贤事迹不详。

从乾隆五十七年二月三十日鄂辉、成德的奏言中可知，此时蒲益章仅为都司头衔[4]367。

从乾隆五十七年三月十一日鄂辉、成德的奏言中可知，李芝荣此时已为游击职衔[4]391-392。

在乾隆五十六年九月二十五日鄂辉奏言中，额尔亨额已为游击职衔[4]106。

（28）川北镇标中营、左营，均属川北镇总兵统辖[3]志一百三十六·兵二·绿营。

乌尔公阿为镶蓝旗人，乾隆五十五年任川北镇中营游击。王威宁为甘肃人，乾隆四十七年人，川北镇左营游击[12]职官志。

楞格、富体在磨盘山关帝庙铜钟铭文中俱为"蓝翎侍卫。"

（29）在磨盘山关帝庙铜钟铭文中，七十五的职衔为"前锋参领、哈齐咸巴图鲁。"

（30）《卫藏通志》录文错误，当为"觉多欢巴图鲁"，参见（8）引文。

（31）彦吉保事迹见乾隆五十七年六月初九日所录福康安等奏言："其聂拉木一路，业已酌遣成德……彦吉保、楞格等带领兵丁三千名，作为偏师牵缀贼势。"[4]517-519

（32）乾隆五十七年八月二十一日，吉尔章阿授为护军参领，参见（5）引文。

（33）乾隆五十七年八月二十一日，察凌阿授为前锋侍卫，参见（5）引文。

（34）雅尔哈善事迹见乾隆五十七年六月十二日福康安等奏言："臣等进兵以来，仰藉天威，连得胜仗。……五月九日……派……哲森保……雅尔哈善……等四面往攻山梁上碉座。"[4]525-526

德通事迹不详。

（35）索多巴、特依顺保、哲尔金保、和成额、台斐音阿在磨盘山关帝庙铜钟铭文中职衔俱为"护军校。"

武章阿何时授为前锋校不明。在乾隆五十七年八月初九日的谕旨中，其职衔为前锋，参见（8）引文。

（36）景安，满洲镶红旗人，和珅族孙。累迁河南、山西、甘肃布政使。乾隆五十六年，征廓尔喀，命治西宁至藏台站，留藏督饷运[3]列传一百三十二·景安。

乾隆五十六年十一月初二日谕令甘肃布政使景安随同办理进藏驿站事务[4]173-174。

（37）林俊补授四川按察使事见乾隆五十七年十二月十八日的谕旨[5]卷1419。

（38）倭什布，在磨盘山关帝庙铜钟铭文中职衔为"松茂道。"

（39）至迟在乾隆五十七年三月十五日，承勋已任候补道[4]405。

（40）朱射斗调任川北镇总兵见乾隆五十八年正月初六日谕旨："以……川北镇总兵彭承尧为四川提督，调福建福宁镇总兵朱射斗为川北镇总兵。"[5]卷1420

（41）彭承尧任四川提督与朱射斗调任川北镇总兵为同一天之事，不知为何碑文中彭承尧仍为"川北镇总兵官"的职衔。参见（40）引文。

（42）松潘镇标中营，隶属松潘镇总兵统辖，驻扎松潘厅，今四川省松潘县[3]志一百三十六·兵二·绿营。

张志林为四川绵州人，乾隆五十八年任松潘镇标中营游击[11]官师。

乾隆五十九年上半年，张志林受和琳委派勘定西藏与廓尔喀边界并设立鄂博，此时仍为游击[4]816。

（43）建昌镇标中营、左营、会盐营、靖远营皆归建昌镇总兵统辖[3]志一百三十六·兵二·绿营。

什格，蒙古正红旗人，乾隆五十六年任建昌镇中营中军游击。谷廷栋，直隶丰润人，乾隆五十七年任建昌镇左营游击[13]职官题名。

德胜保、七格事迹不详。

（44）直隶石柱厅隶川东道夔州府[3]志四十四·地理十六·四川，今重庆市石柱县。

（45）顺庆府隶川北道[3]志四十四·地理十六·四川，治今四川省南充市。

范栩，事迹不详。

（46）在磨盘山关帝庙铜钟铭文中李经文职衔为"四川水利同知。"

（47）雷坡，即雷波厅，乾隆二十六年置，隶叙州府，治今四川省雷波县。顺庆府，隶川北道[3]志四十四·地理十六·四川，治今四川省南充市。

早在乾隆五十六年十月二十二日，蔡廷弼已任顺庆府通判[4]148。

蔡廷保、杨开泰，事迹不详。

（48）绵州直隶州，乾隆末年治今四川省罗江县[3]志四十四·地理十六·四川。

施鉴，苏州人，乾隆五十年任成都县知县。后以军功升绵州直隶州知州[14]职官。

（49）忠州直隶州，隶川东道[3]志四十四·地理十六·四川，治今重庆市忠县。

吉兴，镶蓝旗生员，乾隆五十三年任忠州直隶州知州[15]职官志。

（50）巴州，隶四川保宁府[3]志四十四·地理十六·四川，治今四川省巴中市。

常发祥，直隶滦州监生，嘉庆元年任巴州知州[16]职官。

（51）合州，隶川东道重庆府[3]志四十四·地理十六·四川，治今重庆市合川县。

刘印全，江苏武进县进士，乾隆五十五年任合州知州[17]官师志。

（52）兴山县，隶湖北荆宜道宜昌府[3]志四十二·地理十四·湖北，治今湖北省兴山县。

郑人庆任兴山县知县一事，史志无载。

（53）周明德，江苏长洲县人。乾隆五十年任成都县知县。后以军功升叙永厅同知[14]职官。

钟逢泰，广东长乐县举人，乾隆五十五年任双流县知县[18]。

吴桂，甘肃人，乾隆五十五年任巴县知县[19]政事志。据乾隆五十七年三月十一日鄂辉等奏言，吴桂此时仍为巴县知县[4]393。

徐鼎，浙江会稽县监生，乾隆五十八年任灌县知县[20]职官。

钟蟠云，浙江进士，乾隆间任通江县知县[21]职官。

（54）张天爵，山西阳曲县进士，乾隆五十一年任合江县知县[22]职官。据乾隆五十九年八月初十日和琳等奏言，张天爵此时仍为合江县知县[5]卷1458。

（55）潼川府，隶川北道[3]志四十四·地理十六·四川，治今四川省三台县。

毛大瀛，江苏宝山人，乾隆五十八年任中江县知县。魏守曾为江西广昌县监生，乾隆五十八年十月任乐至县知县[23]职官。

（56）嘉定府，隶建昌道[3]志四十四·地理十六·四川，治今四川省乐山市。

王赞武，普安县举人，乾隆五十三年任峨眉县知县[24]职官志。据乾隆五十九年二月初七日孙士毅奏言，王赞武此时仍为峨眉县知县[5]卷1446。

谷瑄，归化厅人，监生，乾隆六十年任夹江县知县[25]秩官志。

（57）绵州直隶州安县，治今四川省安县。

黄为琳任安县知县一事，地方志无载。

（58）治今重庆市綦江县。常天祐，顺天大兴监生，乾隆五十四年任綦江县知县，调坐西藏，嘉庆三年复任[26]职官。

（59）资州直隶州，隶川南永宁道[3]志四十四·地理十六·四川，治今四川资中县。

据《东乡县志》记载，张熙赓为福建举人，乾隆五十四年任东乡县知县[27]职官。又据《资阳县志》，张熙赓为福建闽县举人，乾隆五十五年任资阳县知县，五十七年补珙县知县[28]职官。

《钦定廓尔喀纪略》卷五十三作张熙廖［参见（20）引文］，应以《东乡县志》《资阳县志》《卫藏通志》所载"张熙赓"为是。

湛梦蛟，广东增城举人，乾隆五十五年任井研县知县[29]官师志。

（60）夔州府，隶川东道[3]志四十四·地理十六·四川，治今重庆市奉节县。

沈达，江苏江阴举人，未载何时任奉节县知县[30]秩官。

（61）在磨盘山关帝庙铜钟铭文中蒋曾煌职衔为"四川东乡县知县。"此碑文撰写之时已卸任。

（62）乾隆五十五年九月二十三日，礼部带领朝考取列一等二等之选拔贡生郭德埙等引见。得旨：马敦诗……等三十名，以部员用[5]卷1362。

张楷，事迹不详。

（63）赵国泰，事迹不详。

在乾隆五十八年正月二十七日的谕旨中，单大雄以提标外委原官补用，何时授把总不明。参见（25）引文。

## 三、相关问题

### 1. 札什城关帝庙的创修时间

康熙五十六年（1717年）七月，策旺阿拉布坦遣其将策零敦多布侵掠拉藏。五十七年（1718年）五月，拉藏汗及二子被杀，达赖、班禅均被拘。十月，命皇十四子贝子胤禵为抚远大将军。五十九年（1720年）正月，平逆将军宗室延信领兵进藏，八月，延信与定西将军噶尔弼、副将岳锺琪击败策零敦多布，平定西藏[3]本纪八·圣祖本纪三。六十年（1721年）正月，延信与噶尔弼两路官兵陆续离藏返回成都。二月己未，命策旺诺尔布统辖官兵驻防西藏，是为清廷在西藏驻军之始。时有驻防官兵超过三千人，计有"扎萨克蒙古兵五百名、额驸阿宝兵五百名、察哈尔兵五百名、云南兵三百名、四川兵一千二百名"[31]卷291。

尽管目前所见史料并未记载札什城关帝庙兴建于何时，但考虑到戍边官兵在远离内地的风俗文化迥异的边疆驻军，从稳定军心、鼓励士气、慰藉思乡之情等诸方面而言，在驻军营盘附近修建被奉为忠孝节义典范的"武圣"关帝庙就成为顺理成章的事情。因此，札什城关帝庙极有可能在开始驻军的康熙末年便已动工兴建了。

### 2. 札什城关帝庙的修葺时间与规模

据乾隆五十八年六月初八日（1793年7月15日）谕旨提到的孙士毅奏折中"惠龄现亦自藏起程回省"一句可知，扣除奏折到达京城的途中时间，惠龄大约是在五月中旬（约为6月下旬）前后起程返回四川的[5]卷1430，也就是说，和琳在《札什城关帝庙碑》中所谓与惠龄"捐资庀材，诹吉鸠工，命同知李经文董其役"，决定修葺札什城关帝庙之事应在此之前。按此推算，"阅月而竣事"的札什城关帝庙修葺工程应在不迟于乾隆五十八年六月中旬（约为7月下旬）就应大致完成。按常情，和琳撰写并刊立《札什城关帝庙碑》的时间当在竣工后不久，也就是说，大致在1793年8月初前后就应该完成！

仅仅一月时间，修葺札什城关帝庙的工程便告竣工，可见该项工程应该不算很大。据《磨盘山新建关帝庙碑》所载，福康安于乾隆五十七年正月抵达拉萨后，"谒札什城关帝庙，见其堂皇湫隘"，湫隘者，意指地势低洼，布局狭小。遂有"度地磨盘山"，新建磨盘山关帝庙之举。而据《札什城关帝庙碑》中所载，修葺札什城关帝庙的所有工程大致包括"卑者崇之，隘者拓之"两项，达到"有庑有堂，有严有翼"的效果。所谓"卑者崇之"，恐怕多半是增高楼层或增高围墙，使其外观显得高大巍峨；"隘者拓之"无非是拓宽占地面积，使殿堂周边不再显得狭窄局促，庭院变得宽敞。结合后文"有庑有堂"之言，也许还在主殿周遭增修了廊房之类的附属建筑。

**3. 碑阴文字镌刻时间及相关问题**

碑阴文字所录的164人中，最晚授予的职衔是常发祥在嘉庆元年（1796年）任巴州知州，具体月份不详。由此可知，碑阴文字撰写的时间应在这个新任命到达拉萨之后，因此，该碑文镌刻的时间不应早于嘉庆元年。

据此，这个被《卫藏通志》作者疑为碑阴文字的撰写时间居然比碑阳文字所言的札什城关帝庙修葺完工时间晚了至少两年多！由此不难推断，本文所论及的所谓碑阴、碑阳文字极有可能不是同一通石碑上的。

## 注　释

［1］　佚名（纂修）：《卫藏通志》，光绪丙申用写本刊，渐西村舍。
［2］　西藏自治区文物管理委员会：《拉萨市文物志》，1985年。
［3］　赵尔巽：《清史稿》，中华书局，1977年。
［4］　（清）方略馆（编），季垣垣（点校）：《钦定廓尔喀纪略》，中国藏学出版社，2006年。
［5］　《清实录·清高宗实录》，中华书局，2008年。
［6］　陈祖军、赤列次仁、旺久·拉萨：《〈磨盘山新建关帝庙碑〉及铜钟铭文重录与相关问题略考》，《西藏研究》2015年第2期。
［7］　《清实录·清仁宗实录》，中华书局，2008年。
［8］　吴丰培、曾国庆编撰：《清代驻藏大臣传略》，西藏人民出版社，1988年。
［9］　佚名：《宁远府志》，西安古旧书店（油印本），1960年。
［10］　邓存咏：《龙安府志》，道光壬寅年重修，板藏本署。
［11］　张典：《松潘县志》民国甲子年孟春月新刊。
［12］　黎学锦、徐双桂：《保宁府志》，清道光二十三年。
［13］　徐连：《西昌县志》，清代。
［14］　王泰云：《成都县志》，嘉庆岁次丙子春刊，板藏芙蓉书院。
［15］　吴友篪：《忠州直隶州志》，道光六年。
［16］　朱锡谷：《巴州志》，道光癸巳春镌，本署藏版。
［17］　周澄：《合州志》，本衙藏板。
［18］　汪世侃：《双流县志》，嘉庆十九年。
［19］　霍为棻、王宫午：《巴县志》，清同治六年。
［20］　庄思恒：《增修灌县志》，光绪十二年刊，板存学署，民国三年补刊。
［21］　李钟峨：《通江县志》，道光戊申年修，官衙藏板。

图版一

1. 孜孜荣岩画远景(西向东)

2. 1号画面正射影像

3. 3号画面正射影像

4. 2号画面正射影像

5. 4号画面正射影像

孜孜荣岩画

图版二

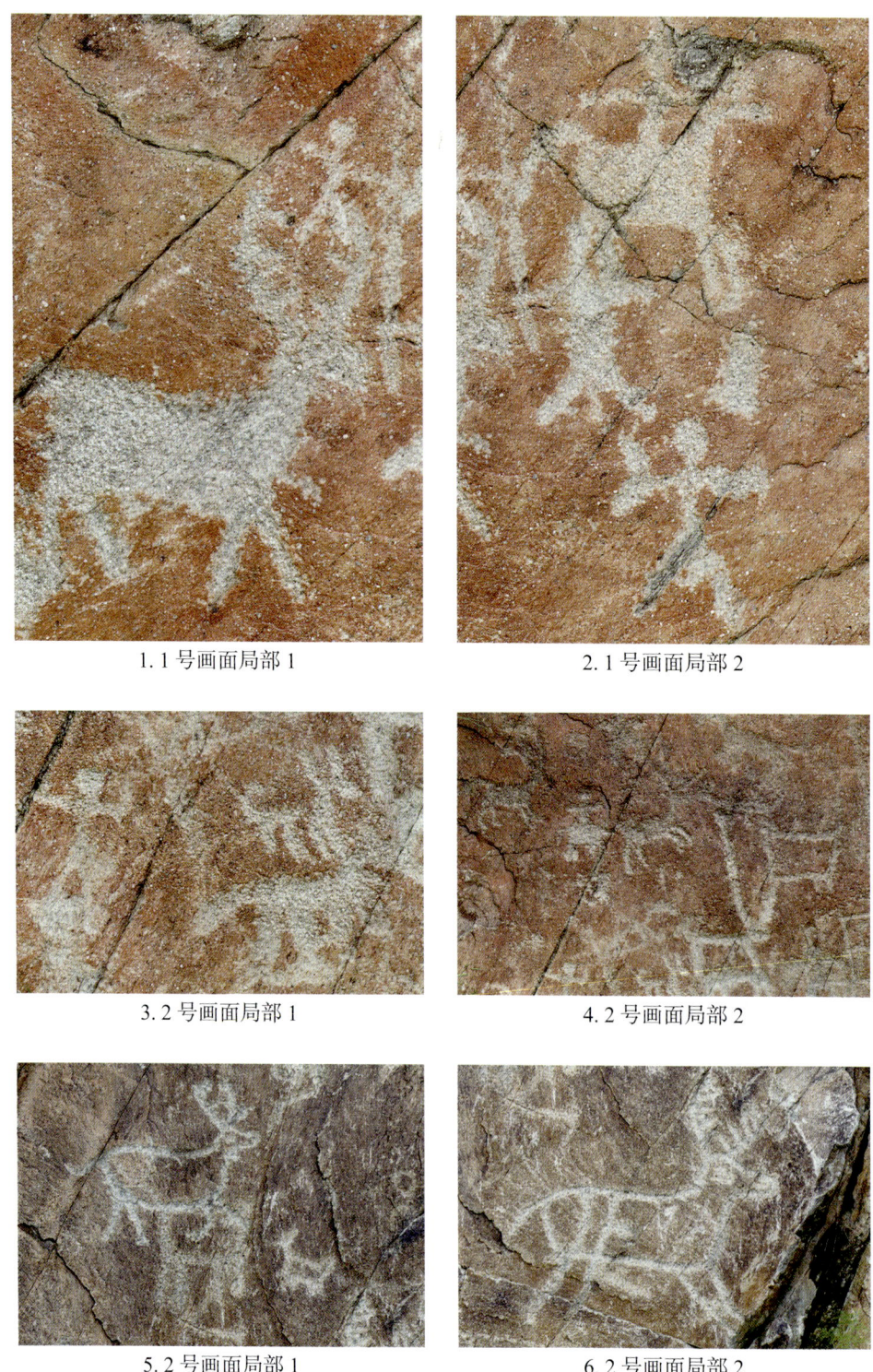

1. 1号画面局部1
2. 1号画面局部2
3. 2号画面局部1
4. 2号画面局部2
5. 2号画面局部1
6. 2号画面局部2

孜孜荣岩画

图版三

1. 陈家坝沟岩画 1 号画面

2. 陈家坝沟岩画 2 号画面

3. 陈家坝沟岩画 2 号画面上部分

陈家坝沟岩画

**图版四**

1. 陈家坝沟岩画 2 号画面左下部分

2. 陈家坝沟岩画 2 号画面右下部分

3. 陈家坝沟岩画 3 号画面

陈家坝沟岩画

图版五

1. 陈家坝沟岩画 3 号右上部分

2. 陈家坝沟岩画 3 号左上部分

3. 陈家坝沟岩画 3 号左中部分

陈家坝沟岩画

图版六

1. 陈家坝沟岩画 3 号左下部分

2. 尾泉沟岩画及画面分布

3. 尾泉沟岩画 1 号岩画

陈家坝沟、尾泉沟岩画

图版七

1. 尾泉沟岩画 2 号岩画

2. 板荨沟岩画岩面

尾泉沟、板荨沟岩画

图版八

1. 朗巴朗增拉康佛堂外景

2. 朗巴朗增拉康佛堂内毗卢遮那与八大菩萨造像

图版九

1. 朗巴朗增拉康毗卢遮那造像

2. 毗卢遮那左侧自东向西第 4 尊菩萨造像背面

3. 毗卢遮那右侧自东向西第 2 尊菩萨造像左臂羚羊皮

4. 毗卢遮那右侧自东向西第 3 尊菩萨造像鞋靴

图版一〇

1. 毗卢遮那右侧自东向西第 3 尊菩萨造像正面

2. 毗卢遮那右侧自东向西第 4 尊菩萨造像背面

3. 古藏文刻石

图版一一

1. 仁达拉康及周围环境（2009年）

3. 丹玛札摩崖造像（2009年）

3. 丹玛札摩崖造像第三组古藏文（2009年）

图版一二

1. 正面（东面）

2. 正面拓片（东面）

3. 右侧（南面）

4. 右侧（南面）拓片

5. 左侧（北面）

6. 左侧（北面）拓片

普兰观音碑

图版一三

1. 神木擦擦印模正面

2. 神木擦擦印模背面

3. 拉萨擦擦印模正面

4. 拉萨擦擦印模背面

5. 唐卡　布顿与弟子仁钦南杰

6. 托林寺白殿红帽上师

图版一四

1. 宗喀巴师徒三尊

2. 十三尊大威德怖畏金刚菩萨

3. 护法神吉祥天母及诸菩萨像

4. 主供佛无量光佛

5. 世尊二徒像

图版一五

1. 大拴马桩

2. 盔甲片

3. 铅弹

4. 拴马桩

5. 小拴马桩

6. 遗址东面的村庄

7. 遗址壕沟遗迹

那曲营地遗址